智汇北理
创梦机械

范文辉 潘欣 郝佳馨 主编

北京理工大学出版社
BEIJING INSTITUTE OF TECHNOLOGY PRESS

版权专有　侵权必究

图书在版编目（CIP）数据

智汇北理·创梦机械／范文辉，潘欣，郝佳馨主编. —北京：北京理工大学出版社，2020.3

ISBN 978-7-5682-8270-3

Ⅰ. ①智… Ⅱ. ①范… ②潘… ③郝… Ⅲ. ①大学生-创业-教学研究-北京　Ⅳ. ①G647.38

中国版本图书馆 CIP 数据核字（2020）第 044679 号

出版发行／北京理工大学出版社有限责任公司
社　　址／北京市海淀区中关村南大街 5 号
邮　　编／100081
电　　话／（010）68914775（总编室）
　　　　　（010）82562903（教材售后服务热线）
　　　　　（010）68948351（其他图书服务热线）
网　　址／http：//www.bitpress.com.cn
经　　销／全国各地新华书店
印　　刷／北京地大彩印有限公司
开　　本／710 毫米×1000 毫米　1/16
印　　张／17　　　　　　　　　　　　　　　责任编辑／李慧智
字　　数／280 千字　　　　　　　　　　　　 文案编辑／李慧智
版　　次／2020 年 3 月第 1 版　2020 年 3 月第 1 次印刷　　责任校对／周瑞红
定　　价／95.00 元　　　　　　　　　　　　 责任印制／李志强

图书出现印装质量问题，请拨打售后服务热线，本社负责调换

编委会

主　　编：范文辉　潘　欣　郝佳馨
编　　委：赵　方　马　凯　李　超　陈　琪
　　　　　张　津　刘　洋　马宏邦　魏禹吉
　　　　　邹晓航　周依唯　魏　瑶　祝德刚
　　　　　吴家枫　周　雪　张兆鹏　宋春宝
　　　　　武　颖　赵　雷　王益平　傅　伟

序

进入新时代，创新创业已然成为推动社会进步的重要力量。在经济发展新常态背景下，创新创业在众多国家蓬勃兴起并引领经济发展新征程。如今，创新创业的触角更是延伸到了高新技术领域和高等教育领域，当代大学生作为最富活力、最具创造力的群体，已然成为推动"大众创业、万众创新"的生力军。因此，培养具有创新精神和创业能力的创新型人才，开展创新创业教育，积极探索适应时代发展的"双创"教育新业态，促进创新创业教育与思想政治教育协同发展，既是贯彻落实创新驱动发展战略、深化高等教育人才培养综合改革的客观需要，亦是提升大学生创新创业能力和就业竞争力的必然要求。

党中央、国务院也高度重视高校大学生创新创业教育工作并多次做出重要部署，为深化高校创新创业教育改革提供了基本遵循。《国家中长期人才发展规划纲要（2010—2020年）》提出，推进人才发展，到2020年，突出培养造就创新型科技人才；大力开发经济社会发展重点领域急需紧缺专门人才；统筹推进各类人才队伍建设。党的十九大报告明确指出："加快建设创新型国家"，"促进高校毕业生等青年群体、农民工多渠道就业创业"。《教育部办公厅关于做好深化创新创业教育改革示范高校2019年度建设工作的通

智汇北理·创梦机械

知》指出，要把创新创业教育贯穿人才培养全过程，深入推进创新创业教育与思想政治教育、专业教育、体育、美育、劳动教育紧密结合，打造"五育平台"，引领带动全国高校创新创业教育工作取得新成效。为了实现这些目标，高校创新创业教育工作任重而道远。

创新创业教育以创新为基础，以激发人的创造力为核心，以培养大学生创新精神和创业能力为主要目标，是一种新的教育理念、教育实践变革。高校作为人才培养的摇篮，在创新型人才培养和科研实力等方面拥有着无可比拟的优势，理应主动成为推动创新创业教育持续发展的重要力量。近年来，创新创业教育在我国高等院校广泛推进，创新创业教育的课程体系、平台、机制逐步建立起来。北京理工大学作为中国共产党创办的第一所理工科大学，首批进入"世界一流大学"建设高校A类行列，多年来矢志创新，在服务国家战略和推动世界科技发展中展现担当。在教育部"全国大学生创新创业年会"上，北京理工大学总共有15件学生作品获"十佳作品"奖；获第四届中国"互联网+"大学生创新创业大赛总冠军金奖、季军金奖、全国第六名金奖和高校集体奖，获第五届中国"互联网+"大学生创新创业大赛2项金奖和高校集体奖；获"创青春"全国大学生创业大赛4项金奖等奖项。在创新创业教育的征途上，北京理工大学正在以自己的实际行动向祖国报到！

创新创业教育的成效与发展不能满足于过去的成绩，但一定寄托于梦想。《智汇北理·创梦机械》聚焦立德树人根本任务，聚焦人才培养中心工作，聚焦高校创新创业教育工作重点，记录了北京理工大学机械与车辆学院多年来的创新创业筑梦之路。本书紧扣大学生创新创业教育发展脉络，分别从创摇篮、创历程、创能力、创天地、创羽翼、创文化、创榜样、创时代八个章节厘清了大学生创新创业教育内涵，并结合学院大学生创新创业教育具体实施路径与成果，聚焦大思政工作格局，创设了大学生创新创业教育育人长效机制，并以此献礼北京理工大学建校 80 周年。同时，也希望本书的内容能引发热衷于高校大学生创新创业教育与实践的老师和学生的更多思考，激发读者对高校大学生创新创业教育工作的探讨热情，推进高校大学生创新创业教育工作蓬勃发展。

全体编者

2020 年 1 月

目录

第一章　创摇篮
　　——创新创业教育的内涵及意义 /1
　第一节　创新创业教育的内涵及特点 /3
　第二节　创新创业教育是人才培养综合改革的新要求 /6
　第三节　创新创业教育是培养创新型人才的重要途径 /8
　第四节　创新创业教育是落实创新驱动发展战略的重要支撑 /20

第二章　创历程
　　——创新创业教育的时代画卷 /27
　第一节　我国大学生创新创业教育发展历程 /29
　第二节　欧洲国家大学生创新创业教育发展历程 /36
　第三节　美洲国家大学生创新创业教育发展历程 /44
　第四节　亚洲其他国家大学生创新创业教育发展历程 /52

第三章　创能力
　　——创新创业教育的四个培养 /59
　第一节　创新创业核心能力的培养 /61
　第二节　创新创业基础能力的培养 /73
　第三节　创新创业实践能力的培养 /84
　第四节　创新创业竞赛能力的培养 /91

第四章　创天地
　　——"三全育人"视域下的创新创业教育体系 /97
　第一节　一体化视域下的创新创业实践培养平台 /99
　第二节　"TIPO"创新创业人才培养模型 /109
　第三节　"低年级实践—高年级创新"梯队化科技创新培养体系 /116
　第四节　"全员、全过程、全方位"科技创新指导体系与模式 /124

第五章　创羽翼
　　——创新创业竞赛撑起梦想的天空 /129
　第一节　中国"互联网+"大学生创新创业大赛 /132
　第二节　"创青春"全国大学生创业大赛 /134
　第三节　"挑战杯"全国大学生课外学术科技作品竞赛 /136
　第四节　大学生车辆类竞赛及其他创新类竞赛 /139

第六章　创文化
　　——打造创新创业协同育人新生态 /165
　第一节　在创新创业教育中夯实科研育人成效 /167
　第二节　在创新创业教育中践行实践育人理念 /175

第三节 在创新创业教育中打造文化育人品牌 /184

第四节 在创新创业教育中增强心理育人内涵 /193

第七章 创榜样
——创新创业教育育人实效 /201

第一节 创新创业教育结出硕果累累 /203

第二节 勇敢踏出这一步
——创新创业达人们的故事 /207

第三节 我们相遇去创业
——创客团队的故事 /217

第四节 我们在这里成长
——科技创新学生社团三维成图空间的故事 /221

第八章 创时代
——创新创业教育的归宿 /225

第一节 实现多元学科融合的长效育人机制 /227

第二节 实现大思政格局下的长效育人机制 /234

第三节 实现青年服务国家的长效育人机制 /240

第四节 实现新时代领军领导人才培养目标 /244

参考文献 /249

第一章　创摇篮

——创新创业教育的内涵及意义

2018 年北京理工大学大学生电动方程式、无人方程式赛车联合新车发布会

随着我国进入新时代，新目标与新要求也随之而来。经济的快速发展，带动整个社会对创新创业提出了更高的要求。在党和国家出台的一系列政策文件中，对创新精神的培养、创新型人才的培养、服务创新型国家建设都提出了要求，为我国的创新创业教育指明了方向。创新创业教育也应该适应新时代的社会发展，成为推动创新型国家建设的重要手段。

当前，我国高校创新创业教育进入了深入发展的关键期。高校在建设创新型国家目标的实现过程中承载着培养创新创业型人才的重要任务。大学生是新时代高校创新创业教育的关键主体，大力开展创新创业教育对新时代我国国家建设、高等教育改革、大学生高素质发展等都具有重要意义。将创新驱动发展作为贯穿创新创业教育的主题，坚持把创新创业精神和意识的培养作为核心，并结合大学生对高质量创新创业教育的需求，深入探索挖掘高校创新创业教育、创新型人才培养的价值内核，对于推动高校创新创业教育向更高层次和更高水平发展具有不可替代的作用。

在高校人才培养综合改革的道路上，机械与车辆学院一直将创新创业教育视为人才培养工作的关键点，在整个教育过程中，重视梳理、整合、吸纳国内外教育界对创新创业教育内涵的理解，并加以创新，赋予其学院的亮点。与此同时，学院一直坚持创新创业教育是新时代高校人才培养综合改革的新要求，在重视学科发展，专业知识育人的同时，更加重视创新创业教育。可以说，创新创业教育不仅承载着学院对于国家创新驱动发展战略的回应与支持，也承载着学院立志为国家培养创新型人才的愿景。因此，在创新创业教育的道路上，机械与车辆学院高度重视融合"三全育人"综合改革试点各项工作，致力于提升创新创业教育水平，努力使学院成为实现学生全面创新发展的摇篮。

第一节 创新创业教育的内涵及特点

"创业教育"这个名词最早由英语中的"enterprise education"一词翻译而来。1947年，哈佛大学商学院的迈赖斯·迈斯教授在美国开设的"创新企业管理"课程，被看作是创新创业教育在高校的首创[①]。20世纪90年代末，据有关调查统计数据显示，当时我国的创业者群体中，具有大学学历的创业

---

① 黎青青，王珍珍. 创新创业教育综述：内涵、模式、问题与解决路径[J]. 创新与创业教育，2019，10（1）：14-18

者仅占 3.7%，而发达国家占 20%～30%。如今，随着我国经济体制改革的持续推进，经济的快速发展对人才的综合素质也提出了更高的要求，创新意识和创业能力的培养日益受到重视。

2014 年，李克强总理提出"大众创新、万众创业"。我国政府高度重视大学生创新创业教育，通过组织开展中国"互联网+"大学生创新创业大赛、"创青春"全国大学生创业大赛等赛事，鼓励大学生参与创新创业活动；通过制定和实施奖励政策等方式，激发大学生创新创业的热情；通过支持和鼓励各类社会组织对大学生创新创业项目进行资金扶持、政策指导和创业孵化，扶持大学生创新创业项目的成长[①]。

对于高校而言，提高大学生的创新意识和创业能力，培养高素质的创新型人才，亦是重要的历史使命。通过分析当前高校创新创业教育的发展现状，探索和设计出一套适合于我国实际的创新创业教育模式，对于建设创新型国家和加快实现中华民族伟大复兴的"中国梦"都具有深远的意义。

一、创新创业教育的内涵

创新创业教育是适应时代发展、符合国家形势发展需要的教育观念和教育形式，它的目标是培养适应社会发展的高素质创新型人才。有人认为创新创业教育作为素质教育的一部分，达成了创新教育和创业教育的高度统一；也有人认为国家和高校是为了提升大学生的综合素质而进行创新创业教育[②]。

创新创业教育不是简单地把创新教育与创业教育相结合进行的教育模式，因为创新创业教育不仅包含创新教育和创业教育的教育内容，还包括创新创业素质和创新创业精神的培养，其核心在于让大学生更从容地面对和适应时代发展的机遇和挑战，培养大学生注重能力和注重实践的意识。简而言之，创新创业教育是一个非常系统的教育教学体系，创新与创业并驾齐驱，共同交错进步，共同推动整体的发展[③]。

二、创新创业教育产生的原因

（一）创新创业教育是建设创新型国家的必然要求

随着经济社会的进步和发展，创新能力在社会和国家间的竞争中起着越来越重要的作用，甚至是核心的主导作用。创新创业本身就是一种全新的社

---

① 齐铁力，白凌，孙秀伟. 大学生创新创业教育现状探析 [J]. 科技视界，2018 (9)：152-153.
② 曹诣晋姊. 新时代大学生创新创业教育存在的问题及对策研究 [D]. 西安：西安科技大学，2019.
③ 同上.

会生产力，国家想要在国际事务中牢牢掌握主动权，就必须要加大对创新创业教育的投入力度。习近平总书记在党的十九大报告中多次提到我国的创新驱动发展战略，对创新型国家建设成果给予了很大的肯定，并强调"创新是引领发展的第一动力，是建设现代化经济体系的战略支撑"。进入新时代，在新的历史条件下，要想实现"两个一百年"的奋斗目标，必然需要创新的助力。创新创业教育能通过先进的教育理念、专业的课程体系、多元化的实践平台培养出新时代发展所需要的高素质人才，从而为我国的创新型国家建设提供强有力的智力支持和人才保障。

（二）创新创业教育是深化高等教育改革的重要举措

1998年10月，联合国教科文组织指出："高等学校必须将创业技能和创业精神作为高等教育的基本目标"。同年，在北京召开的"面向21世纪教育国际研讨会"上，首次把创新创业教育列为"第三本教育护照"。十九大报告指出，建设教育强国是中华民族伟大复兴的基础工程，要求发展素质教育，实现高等教育内涵式发展，开启全面建设高等教育强国的新征程。一直以来，我国坚持主张高等教育要把培养大学生的创新能力、实践能力以及创业精神作为关注重点，这把创新创业教育和高等教育之间的关系阐述得非常清晰。新时代背景下，加强大学生创新创业教育是深化高等教育改革、推进素质教育的应有之义，也是高等教育改革的重要使命[1]。

（三）创新创业教育是缓解就业压力的有效途径

由于高校扩招，每年我国高校的毕业生人数逐年增多，加之近年来就业形势日益严峻，大学生"就业难"已是一个不争的社会事实，就业问题也成为我国政府和高校急需解决的问题。在高校开展创新创业教育，能提高大学生的创新创业意识和创新创业能力，不仅能有效地解决大学生自身的就业问题，还能带动其他社会群众的就业，进而缓解社会整体的就业压力。

（四）创新创业教育是发挥思想政治教育作用的重要途径

"因事而化，因时而进，因势而新"是习近平总书记在全国高校思想政治工作会议中对思想政治教育提出的新要求。创新创业教育的实践性能不断拓展思想政治教育的理论内涵，推动思想政治教育的创新步伐，使思想政治教育保持潮流性和实践性，以全新的姿态呈现在高校的育人体系中，发挥其重要的育人作用[2]。

---

[1] 曹诒晋姊. 新时代大学生创新创业教育存在的问题及对策研究[D]. 西安：西安科技大学，2019.
[2] 同上。

三、创新创业教育的特点

当前,接受创新创业教育的人群有向低龄化、不同学历层次、不同行业领域散布的特点。随着我国数字经济的发展以及创新驱动发展战略的实施,社会各个行业都在聚焦"创新"这一关键词。无论是当年马云、马化腾等人的电子商务创业故事,还是如今李子柒、李佳琪等人的"网红经济"的异军突起,都反映了时代浪潮下,创新创业日益彰显的重要性。同时,数字化社会使得信息不对称在不同学历层次、不同行业领域的维度上得到一定的缓解,这为资源流动以及创新创业提供了更多的可能性。这一背景,也促使了我国的创新创业教育逐渐产生了向低龄化、不同学历层次、不同行业领域散布的特点。

当前,创新创业教育有向社会价值、长期效益、创新精神及创业能力等方面侧重的特点。传统的创业教育,其目标在于培养合格的企业家和创业者,是就业指导的一部分,是提高就业率的有效补充。如今,人们逐渐意识到社会价值决定创新创业教育内容的品质,长期效应决定创新创业教育的生命力,创新精神及创业能力决定了个人/集体对于国家、社会的责任。

当前,创新创业教育有服务国家战略、互补社会经济民生的特点。各个时期的教育在国家综合实力增长的进程中都发挥着中流砥柱的作用,其特点也紧随国家战略需求。当前,中国市场经济面临着历史性的考验与机遇,创新创业无疑是"自力更生,艰苦奋斗"这一思想在当下最为准确的诠释。毫无疑问,创新创业教育将为我国社会经济民生提供更多的机遇与人才储备。

当前,创新创业教育与科学技术、文化、管理竞争力具有显著的关联性特点。一个国家创新创业教育能力的高低强弱,与其所拥有的科学技术、文化、管理竞争力分不开。当下,创新创业教育应进一步加强与专业学科等领域的关联和互动,切实提高创新创业教育的实效性。

第二节 创新创业教育是人才培养综合改革的新要求

一、人才培养综合改革的内涵

我国高等学校人才培养的方向和目标是大力培养一批具有较高的文化素

养、理论素养、集体荣誉感、社会责任感，综合素质良好，具有自我学习能力和较强的自主创新能力的专业技术人才。

高等学校人才培养质量，有两种评价标准：一种是高等学校内部的人才评价标准，另一种则是高等学校外部的人才评价标准（即社会的评价标准）。社会评价标准主要是以高等学校毕业生的人才培养质量为评价依据，对高等学校内部的教育教学活动不太关注。社会对高等学校毕业生人才培养质量及其整体情况进行评价，主要是评价高等学校毕业生的素质是否能够很好地适应国家、社会、市场的发展和需求。而高等学校内部对人才培养质量的评价，主要是评价高等学校毕业生的整体综合素质是否能够达到高等学校规定的对专业培养目标的要求。

由此可见，人才培养综合改革的动力既来自高等学校内部，也来自社会。因此，高等学校要综合内外部评价，以经济和社会需要作为人才培养的参照，及时调整人才培养目标和培养途径，使得培养出的学生能更好地适应社会的发展需要。同时，高等学校也要注重及时调整人才培养方案，提高人才培养质量与培养目标的契合度。总之，对于高等学校而言，人才培养综合改革必须贯穿于办学始终，并以高质量的人才培养服务于我国的各项事业。

二、创新创业教育——人才培养综合改革的新要求

2017年，教育部下发了《关于推动高校形成就业与招生计划人才培养联动机制的指导意见》，对高校专业建设和人才培养综合改革工作提出了明确的新目标和新要求：创新人才培养模式，提升学生就业创业能力。

在新的时代背景下，创新创业教育已然成为推进高等学校人才培养综合改革的重要突破口。通过创新创业教育，树立先进的创新创业人才培养教育理念，结合学科和专业特点，强化理论和实践相结合，促进高校学生的全面发展，提高人才培养质量。通过将创新创业教育人才培养体系融入高等学校人才培养的薄弱环节，推动高等学校人才培养综合改革，打造高质量人才培养新生态。

（一）完善高校人才培养评价标准

高校应明确人才培养目标，使创新精神、创业意识和创新创业实践能力成为衡量和评价高校人才培养质量的重要指标。相关教育行政部门、科研院所、行业企业和高校要联合制定人才培养评价标准，细化对创新创业人才培养的各项要求，同时修订人才培养方案。

（二）创新高校人才培养工作机制

实施重点新兴产业的人才供需年度报告制度，完善重点学科专业人才预

警、退出的管理办法，探索和建立以社会需求为导向的重点学科专业人才培养结构和创新创业人才培养机制，探索和建立校企、校地、校所以及国际合作的协同育人合作机制，吸引国内外社会力量资源和教育资源积极投入高校创新创业人才培养工作。高校要着力于突破学科专业的限制，开设交叉融合课程，探索和建立一批跨院校体系、跨学科、跨专业的交叉融合人才培养机制，促进创新创业人才培养向多学科融合转变。

（三）健全人才培养课程体系

高校要积极推进课程教育与创新创业教育的有机融合，调整学科和专业课程设置，挖掘和整合创新创业教育资源，在传授相关专业知识的过程中进一步加强创新创业教育。除此之外，要积极开设创新创业教育相关课程，建设循序渐进、相互衔接、科学合理的创新创业教育课程群。加快推进创新创业教育优质课程的信息化建设，推出慕课、视频公开课等线上开放优质课程并建立学分认定制度。

（四）改革教学和学籍管理制度

高校要积极建立创新创业学分的积累与学籍转换制度，探索如何更好地将学生参与创新研究和实验、发表优秀学术论文、获得发明专利、参与创业活动等情况认定折算为实践学分。鼓励有意愿参与、具有创新创业潜质的教师和学生自行制定创新创业能力提升培养计划。建立创新创业人才培养档案，客观地记录并及时准确地评价学生参与各类创新创业活动的情况。鼓励和支持有意愿参与各类创新创业活动的教师和学生今后优先转入相关的专业继续深造。

第三节 创新创业教育是培养创新型人才的重要途径

一、创新驱动的核心是人才

党的十九大报告把加快建设创新型国家作为新时代国家发展战略。创新型人才的数量多寡和质量高低，是判断一个国家是否是创新型国家的核心因素。习近平总书记指出："我们要建设世界科技强国，关键是要建设一支规模宏大、结构合理、素质优良的创新人才队伍，激发各类人才创新活力和潜力。"中国要实现"2020年进入创新型国家行列、2030年跻身创新型国家前列、2050年建成世界科技创新强国"的三步走战略，必须把培养创新型人才作为一项长期性、系统性和战略性的工程来努力推进，要把人才培养的重心前移，关注发展创新导向的基础教育，从而形成创新型人才培养开发的健康起点。

国家核心竞争力是人才队伍的建设。改革开放四十年以来，我国科技影响力在国际范围内取得了突出的进步并得到了广泛的认可。但是，伴随着国际竞争日趋激烈和国内矛盾深刻变化，我国科学和技术发展的深层次矛盾逐渐暴露并成为经济社会进一步发展的制约性因素。综合国力的竞争归根结底是人才竞争，创新型国家的主要较量归根结底是高端人才的竞争。随着竞争的白热化，科技力量的比拼，不仅以科技人员的数量来衡量，而且以各类高层次人才的质量来衡量。近年来，随着经济全球化的不断发展，世界进入高科技与信息化时代，国际舞台上的高科技人才竞争对国家利益的影响远超单纯的物质生产力，世界正由工业经济时代向知识经济时代转变。在知识创新、科技创新、产业创新不断加速的时代条件下，人才培养和知识生产力已成为一种独特资源，在一些国家已成为战略性资源，是一个国家参与世界科学和全球经济能力的重要标志。国际竞争的本质已变为人才竞争，越早地意识到人才的作用，越能在全球人才竞争中占尽先机。可以说，培养创新型人才是国家核心竞争力的关键所在。

在人类社会发展进程中，人才是社会文明进步、人民富裕幸福、国家繁荣昌盛的重要推动力量，是创新的基础，是实现创新的实践者，是科技强国建设和经济社会发展的必备力量。我国一些产业的核心技术主要依靠国外引进，有依赖性强、风险大等特点，一旦失去核心技术供给，整个产业链条将面临中断的危险。科技领域的发展亟需创新型人才去攻克技术难题，掌握核心技术自主权，增强自主研发能力，不断创新创造，提升我国科技水平和综合国力，为中国人民过上美好生活提供技术支持和物质保证。当今世界正处在大发展、大变革、大调整时期，世界多极化、经济全球化深入发展，科技进步日新月异，知识经济方兴未艾，加快创新型人才队伍建设是在激烈的国际竞争中赢得主动的重大战略选择。

二、创新型人才的定义

我国从20世纪80年代中期开始倡导培养创新型人才，关于创新型人才的定义，《科学发展观百科辞典》这样说道："创新型人才指富于开拓性，具有创造能力，能开创新局面，对社会发展做出创造性贡献的人才。通常表现出灵活、开放、好奇的个性，具有精力充沛、坚持不懈、注意力集中、想象力丰富以及富于冒险精神等特征。具体有以下几个特征：①有很强的好奇心和求知欲望；②有很强的自我学习与探索能力；③在某一领域或某一方面拥有广博而扎实的知识，有较高的专业水平；④具有良好的道德修养，能够与他人合作或共处；⑤有健康的体魄和良好的心理素质，能承担艰苦的工作。需要具备人格、智能和身心三方面基本要素。诸如：基础理论扎实、科学知识丰富、治学方法严谨，勇于探索未知领域，同时，具有为真理献身的精神和良好的科学道德，是人类优秀文化遗产的继承者、最新科学成果的创造者和传播者、未来科学家的培育者。"[1]

三、创新型人才的内涵

建设创新型国家，科技是关键，人才是核心，教育是基础。要树立人才资源是第一资源的观念；要完善培养体系，不拘一格选用人才，加紧建设一支宏大的创新型科技人才队伍；要推进市场配置人才资源，有效提升我国人才和人力资源综合开发水平，努力形成人才辈出、人尽其才的新局面。创新型人才的内涵，概括起来主要有以下几点：

（一）要有可贵的创新品质

当前，我国正处于发展的重要战略机遇期，大力培育创新型人才，为建设创新型国家、国家创新体系和全面建成小康社会，提供坚强的人才保证和智力保障，显得尤为迫切和重要。从一定意义上说，创新型人才承载着推进国家自主创新，在激烈的国际竞争中占据主动，实现中华民族伟大复兴的历史使命。因此，创新型人才必须是有理想、有抱负的人，必须具备良好的献身精神和进取意识、强烈的事业心和历史责任感等可贵的创新品质。具备了这样一种品质的人，才能够有为求真知、新知而敢闯、敢试、敢冒风险的大无畏勇气。

（二）要有坚韧的创新意志

创新是一个探索未知领域和对已知领域进行破旧立新的过程，充满各种阻力和风险，可能遇到重重的困难、挫折甚至失败。人类科学技术发展到一定程度，要获得一点进步相当困难。因此，创新型人才每前进一步都需要非凡的胆识和坚韧不拔的毅力，为了既定的目标奋斗，锲而不舍，遭到阻挠和诽谤不气馁，遇到挫折和挫败不退却，牺牲个人利益也在所不惜，不达目的

---

[1] 奚洁人. 科学发展观百科辞典［M］. 上海：上海辞书出版社，2007.

誓不罢休,不自暴自弃,不轻言放弃。只有具备了这样的创新意志,才能不断战胜创新活动中的种种困难,最终实现理想的创新效果①。

（三）要有敏捷的创新思维

创新思维是创新的基本前提,是一切创新活动的源泉。创新型人才要具备思维方式的前瞻性、独创性及灵活性,才能保证在对事物进行分析、综合和判断时做到独辟蹊径。没有创新思维,只有知识和各种能力,最多能产生"模仿"的再造性思维,这只是知识的一般迁移,没有任何创新。思维特征影响人们对事物的认识,进而影响一个社会的进程,其中思维的创造性或创造性思维在这种影响中有着更为重要的作用。创造性思维是指以新颖独特的方法解决问题的思维过程,通过这种思维不仅能够揭露客观事物的本质特征及其内部联系,而且能在此基础上产生新颖的、独创的、有社会意义的思维成果,是人类思维的高级过程。

（四）要有广泛的创新知识

知识和经验的积累和储备是科学创造活动的奠基之一。创新是对已有知识的发展,在人类知识越来越丰富和深奥的现代社会,要求创新型人才的知识结构既有广度,又有深度。创新型人才不但应具备宽广的知识储备,而且在某一领域应有深入的专业研究并积累了丰富的经验。创新型人才的基础知识不但要注重"专",即专业是否精深、扎实,对本专业的前沿性课题是否了解;还要注重"博",即知识结构是否合理、是否多学科综合。因此,创新型人才须具有广博而精深的文化内涵,既要有深厚而扎实的基础知识,了解相邻学科及必要的横向学科知识,又要精通自己专业并能掌握所从事学科专业的最新科学成就和发展趋势,这是从事创新研究的必要条件。只有通过知识的不断积累才能用更为宽广的眼界进行创新实践。创新型人才拥有的信息量越大,文化素养越高,思路便越开阔。同时,完备的知识结构使他们具有学科综合化、一体化意识,有助于增强综合思维能力和创新能力。

（五）要有超常的创新能力

由于创新型人才具备了超越于一般或常规人才的创新能力,才能为社会或人类发展做出巨大贡献。创新能力是创新型人才在创新意识的驱使下,及时准确地收集各种创新信息,抓住创新机遇,为下一步创新积累材料,并对事物将来可能出现的各种复杂情况做出预测的能力,是创新主体在认识事物和解决问题时所迸发出的前所未有的最高的本质力量。其内容包括灵活深刻的

---

① 杨茂森. 创新型人才的六大特征［J］. 中国人才, 2006（13）：8.

观察能力、准确迅速的记忆能力、丰富新奇的想象能力、积极活跃的思维能力、实际精准的操作能力、积极良好的社会交往能力和严谨科学的管理能力等,最重要的是把创新意识和创新精神转化为有价值的、前所未有的精神产品或物质产品的实践能力,这是创新实现的主观基础条件。

(六)创新领域的普遍性和多样性

各行各业都有创新型人才,不同岗位的人才会有不同的创新领域。创新型人才在社会各领域中的存在是普遍和多样的。这里所说的普遍性和多样性主要是指两方面的含义:一是指创新型人才存在于社会生活的各个领域、各个行业和各个岗位之中,即他们在各自工作的不同领域、不同行业和不同岗位上为社会、国家做出了巨大的创造性贡献;二是指即使是同一领域内的创新型人才,也不拘一格,各有其特点和长处。由于他们各自的特点不同,因而其创新的事物性质就不同,做出的社会贡献也就有所区别。

四、高校创新型人才培养环境

(一)创新型人才培养的学科环境

在高校创新创业教育背景下,为适应创新型人才发展需求,高校主动发展学科建设的意图非常明确,就是要构建高校创新型人才培养生态体系,利用人才培养学科环境折射出我国高等教育发展战略的基本思路。人才培养学科环境建设既是一所高校发展的核心力量,也是组成高校结构的基本单元,以学科建设发展为学术中心,实施的基本思维在于以提高教育教学质量为手段,以教育教学培养创新型人才为根本任务,逐步增强学校办学条件以增强人才培养实力。高校学科环境的发展是要通过打破学科界限,挖掘社会经济发展对高校学科建设的社会性发展需求,获得跨高校、跨院系、跨学科、跨专业的交叉研究能力。高校要对现有的学科环境进行分析,科学规划大学各个发展阶段对人才需求的趋势,通过对学科和专业设置结构进行调整,构建高校创新型人才培养生态体系,逐步实现高校内涵式发展思维。高校人才培养学科环境应进一步发挥学科建设的综合优势,对于没有发展空间、没有发展潜力、社会需求低的专业学科,限制其进一步发展,创新学科环境的交叉与融合;对于顺应社会需求、生命力强且发展潜力大的学科,加大建设力度,使每个高校特有的学科环境办出特色,增强高校综合办学实力[1]。

---

[1] 张楠楠,柴若冰,张倩.创业教育:高校创新型人才培养生态系统构建[J].绥化学院学报,2019,39(11):116-118.

北京理工大学进行机构梳理改革后设立的前沿交叉科学研究院、医工融合研究院等科研机构，为创新学科环境交叉与融合提供了平台。

（二）创新型人才培养的教学环境

在高校创新创业教育背景下，创新型人才培养是一个动态体系，涵盖创新型人才培养的每个教育阶段。为逐步提升教学质量，培养创新型人才，高校课堂的课程内容设置、教学手段、教师教学水平、教育教学效果的选择与设计方面都应与高校发展动态体系接轨，构建大学科体系思维，逐步实现创新创业专业课程建设。从高校创新型人才培养教学理念来看，求同存异的教育理念以及多种教育手段是促进教学质量提升的根本标准，高校要利用本科教育带动研究生教育，发挥学生的主观能动性，开拓创造性思维，强化学习目的，把综合创新的发展体系逐步完善进高校的创新教育中，力求提升创新精神、创新能力和创新行为的人才培养质量。从高校创新型人才培养教学方法来看，高校应通过利用不同的教育形式，利用科学有效的教育方法，促进创新型人才的身心发展，提升学生的创新能力，促进学生综合素质的提高，从而培养出适应社会的人才。

北京理工大学始终致力于人才培养综合改革，并提出了"SPACE＋X（寰宇＋）"计划，即专业体系顶层设计改革（Specialty）、人才培养模式改革（Pattern）、课程改革（Course）、创新创业实践改革（Ability）、教与学激励机制改革（Excitation）以及由此带来的管理体制机制改革（＋X）。目前，学校采用书院制作为人才培养改革的主要手段，通过书院制改革，直接带动课程改革、创新创业实践改革以及教与学激励机制改革。书院制改革的内涵：一是博雅教育、三品人生，要通过通识与博雅结合，培养学生树立远大理想的品德，培养学生崇尚人文情怀与追求真善美的品质，以及高素质、宽视野、强潜力、大胸怀的品格。二是定制挖潜、个性多样，要通过个性化培养，实现精准育人，以可定制的自主学习模式，最大限度发掘学生的特质、潜力。三是教学社区、和谐家园，要回归教育本质，使教师与学生为伴，激发老师对教学的热爱；让学生与大师为伍，以"师范"引导学生成才；构建和谐家庭式社区，培养学生学习生活上的主动性、自主性和创造性，养成终身学习的能力。

（三）创新型人才培养的文化环境

在高校创新创业教育背景下，以科教兴国、建设创新型国家为己任，培养创新型人才就是要培养他们的新思想、新观念。高校创新型人才培养的各个阶段，都离不开文化环境。崇尚创新的文化环境对创新型人才发展具有重要的积极影响。要倡导百家争鸣的学术研讨氛围，营造尊重创新型人才个性的学术创新文化，为创新型人才创造更大发展空间，增强其敢为人先、勇于冒尖、大胆质疑的创新自信，减少对创新型人才学术活动不必要的干预。通过改革学术管理机制，保障学术自由，扩大科研选题自主权，形成自由探索的体制机制，构建更具开放性的文化系统，促进跨学科、跨专业、跨岗位的人才交流与合作，在积极的合作竞争中激发创新火花、收获创新成果。还应认识到，创新总会伴有风险，出错和失败在所难免。这就需要建立健全鼓励创新、宽容失败的容错纠错机制，让创新型人才勇于创新、敢于创业，并更好地发挥其引领和带动作用，调动社会各界的创新创业热情，推动形成崇尚创新创业、勇于创新创业、激励创新创业的价值导向和文化氛围。北京理工大学提出的"胸怀壮志、明德精工、创新包容、时代担当"领军领导人才成长目标，为营造学校良好的创新创业文化环境打下了坚实的基础。

（四）创新型人才培养的硬件环境

在高校创新创业教育背景下，通过不断深化教育体制改革，发展创新型教育理念，深化创新型教学改革，探索创新型人才培养模式，提升高校教育管理内涵，实际上是围绕创新型人才培养总体目标，增加高校办学的硬件资源配置，努力提升教育质量和教学整体水平，开拓创新型办学理念。高校要提升教师的基本教学技能素质，完善现有的课堂管理手段，优化管理配置途径，细化管理机制，实现创新改革发展战略。结合高等教育发展理念，学生管理部门、教学管理部门、科研管理部门、后勤保障部门等相关部门都应围绕人才培养目标建立相应机制，以新思想、新观念为导向，细化大学生创新素质培养目标，制定专业性、实践性都非常强的教学质量标准，修订人才培养方案。

北京理工大学学生创新创业实践基地的建设是学校着力加强学生创新创业能力培养、支持保障条件的重要举措。学校不仅系统开展创新型人才培养设计，坚持"价值塑造、知识养成、创新实践"三位一体相统一，还构建了创新创业教育与德智体美劳全面培育相互渗透、相互融合的立德树人"大平台"和高水平创新创业人才培养体系，努力将学校科技创新优势转化为学生创新创业能力培养优势。

五、高校创新型人才培养体制

（一）明确创新型人才的培养目标

面向"大众创业、万众创新"的人才应具有清楚的思维、理解、判断、表达、写作能力，以及推理和解决问题的能力等，高等教育必须优化教学制度、教学模式和人文环境，重视能力培养、系统训练和实践环节，大力培养应用型、复合型、技能型人才。面向"大众创业、万众创新"的高等教育必须改变重理论轻实践、重知识轻能力、重专业轻人文的传统模式，要形成基于社会需求导向的专业设置、注重科学知识的课程设置、渗透人文素养的课堂设置、加强实践能力的课外设置体系，注重发挥学生的主体作用，注重用人单位的参与，注重创新创业的渗透，培养面向企业的高素质人才。

创新创业教育是我国当前高校教育教学改革的重要内容，应把培养创新型人才的理念贯穿于整个高等教育教学管理制度设计、教学方式安排、教学内容选取、人才培养方案编制等多方面，同时还要将创新创业教育融入学校的日常教育教学、科学研究及社会实践等多方面的活动之中，建立蕴含丰富创新创业理念的办学宗旨，营造浓厚的校园文化与学术氛围，让崇尚创新创业文化的精神渗透到校园的每一寸土地、弥漫于每一个角落、潜移默化地影响着每一位师生。

（二）精准发展创新型人才培养的学科体系

从国家顶层设计角度来看，新颖的办学思维和办学理念是高校精准定位创新型人才培养学科体系发展的前提条件，高校按照创新知识体系要求，提升服务水平模式，形成以科技创新为主的交叉融合学科体系内涵。这一切行为都应围绕社会需求，以加强学科体系建设为基础。首先，学科建设是高校创新型人才培养生态体系构建的核心内容，是培养高层次、高素质、高能力、高水平创新型人才的基础，高校要不遗余力地进行适应自身发展的学科建设，带动技术创新，巩固自身竞争的优势，提升办学能力。其次，高校科学合理的办学思维和办学定位，取决于高校在社会化发展进程中，如何培养优秀的、适应社会发展的创新型人才，客观上要求高校要形成有自身特色的人才培养理念。再次，高校要不遗余力地重视发展与社会服务相关的重点学科，利用现有的资源和手段，提升传统专业培养能力，发展特色专业水平，扩大新建专业规模，要建设高水平、多学科的研究型大学，必须发展具有鲜明特色的学科发展体系，具有合理结构性的创新型人才培养体系。最后，高校要进一步调整一级学科和各专业大类下的相似学科之间的协调统一，规划基础性专业建设，整合跨学科发展的交叉专业，探索跨院系、跨学科、跨专业交叉培养创新型人才的新机制，促进人才培养由单一型学科专业向多元化融合型学科专业进行转变。

（三）提升创新型人才培养质量的科研创新团队竞争力

我国全面实施科技强校战略，高校要积极采取多种手段统筹科技资源，发展创新团队，以符合《国家中长期科技发展规划纲要》为发展目标，以增强高校自主创新能力为基点，加强科研能力和科研队伍、科研内涵等建设，有效实施团队合作和学科交叉，构筑科研创新体系的基本要求：第一，科研创新团队建设以科技人才建设为主，高校制定和采取扶持政策与举措，抢抓时代机遇、克服重重困难、开拓创新环境，加强科研创新团队建设，拓展科研水平和国际视野，提升高校在科学研究、技术开发、科研创新等方面的综合技术实力。第二，科研创新团队建设还需进一步凝练研究方向，加大科技领军人才和科研创新团队的培养与建设力度，充分发挥科研创新平台的作用，集中优势资源，争取更多的国家重大科技项目、大型横向项目，力争在高层次科技奖励、高水平论文、著作、专利等标志性成果方面取得新的突破。第三，科研创新团队建设要注重积累科研基础，培育研究高水平成果能力，加强科技领军人才的引进和培养，大力推进科研创新团队建设，加强创新科研制度化建设，构建科研文化氛围，促进科研和谐发展，加强科技合作与交流，开阔视野，紧跟前沿科技，提高科研能力和研究水平。

（四）打造一流的创新型人才培养师资队伍

要成功地开展创新创业教育，拥有一支高素质的创新创业教育师资队伍是前提和关键。当前，我国许多高校创新创业教育专职教师严重匮乏，而高素质的师资更是少之又少。因此，各高校现阶段培养一支理论素质高、实践能力强、专兼职结合的创新创业教学团队已"迫在眉睫"，这已成为高校创新创业教育发展的"瓶颈"。

一是要完善创新型人才培养教师的晋升和推出管理体制，配齐配强专职导师。建立教师队伍的定岗责任、完善专业技术职务评聘、加强教学效果考核、提高绩效考核奖励标准等一系列激励创新教育教师高水平发展的制度，逐步实现定期考核和末位淘汰机制，公开选拔和培养使用中青年教师承担创新教学任务。

二是要采取多种手段、多种途径培养和提升中青年教师素质能力。将岗前培训班、实践轮训班、骨干教师研修班作为扩展中青年教师业务水平的重要手段，加强业务知识学习，鼓励中青年教师提高学历层次，培养创新创业教育相关理论课专业教师，鼓励创新创业教育专业教师与社会接轨，到社会中参与实训。

三是要在高校内部建立优越的教师培养氛围，营造有利于教师提升能力的生态环境。由于一流的师资队伍一直以来就是高校紧缺的人才，日益成为制约高校创新型人才培养生态体系构建的瓶颈问题。因此，要想方设法吸引高素质、高层次、高水平的外籍教授和一流研究机构的研究型学者加入创新型人才培养师资队伍。

四是要校企互通联合培养，建立多样化师资队伍。高校应聘请来自多个学科领域和产业领域的创新创业教育专职教师（教授）、客座教授、专职管理人员、学术教授、校内外既有创业经验又有授课能力的专家组成跨专业学科的教学团队。创新创业实践活动对创新型人才要求是多方面的，只有组建多样化的创新创业教育师资队伍，才能培养出能力强、综合素质高的创新型人才。

（五）建立健全创新型人才培养的组织与管理体系

创新创业教育是一门综合性很强的交叉学科课程，既包括创新创业基础知识、创新创业素质和能力的培养，同时还包括学生的思想意识、管理能力和沟通能力的培养等，这也对创新创业教师队伍素质提出了较高的要求。首先，应从学校层面出发，建立专门的负责机构或部门负责教师创新创业教学工作，同时制定相应的规章制度和教师继续学习的机制，转变教师教学模式。其次，采用校企协同培养方式，选聘优秀的创业者或投资人来担任学院的创新创业校外导师，同时也可吸收校友中有影响力的专家和政府官员作为兼职导师，不仅能为学生提供当前的社会资源和福利政策解读，同时也有利于学校教师队伍互相促进成长，有利于提高创新创业教育师资的理论水平、创新意识、创业实践感知能力。在创新驱动发展战略下，大学生创新创业教育是一项系统工程，不仅关系到我国人才是否具有创新能力，同时对学生自身发展和社会稳定进步都有重大作用。创新创业教育的发展需要政府、学校与社会协同努力，鼓励他们在创造自身价值的同时，还要养成正确的价值观[①]。

（六）建立健全适合创新型人才成长的教学方法及课程体系

课程体系是顺利开展创新创业教育的先决条件，是创新创业教育要解决的最核心问题。完善的创新创业课程体系，应该是创新创业教育与各专业学科教育的渗透和融合，是创新创业课程有机地融入通识课程、专业理论课程、专业技能课程之中，将培养创新型人才的理念完全融入教学大纲的拟定、专业课程设置、目标考核方案的制定等每一个环节，使创新创业的精神体现在日常课程教学的各个方面，着力培养学生开拓进取和勇敢拼搏的精神品质，

---

① 王球琳，王鑫，魏巍. 创新创业教育与高校创新型人才培养体系的融合研究［J］. 黑龙江科学，2019，10（3）：36-37.

坚韧不拔的毅力和敏锐的洞察力及必胜的自信心等。

当前，创新型人才培养在高等教育阶段表现为对学生个性、特长和潜能的培育，以实现更大的创新发展为目标，把引导创新型人才作为根本动力，提升学生在课堂中的主导地位，满足创新型人才对学科与专业课程的个性化需求，充分调动学生学习的积极性，激发学生的学习兴趣，依托校内网络媒体，面向全体学生推送微型在线课程、短视频、大型公开课等学习课程。

1. 高校应加强通识教育，培育与造就全面发展、文化多元、内涵丰富的社会主义合格建设者和接班人

高等教育的任务不仅要传授学生专业理论知识，培养熟练的实践技能，还应把过去只注重专业教育转向加强通识教育与专业教育的融合和协同发展，这是普及和有效实施创新创业教育的途径之一。渊博的知识与深邃而睿智的洞察力，是创新型人才必备的素质，更是创业者最终进行创新研究、创办企业的前提与根基。因此，高校应不断建立健全跨学科专业、跨行业领域、自然科学与人文社会科学间相互融合的课程群，培养文理兼备，具有丰富的科学文化素养和较强的社会适应能力的创新型人才。

2. 高校应根据不同年级、不同层次结构、不同专业学生的特点，开设需求各异的创业基础课程及专业理论与创业实践活动相结合的创新创业教育课程

首先，面向全体学生，可以开设创业基础教育类课程群，旨在培养学生的创新精神、激发学生的创业意识，帮助学生了解创业必备的基本理论、基础知识和基本流程等；其次，面向有创业意向的学生，开设营销实践类等课程，目的是提升学生创新创业素质、拓展学生创新创业能力；最后，面向一部分专业学科学生和部分有兴趣跨专业学生开设一系列紧密结合学术科研创新、科研成果转化、产权与技术服务等对接应用的反映学科专业技术前沿和产业趋势的课程。同时，还应千方百计地挖掘现行专业课程的创新创业教育资源。在课程体系设置时，要弱化学科间的界限，打破学科间的壁垒，重视学科间相互联系、相互交叉的特点，通过系统和完善的创新创业课程体系，紧贴时代主题，紧扣时代脉搏，不断提高人才的社会适应性、提升人才的培养质量，为社会"批量生产"具有较强创新创业能力的高级专门应用型人才[1]。

---

[1] 徐九春，詹书汇. 高校创新创业教育途径浅析［J］. 包头职业技术学院学报，2019，20（3）：35-38.

3. 高校应创新人才培养的教学方式，创新教学手段，打造适合创新型人才培养的多元化课堂

高校广泛应用小规模限制性在线教学、课上互动式混合教学、案例式启发教学、大型开放网络教学等多种教学手段，根本目的是为了培养创新型人才的创新思考方式和独立思考能力，根据他们的主体需求开展有针对性的个性化教育，利用学生对网络应用的好奇心和思维敏锐程度，激发创新学习思维。网络创新创业课程的内容和信息量口径宽、容量大，学科间互通性强，所涉猎的范围广，可以面向全体学生，同时，可以根据学生不同的个人阅历、知识背景、成长环境等，开设依次递进、难度适宜、内容迥异及类型多样的深受学生喜爱的慕课、尔雅课或智慧树等创新创业网络选修系列课程。鼓励学生多选多修，并将获得的选修课程学分存入学生的学分银行，对达到或超过一定学分标准的学生给以相应的精神和物质上的奖励。这样培养出的人才具有知识面宽广、学习效率高、知识融会贯通的特点，符合当前经济社会发展的要求。

（七）建立健全完善的创新型人才培养实践体系

"大众创业、万众创新"的新机遇引发高等教育在观念、体制、人才培养模式等方面的变革，要求大学生担负起创新创业的历史责任。大学毕业生选择创业之路必须具备一定的创业能力，高校应引导大学生强化需要、动机、意向、志愿、抱负、信念等创业意识，提高主体与客体协调一致的心理承受能力、独立生活能力、人际交往能力、应变能力等基本素质，同时还应培养大学生发现和解决问题的能力、动手操作能力、组织管理能力、人际协调能力、开拓创新能力等。要加强学生实习基地建设，建立本科人才培养质量标准体系，推动高校修订本科人才培养方案，鼓励高校对人才培养进行改革和投入。

创新创业教育是一项极其复杂而又系统的工程，而提升学生的创新实践能力却是至关重要的一环。当前一部分高校人才培养与生产实践脱节、学生实习实训环节缺乏真实生产环境等问题，这一现象应该得到上级主管部门及全社会的关注。作为实践性极强的素质教育，创新创业教育必须坚持理论与实践相结合，做到著名教育家陶行知先生所倡导的"教学做合一""教与学要以做为中心"，要求"教"与"学"同"做"紧密结合起来，这里的"做"就是指社会实践、科学实验等活动。这就需要整合地方高校、行业企业和全社会的各种资源，建立健全完善的创新型人才培养实践体系。

1. 高校应充分发挥校友资源在培养学生创新实践能力中的作用

在推进创新创业教育的过程中，应充分挖掘校友资源，实现校友资源在

创新创业教育中的良性循环，使得校友成为高校创新创业教育资源的整合点和在校生投身创新创业实践的模范和榜样。可以尝试成立"校友联盟"，旨在为学生、校友、初创公司及投资项目搭建一座桥梁，提供学生与投资人、企业家之间的切磋交流及获得资助的机会。同时，"校友联盟"可以通过一系列的项目和资源支持在校生创业，从而促进潜在的创业者脱颖而出。

2. 高校应与行业企业深度合作，共同推进创新创业教育健康发展

高校可以寻求来自行业企业的支持。一方面，高校可以为行业企业提供人力、研发、基础设施等资源，协助企业解决技术难题和研发问题，降低企业商业风险；另一方面，高校通过与企业深度合作，可以为教师和学生提供科学研究的实践机会，使得师生能够接触到前沿的科技和创新创业新领域。无论是在科技创新领域，还是在创新型人才培养上，高校和企业目标总是一致的，二者只有相互协作、相互促进，才能推动创新创业教育不断向前发展。

3. 高校可以借助社会力量，构建具有区域经济特色的开放式、多元化、可持续的实习实训基地、创业实践平台、创业孵化平台

不断引导学生依托平台和基地，积极投身于创新创业实践活动，使学生"身临其境"真正参与到企业的实际管理和运作模式中来，着力培育与提升学生的科技创新及创业实践能力。同时，大学生还可以依托上述创新创业实践基地或平台，自行创业：创办小型公司或与有实力的公司合作创办企业，把科研成果推向市场，形成以创业带动就业，更好地实现以科研成果转化和就业创业指导相结合的创新创业实践为导向的高校人才培养模式，着实提高人才的培养质量，这对新形势下全面提升高等教育质量、扩大就业创业、推进经济转型升级、培育经济发展新动能具有重要意义。

第四节　创新创业教育是落实创新驱动发展战略的重要支撑

一、创新驱动发展的战略背景

党的十六大以来，我国坚持贯彻落实科学发展观，国民经济连上新台阶，结构调整效果显著，战略性新兴产业快速发展，传统产业升级加快，工业整体素质稳步提升，农村发展也实现了历史性跨越，迎来了又一个黄金期，为经济社会发展大局提供了重要支撑。经过改革开放四十年来的发展，中国的经济

总量已跃居世界第二，制造业规模已经是世界第一。

同时，经过多年努力，科技发展正在进入由量的增长向质的提升的跃升期，科研体系日益完备，人才队伍不断壮大，科学、技术、工程、产业的自主创新能力快速提升。经济转型升级、民生持续改善、国防现代化建设对创新提出了巨大需求。庞大的市场规模、完备的产业体系、多样化的消费需求与互联网时代创新效率的提升相结合，为创新提供了广阔空间。中国特色社会主义制度能够有效结合集中力量办大事和市场资源配置的优势，为实现创新驱动发展提供了根本保障。这些都是我国创新驱动发展已具备的发力加速基础。

但是同时我们也要看到，国内和国际的形势令创新刻不容缓。

从国内来讲，支撑中国经济发展的要素条件正在发生变化。劳动力、资源、环境成本都在提高，企业原先熟悉的投资驱动、规模扩张、出口导向的发展模式已经发生了重大转变。旧有的发展模式空间越来越小，以规模化扩张、资源高消耗、环境高污染为特点的粗放型增长的老路已经不能再走下去了。

从国际上来看，世界范围内新的科技革命和产业变革正在孕育突破。科技创新与产业变革的深度融合成为当代世界最为突出的特征之一。2008年以来的国际金融危机，加快催生了新一轮科技革命和产业变革，许多国家都将创新提升为国家战略，各国围绕科技创新的竞争与合作不断加强。我国许多产业仍处于全球价值链的中低端，一些关键核心技术受制于人，发达国家在科学前沿和高技术领域仍然占据明显领先优势，我国支撑产业升级、引领未来发展的科学技术储备亟待加强，适应创新驱动的体制机制亟待建立健全，激励创新的市场环境和社会氛围仍需进一步培育和优化[①]。

在这种情况下，要思考今后的发展方向，要在工业化、信息化、城镇化与农业现代化同步推进的发展过程中找到一条适合我国国情的发展道路，必须依靠科技创新，转变经济发展方式，推进经济结构战略性调整已经成为当前最紧迫的任务。因此，我国在最恰当的时间提出了创新驱动发展战略，加快从低成本向创新优势的转变，为我国经济发展注入了新的动力，对于我国提高经济增长速度以及加快经济转型有着非常重要的意义。

二、创新驱动发展的必要性

创新驱动就是创新成为引领发展的第一动力，科技创新与制度创新、管

---

① 张文娟. 创新驱动是转型升级的必然选择——专访科技部中国科学技术发展战略研究院副院长王元[J]. 中国农村科技，2012（12）：28-29.

理创新、商业模式创新、业态创新和文化创新相结合，推动发展方式向依靠持续的知识积累、技术进步和劳动力素质提升转变，促进经济向形态更高级、分工更精细、结构更合理的阶段演进。

创新驱动是国家命运所系。国家力量的核心支撑是科技创新能力。创新强则国运昌，创新弱则国运殆。我国近代落后挨打的重要原因是与历次科技革命失之交臂，导致科技弱、国力弱。实现中华民族伟大复兴的中国梦，必须真正用好科学技术这个最高意义上的革命力量和有力杠杆。

创新驱动是世界大势所趋。全球新一轮科技革命、产业变革和军事变革加速演进，科学探索从微观到宏观各个尺度上向纵深拓展，以智能、绿色、泛在为特征的群体性技术革命将引发国际产业分工重大调整，颠覆性技术不断涌现，正在重塑世界竞争格局、改变国家力量对比，创新驱动成为许多国家谋求竞争优势的核心战略。我国既面临赶超跨越的难得历史机遇，也面临差距拉大的严峻挑战。唯有勇立世界科技创新潮头，才能赢得发展主动权，为人类文明进步做出更大贡献。

创新驱动是发展形势所迫。我国经济发展进入新常态，传统发展动力不断减弱，粗放型增长方式难以为继，必须依靠创新驱动打造发展新引擎，培育新的经济增长点，持续提升我国经济发展的质量和效益，开辟我国发展的新空间，实现经济保持中高速增长和产业迈向中高端水平的"双目标"[①]。

三、创新驱动发展战略的提出及深化

党的十七大报告提出建设创新型国家。党的十八大首次提出实施创新驱动发展战略，明确提出"科技创新是提高社会生产力和综合国力的战略支撑，必须摆在国家发展全局的核心位置"，强调要坚持走中国特色自主创新道路、实施创新驱动发展战略。随后，中共中央、国务院出台了《关于深化体制机制改革加快实施创新驱动发展战略的若干意见》。2016年5月，党中央、国务院印发的《国家创新驱动发展战略纲要》，标志着对创新驱动发展战略的探索达到新的历史高度。党的十八届五中全会提出创新、协调、绿色、开放、共享五大发展理念，其中创新排第一位，创新驱动发展战略在国家整体战略中占有基础性地位。

习近平总书记在党的十九大报告中指出，"创新是引领发展的第一动力，

---

① 中共中央 国务院印发《国家创新驱动发展战略纲要》[J]. 中华人民共和国国务院公报，2016（15）：5-14.

是建设现代化经济体系的战略支撑",同时提出了"科技是核心战斗力"、实施创新驱动发展战略等划时代论断,强调把创新驱动发展作为面向未来的一项重大战略。可以说,党的十九大报告把加快建设创新型国家作为贯彻新发展理念、建设现代化经济体系的一项重大战略任务,把坚定实施科教兴国战略、人才强国战略、创新驱动发展战略作为决胜全面建设小康社会的重大举措,把科技实力大幅跃升、跻身创新型国家前列作为到2035年要实现的重要目标,是具有深远意义的举措①。

创新位列新发展理念之首,居于国家发展全局的核心位置。十九大报告50余次提到创新,尤其是强调创新是建设现代化经济体系的战略支撑。这是源于对我国经济发展阶段的战略判断。我国经济已由高速增长阶段转向高质量发展阶段,正处在转变发展方式、优化经济结构、转换增长动力的攻关期。在这个关键时期,推动经济发展质量变革、效率变革、动力变革,提高全要素生产率,进而不断增强我国经济创新力和竞争力,都必须紧紧依靠创新驱动来实现。

十九大报告从四大方面提出了实施创新驱动发展战略、加快建设创新型国家的具体举措:一是瞄准世界科技前沿具有前瞻性、引领性的基础研究科技创新;二是旨在转化现实生产力、推动经济迈向全球价值链中高端的应用基础研究科技创新;三是有利于调动创新积极性、促进科技成果转化的科技体制机制创新;四是培养创新人才和创新团队的科技人才队伍建设。这四大方面,既有创新的"硬件"建设,也有创新的"软件"建设。尤其是"软件"建设,也就是体制机制创新,将对创新驱动发展战略的深入实施提供有效的制度保障,担负着"兵马未动,粮草先行"的重要角色。

从某种意义上说,创新驱动发展战略就是国家巧用科技创新手段,有效支撑、引领我国不同产业深化发展,实时转变经济发展方向与模式,深化调整经济结构体系,促进综合国力、核心竞争力二者同步提升。可以说,创新驱动发展战略是我国站在宏观角度,立足基本国情的同时从全局出发提出的,符合新时代下我国社会发展的客观要求,有着不可忽视的现实意义和深远影响。在创新驱动发展战略作用下,传统单一、滞后的经济发展模式缺陷得以有效弥补,在明确我国社会经济发展方向的同时为其提供了重要的动力支撑,使经济实现持续性发展,为恢复与建设生态环境提供了重要的技术保障与支持,在科技创新中改变社会大众生产生活与经济发展方式,有助于打开"大

---

① 杨宜青. 新时代实施创新驱动发展战略的路径探索[J]. 桂海论丛,2018,34(3):58-62.

众创业、万众创新"新局面,将经济发展、生态环境保护协调统一,全面推动"美丽中国"建设进程。

因此,在步入中国特色社会主义新时代的今天,加快创新型国家建设,既是推动经济发展在新常态下顺利实现转变发展方式、优化经济结构、转换增长动力关口的战略举措,也是全面建成小康社会和全面建设社会主义现代化国家的重要内容、战略支撑,对实现"两个一百年"奋斗目标具有十分重大的意义。

近些年,我们大力实施创新驱动发展战略,创新型国家建设硕果累累:天宫遨游、蛟龙潜海、天眼望星、悟空探测、墨子通信等一大批重大科技成果相继问世,不断刷新中国智造的新纪录。这些超越了自己、实现了突破、代表了前沿或领先于国际的科技成果,使我们能够从一个长期以来在科技领域处于追赶者的中青角色逐渐转化为与先进国家并驾齐驱甚至在某些领域开始处于领跑者的角色,推动着以高铁、核电等为代表的中国制造将先进产能输送出去,促进了中国经济向中高端迈进。

四、高校创新创业教育是落实创新驱动发展战略的有力保障

高校作为科研主阵地,面向世界科技前沿,面向国家重大需求,都能够以问题为导向积极开展研究、实验,能够突破制约经济社会发展和国家安全的一系列重大瓶颈问题,初步扭转关键核心技术长期受制于人的被动局面。

同时,高校与企业的广泛合作、高校教师创立学科性公司,形成高校创新创业新格局,打造崇尚创新创业、勇于创新创业、激励创新创业的价值导向和文化氛围,都是在强化科技与经济对接,构建支撑创新驱动发展的良好环境。

因此,高校需要积极开展创新创业教育,将创新创业教育融入学校人才培养计划,并将计划贯穿于人才培养全过程,探索创新驱动发展战略背景下创新创业人才的培养模式,促进创新创业人才培养体系的构建,为有效培养创新创业人才拓宽渠道。通过实践育人大力推动创新创业教育,不断增强学生服务国家、服务人民的社会责任感、勇于探索的创新精神以及善于解决问题的实践能力。

与此同时,创新驱动发展战略也引领了高校创新创业教育的发展方向。20世纪70年代开始,高等教育开始转型,从单一的知识技能传授,转变到研究型教育与创新创业教育并进的模式。创新创业教育进入高校,注重培养学生建立创新创业的观念体系、学习创业成功人士的企业家精神、提高对社会

经济的敏锐度以及灵敏的思维能力，从而带动了培养人才的质量。高校是实施创新创业教育的重要平台，要担起创新驱动发展战略的责任，积极响应国家战略，提升高校创业能力，加快培养高素质的创新创业人才。

可以说，高校创新创业教育与创新驱动发展战略的结合，能够适应新的经济增长方式，有利于推动创新型国家建设。因此，高校要深入贯彻创新驱动发展理念，发展创新创业教育，探寻可行性路径，为国家源源不断地输出人才，为国家富强和民族繁荣昌盛提供有力的保障。

第二章 创历程

——创新创业教育的时代画卷

2015年中国大学生方程式汽车大赛（FSC）比赛现场——黑鲨Ⅵ

在中国共产党第十九次全国代表大会上，习近平总书记在报告中提出"加快建设创新型国家"，明确"创新是引领发展的第一动力，是建设现代化经济体系的战略支撑"。近年来，国内外的发展局势愈加证明一个道理：大国竞争实际上就是人才的竞争。2020年，是我国全面建成小康社会，实现第一个百年目标，完成"十三五"规划的重要时间节点。如何抓住机遇，让创新创业带动经济发展，让创新创业引领时代潮流，是我们需要着重研究的课题。

与此同时，创新创业教育也作为高校工作的重点走进人们的视线，开展创新创业教育是我国大学发展转型的一次挑战，也是提升高等教育整体实力的一次考验。以培养具有创业基本素质和创新型人才为目标，以培育在校学生的创业意识、创新精神、创新创业能力为主的创新创业教育，对我国经济的持续稳定发展具有重大战略作用，对我国高校人才培养综合改革具有重大促进作用，对我国高等教育的发展亦有着不可估量的推动作用。

一直以来，机械与车辆学院高度重视创新创业教育工作，把创新创业教育工作落实到人才培养工作的全过程、各环节，并且重视吸收、接纳国内外优秀的创新创业实践亮点，内化为自身的发展动力和提升举措。学院通过了解我国大学生创新创业教育发展历程以及欧洲国家、美洲国家、亚洲其他国家的大学生创新创业教育发展历程，得知西方发达国家很早就意识到创新创业教育的重要性，其中，美国在创新创业教育理论方面成为全世界发展创新创业教育的先驱和典范。在此基础上，学院积极应对国内外创新创业教育发展形势，对比分析得出了创新创业教育的发展路径，展开了创新创业教育的时代画卷，在历程中回顾，在历程中总结，在历程中提升与成长。

第一节　我国大学生创新创业教育发展历程

党的十八大对创新创业人才培养做出了重要部署，国务院也对加强创新创业教育提出明确要求。随着这几年高校创新创业教育的不断发展，也取得了一定成效，对提高高等教育质量、促进学生全面发展、推动毕业生创业就业、服务国家现代化建设发挥了重要作用。作为将创新创业融入人才培养全过程的教育模式与适应经济社会发展的教育理念，我国大学生创新创业教育在不同发展阶段也呈现出各自的特点。

一、我国创业教育的发端与兴起

创业教育思想流入我国并兴起的时间可以追溯到 1989 年。这一年的 11 月 27 日—12 月 2 日，联合国教科文组织在北京召开了"面向 21 世纪教育"国际研讨会，"创业教育"这一概念正是在这次会议上被首次提出。同时期，胡晓风等人[①]编写了《创业教育简论》，他们根据 1987 年在四川合川县（今为重庆市合川区）进行的生活教育整体试验，发表文章详细阐述了创业教育思想，并针对创业教育的宗旨、原则、实施等方面进行了简要论述。

中国作为教科文组织创业教育课题的成员国，由原国家教委基础教育司劳动技术处在 1990 年下半年作为牵头部门，组织了亚太地区"提高青少年创业能力的教育改革合作项目"[②]。在这个项目中，以北京、江苏、湖北、四川、河北、辽宁等几个省作为项目单位，成立了国家协调组并进行了创业教育的相关研究，在此期间取得了一些研究成果。以毛家瑞、彭钢等人为例，在历时五年的研究过程中，他们从理论和实践两个方面对创业教育开展调查研究，总结出在不同的教育领域、不同的学校中实施创业教育的各种模式，并且探索式地提出了创业教育理论模型、创业基本素质模型和创业实践活动模型[③]。在此期间，他们先后发表了《创业教育的目标、课程及评价》《亚太地区部分国家的创业教育》《创业教育学》等创业教育研究相关的学术论文与著作。

这一时期的研究多为对创业教育的探索性研究，成果涉及对创业教育的目标、课程安排以及素质教育与实施创业教育等相关内容的探讨[④][⑤]。此时的创业教育研究处于萌芽期，更多地停留在构思酝酿中。

二、我国高校创新创业教育试点探索阶段（1997—2002 年）

1997 年年底，当清华大学的学生在互联网上看到了一个新鲜的名词"创业计划"时，一个创业教育实践计划在他们的脑海中诞生，他们以此为灵感

---

① 胡晓风，姚文忠，金成林. 创业教育简论 [J]. 四川：四川师范大学学报（社会科学版），1989（4）：3-10.

② 刘海涛，贾万刚. "中国创业教育二十年"引论 [J]. 安徽：安徽理工大学学报（社会科学版），2011（4）：85-88.

③ 毛家瑞，彭钢. "创业教育的理论与实验"课题研究报告 [J]. 北京：教育研究，1996（5）.

④ 毛家瑞，彭钢，陈敬朴. 创业教育的目标、课程及评价 [J]. 福建：教育评论，1992（1）：27-31.

⑤ 彭钢. 创业教育学 [M]. 江苏：江苏教育出版社，1995.

组织策划了清华大学第一届"创业计划大赛"[①]。该比赛于转年的 5 月举办，比赛持续了五个多月，吸引了来自清华大学和我国其他各大高校的 300 余名学生前去参赛。此次大赛一经举办就获得了社会各界广泛关注，自此我国各大高校纷纷加入高校创新创业教育的探索征程。

1998 年，教育部制订《面向 21 世纪教育振兴行动计划》，该计划明确提出"加强对教师和学生的创业教育，鼓励他们自主创办高新技术企业"。计划一经提出，就得到了我国各大高校的积极回应。

1998 年，清华大学依托经济管理学院 MBA 项目，开设了创新与创业类方向的课程，同时新开设"高新技术创业管理"本科课程[②]。1999 年 3 月，清华大学举办第二届"创业计划大赛"。这一年，周边其他高校（北京大学、人民大学等）的学生也纷纷加入其中。不同专业的学生自愿组成竞赛队伍，根据个人特点优势互补、扬长避短，同时挑选一些具备市场潜力和应用价值的科技成果和服务创意，直接面向市场，希望获得国内外风险投资家的青睐，通过风险投资机制来促进科技成果进一步产业化。同年，首届"挑战杯"中国大学生创业计划竞赛在北京成功举行。本次竞赛由共青团中央、中国科协、全国学联主办，共接收了近四百件竞赛作品，并且涌现出不少优秀的作品，其中一些在创业计划大赛中崭露头角的计划成为学生创业的依托，学生们组成团队建立了创业公司。

除此之外，各大高校也开始注重创新创业教育的交流与实践，积极尝试将创业教育引入高校中。例如西北工业大学，就尝试开设了创业理论与实践选修课，将课堂作为发展创业教育的主要阵地；武汉大学也结合自身的办学实际，提出"三创"教育（创造、创新、创业教育）的理念，并对该模式进行理论探讨与实践探索；北京航空航天大学通过开设创业教育选修课以及建立北航大学科技园的方式来支持学生创业，同时还给予企业孵化等多重支持。

三、教育行政部门引领多元探索阶段（2002—2010 年）

在全球创业观察 2002 中国报告中，中国的创业活跃度较高。其中生存型创业排名第三。但是生存型创业对社会就业问题帮助有限，中国创业活动仍有待提高。2002 年 4 月，为了发挥重点院校的带头作用，以点带面地促进我

---

① 蔡克勇. 加强创业教育——21 世纪的一个重要课题［J］. 北京：清华大学教育研究，2000（1）：20-25.
② 王占仁. 中国创业教育的演进历程与发展趋势研究［J］. 上海：华东师范大学学报：教育科学版，2016（2）：30-38.

国创业教育,教育部选择了九所高校作为创新创业教育的试点高校。同年,在高等教育司召开的普通高等学校创业教育试点工作座谈会上,九校的与会负责人高度认可了当下实行创业试点的必要性,一致认为创新创业教育在培养学生创新精神、培养创新型人才、适应新时期社会和经济结构调整人才需求转变的需要中发挥了关键作用[①]。在政府的政策鼓励与支持下,以这九所试点院校为代表,我国高校创新创业教育快速推进,在教育模式、课程建设等方面形成了各具特色的成果。至此,我国高校创新创业教育由自发探索阶段进入教育行政部门引导下的多元探索阶段。

(一) 积极探索创新创业教育模式

清华大学在多年的实践与探索中总结出"创新环"模式,该模式以创新为核心,以学生的创新行为为主体,外设六个支撑体系,形成创新创业综合培养模式,突出创新意识、创新实践和创新成果之间的良性循环[②]。当学生需要将一个创新意识付诸创新实践时,"创新环"的几个子体系会提供有力支撑。例如可以通过群众性科技竞赛、创新讲座等方式激发群体的创新热情,构成群体激励体系,同时请有经验的专家构成指导支持体系,设立"种子"基金为创业团队提供资金支持的资助体系等。"创新环"的模式可以大大激发学生的创新创业热情,同时有针对性地为创业团队提供技术和资金上的强有力保障。

北京航空航天大学设立了北航创业管理培训学院(简称"北航创管学院"),该学院主要负责协调引导多部门联合开展创业教育。落实到具体工作开展则根据不同的阶段由不同的部门进行,其中涉及各专业院系、教务处、就业指导中心、北航天汇科技孵化器和北航科技园等多个部门,一起协同承担。对在校的学生,北航采用课堂教学与实践相结合的方式,开设几门必修与选修课,同时辅以针对性的实践活动。在面向本科生开设创业选修课讲授创业精神与创业素质的同时,北航创管学院还面向全校开设了"创业新讲堂",使学生可以近距离地和请来的创业企业家面对面交流。此外,还有创业星期六、创业计划大赛、以及"创业导师"企业实习等多种实践形式,以此来培养学生的创业意识。学生在此基础上如果能够提出创业计划,还会有专家来进行创业辅导,帮助其创业孵化,经过孵化器"营养加持"后的创业

---

① 柴径. 以点带面推进创业教育——《创业教育》试点工作座谈会综述 [J]. 北京:中国高等教育,2002 (10):38-39.

② 中华人民共和国教育部高等教育司. 创业教育在中国:试点与实践 [M]. 北京:高等教育出版社,2006.

企业从孵化器毕业后，会被安排进入北航大学科技园，在那里会得到科研设备、信息服务、商业银行等各种资源，使创业企业得到有利成长，以寻求进一步的发展。

中国人民大学采用创业教育和素质教育有机结合，共同推进的理念。开设了"创业管理""企业家精神"等创业教育系列课程，加大选修课程比例，使得学生拥有更大的自主选择空间；此外，创业论坛、专题讲座、职业生涯设计与规划活动等多种形式的课外活动也同步进行。鼓励学生多到企业中挂职实践，积累创业经验。积极开展以专业为背景依托的创业竞赛。

上海交通大学实施以素质教育、终身教育和创新教育"三个基点"为基础，以专才向通才转变、教学向教育转变、传授向学习转变"三个转变"为指导思想的创新创业教育模式。在完善提高第一课堂教学质量的前提下，积极开展丰富多彩的课外创业教育实践环节，将构建创新人才培养体系，培养高素质、创造性人才作为学校的根本任务。

（二）推进创新创业教育课程体系建设

该时期，我国各大高校对创新创业教育课程的建设还处在一个探索的时期，其主要方式就是将第一课堂的课堂讲授与第二课堂的实践互动等相结合。第一课堂通常指在规定的教学时间里依据教材或教学大纲进行的课堂教学活动。第二课堂一般指除了第一课堂之外的时间里进行的与第一课堂相关的教学活动。而该时期第一课堂的创新创业教育课程设置又多以选修课为主。

清华大学从1997年开设创新创业类课程以来，广大学生反响热烈。选择该方向课程的人数增长迅速，鉴于学生选课热情高涨，创新创业类选修课程从2000年开始由每年开课一次调整为每年开课两次。北航创业管理培训学院立足于教材的实用性与可操作性，为创业管理者量身定做管理培训课程。此外，创业管理培训学院还初步构建了系统的创业培训课程体系，进行创业教育相关教程的编写与开发。黑龙江大学将培养综合性应用型人才作为宗旨，打造"三创"（创造、创新、创业）专业教育教学课程群，结合创新创业管理实践，开设创新创业教育模块选修课程27门，辅修专业课程250门，技能培训课程10门。同时还设立了就业教育模块和证书教育模块，建立"三创"实验群，向学生提供专业的实践空间。

（三）大力开展创新创业教育实践与培训

该时期，类似全国"挑战杯"大学生创业计划竞赛的创新创业竞赛在国内各大高校相继出现，在参照美国麻省理工学院、斯坦福大学的创业计划大赛模式的基础上，结合自己学校的创新创业教育模式，各大高校举办多种形式的学生创业大赛,为创新创业教育的实施提供有力保障。

上海交通大学由学校"科创实践中心"举办本校的学生创业计划大赛,在此过程中参与科技创新创业辅导培训、咨询和组队沙龙等的学生超过一万人次,在校内外颇具影响力。不仅如此,学校还和日本及我国台湾地区的科技创新创业竞赛建立合作关系,互派优秀学生组队观摩交流,在实践中演变出一种基于创新创业大赛的项目交流式创新创业实践模式。

西安交通大学建立了以学生社团为依托的创新创业教育实践模式,该校管理学院研究生会成立"研究生创业协会",邀请专业教师进行指导,为广大研究生打造创业交流平台。成立"创业爱好者俱乐部",自发组织科技社团超过 30 个,举办科技沙龙,开展项目研究,增强创新创业教育实践的群众性、组织性和趣味性。

黑龙江大学加强校企之间的沟通合作,将学生的实践空间延伸,建立校企沟通桥梁。在开展创业教育时,本着以学生为本的原则,与黑龙江省私营企业协会合作展开了"大学生实践企业合作(SPEC)计划",校企双方签订协议,建立企业家指导团队,聘请企业家来为学生做创业导师或客座教授,并为学生做案例分析、提供咨询和指导。企业为学生提供实践基地,吸纳学生投入创业实践、研发工作,锻炼学生的同时提高企业工作效率。该模式形成教育空间与企业空间互融的大环境,实现了高校理论教学与社会企业实践教学的有机结合。

四、教育行政部门指导下的全面推进阶段(2010 年至今)

2010 年 5 月,教育部下发《教育部关于大力推进创新创业教育和大学生自主创业工作的意见》(以下简称《意见》)。这也是第一个推进创新创业教育的全局性文件。教育部建立高教司、科技司、学生司、就业指导中心四个司局联动机制,形成了创新创业教育、创业基地建设、创业政策支持、创业服务"四位一体、整体推进"的格局。《意见》的发布明确了创新创业教育的核心内涵,也标志着我国创新创业教育进入了教育行政部门指导下的全面推进阶段[1]。

2012 年 4 月,我国首个"创业管理"专科专业设立。在这一年,高职院校也开始招收有意学习创业管理方向专业的学生。随着慕课教学形式逐渐进入大众视野,2013 年,我国第一门关于创业教育的慕课——"大学生创业基

---

[1] 教育部. 教育部关于大力推进创新创业教育和大学生自主创业工作的意见 [Z]. 2010.

础"在教育平台正式上线,这也是创业教育相关课程正式以开放的形式走入社会。随后,有许多高校纷纷制作自己的创业教育相关慕课。

2015年5月,国务院办公厅专门印发了《关于深化高等学校创新创业教育改革的实施意见》[1],从国家层面做出系统设计、全面部署。意见提出了9项改革任务、30条具体措施,为进一步推动"大众创业、万众创新",全面深化高校创新创业教育改革加油助力,提供有力保障,使创新创业成为驱动社会经济发展的巨型引擎。

为进一步提升大学生的创新创业热情,加强高校创新创业教育成效,贯彻落实《意见》,2015年5月,教育部发布了关于举办首届中国"互联网+"大学生创新创业大赛的通知。首届大赛由教育部与有关部委和吉林省人民政府共同主办,吉林大学承办。来自7个省市、8所高校的代表,各省(区、市)教育厅(教委)负责人也来到了吉林大学参加"深入推进高校创新创业教育改革座谈"。座谈会上,部分代表做了主题发言,时任国务院副总理刘延东在座谈会上也就如何深入推进高校创新创业教育改革发表了重要讲话。

2017年以来,教育部先后认定了120所高校为"全国深化创新创业教育改革示范高校",其中有112所中央部委所属高校针对深化创新创业教育制定了专门的改革方案,众多其他高校也在积极推进,把创业创新教育作为学校综合改革方案的重点。

北京理工大学作为"全国深化创新创业教育改革示范高校",始终立足于"价值塑造、知识养成、实践能力"三位一体的人才培养体系,深植"延安根、军工魂"红色基因,狠抓人才培养模式改革,通过教育教学改革将创新创业教育融入人才培养体系,达到专业设计领"双创"、课程体系育"双创"、平台支撑促"双创"、"双创"导师引"双创"、机制保障护"双创"的效果,同时建立具有"双创"意识、"双创"精神、"双创"文化、"双创"体系、"双创"能力内涵的创新创业教育新范式。学校注重发挥科研优势,拓展协同培养,不断加强校内外的科研与教学互动机制,将校企协同的科研最新成果持续融入专业课堂、引入专业教材和专业实践,构建起全要素、多领域、高效益的校企协同育人模式。

北京理工大学机械与车辆学院则立足于大学生机械创新创业实践中心开展大学生科技创新活动,各项科技活动以"提升学生实践能力,培养学生综合素质"为目的,秉承"育人为本,科研先行"的理念,创新性地提出了

---

[1] 国务院办公厅. 关于深化高等学校创新创业教育改革的实施意见[Z]. 2015.

"TIPO"创新创业人才培养模型,建立了"低年级实践-高年级创新"的梯队化科技创新培养体系及"全员、全过程、全方位"的科技创新指导体系与模式。在此模式的推动下,各科技创新团队开始尝试将科学研究方式与方法融入创新实践活动中,培养学生探索科学精神,激发科研兴趣,启迪科研思维,应用于学生创新作品中,为梯队式培养拔尖创新型人才提供了攀登学术高峰的脚手架。

第二节 欧洲国家大学生创新创业教育发展历程

20世纪90年代起,欧洲经济开始下滑,许多资本主义国家爆发了普遍的经济危机,2008年更是出现了50年来最严重的失业现象,失业人口达到了2500万左右。经济重振成为欧洲各国政府面临的首要政治问题。在这种情况下,以欧盟为代表的机构组织和欧洲各国开始重视创新创业教育,以提高就业率来激活市场竞争力,缓解经济低迷[1]。

欧洲创新创业教育的突出特点是将整个教育体系进行了高密度的网格化。政府、高校和企业之间有机结合,充分发挥各方优势,共同促进创新创业教育发展。

一、欧盟国家创新创业教育发展历程

欧盟国家着力于提高整个社会的创新创业意识,培养学生终身学习的理念,各成员国通过建立地方性的创业中心来协助学校与公司构建联系机制,鼓励创业者和商界人士一起投身于创业教育的发展[2]。

2000年,欧盟提出"里斯本战略",号称"事关欧盟男女老幼的真实革命",并将创新创业教育纳入政治议程中。2003年起,欧盟出台了一系列高校创业教育相关政策,如《欧洲创业绿皮书》(2003年)、《帮助营造创业型文化》(2004年)、《实施创业行动计划》(2006年)等。2006年,欧盟在奥斯陆召开"欧洲创业教育会议",形成了《欧洲奥斯陆创业教育议程》,该议程在构建高校创业教育发展的战略性框架方面达成共识。2008年,为了刺激青少年的"创业意识",开展了全欧盟高等教育的创业教育调查。2013年,

---

[1] 常飒飒. 基于核心素养发展的欧盟创业教育研究[D]. 长春:东北师范大学,2019.
[2] 李秀芬,张平. 美国、欧洲和日本高校创业教育经验与启示[J]. 兰州教育学院报,2014,30(8):68-70.

欧盟发布《创业2020行动计划》，将创业精神上升为重振欧洲经济的关键因素，教育被置于培养创业精神的三大行动计划之首。到2016年，欧盟提出《创业素养框架》。以欧盟为代表的欧洲各级组织试图在欧洲范围内发起关于创业教育的改革，将创业精神融入包含中小学阶段教育、职业教育以及高等教育在内的整个教育体系，使欧洲人具有创业思维，最终在欧洲形成创业型社会。

（一）德国高校创新创业教育发展历程

德国最初的创业教育在20世纪50年代，主要面向的是经济学专业的高校学生，当时由于该专业的学生出现了学习与实践困难，为了激发学生学习兴趣、提高他们的专业能力，德国高校运用"模拟公司"的授课模式，成为德国高校创新创业教育探索的先驱。在20世纪70年代，科隆大学开设创业教育的研究计划和教学课程，这是德国高校首次开展有关创新创业的教育活动。此后，其他高校也相继开设创新创业课程，设立了创新创业教育中心。在20世纪90年代后期，大学生就业困难，并且失业率居高不下，德国政府与各大高校希望通过创新创业来拯救德国经济，稳定国内形势。进入21世纪以来，德国不断完善高校创新创业教育体系，"培养学生解决实际问题的能力"成为德国新的创新创业教育理念。其中，慕尼黑工业大学提出了"创业型大学"理念，强调学生不仅要学习书本知识和原理性内容，更要培养自身的职业视野和行业感知能力，在具体实践中提高团队合作能力以及发现和解决实际问题的能力。

德国高校创新创业教育针对性强、分类明确，根据高校教育侧重点的不同主要分为综合型和应用型。综合型高校主要侧重于思维创新、理论创新和商业模式创新等方面的培养；而应用型高校则不同，与学校定位相结合，主要培养学生的技术创新、生存性创业素养能力等。高校定位明确，在各自擅长的领域里深度高效发展，在统一区域内，两类高校又会密切合作，共同培育和扶持高质量的创新创业项目[1]。

德国高校课程体系十分完善，创业课程涉及企业创立、财务管理、企业管理等方面，同时将其延展到了哲学、政治学、天文学等人文领域，有利于学生创业格局与情怀的塑造。具体内容包括创业政策的解读、撰写商业计划书培训、企业创办流程、企业管理和运营等几十门课程。另外，课程设计上更加注重与社会现状相结合，注重基础能力的培养，为大学生创业打下良好

---

[1] 余文冲. 德国经验对我国应用型高校创新创业教育的启示[J]. 农家参谋，2019（6）：214.

的基础。德国的高校学生除了需要学习创业教育的必修课程外，还可以根据自己的兴趣和需要，选择学校开设的大量选修课程。并且创业课从高等教育慢慢延伸到了中小学基础教育阶段。此外，德国还设置了专门的创业文化活动基金会。如果说德国的创新教育注重实践体现了其"深度"的话，在几乎每个教育阶段都设置创业教育课程正体现了其在覆盖学生人群方面的"广度"①。

德国高校的创新创业教育教师团队也包含了专职教师和兼职教师。其中，专职教师均由经济学院的教师担任，以传授德国及世界经济发展现状为主要内容，辅之以创业与经济关系的理论知识和实践经验。同时，拥有丰富实践经验的企业管理人员和专业人士会被聘请担任课程教师。这类教师可以是服务型的，即愿意为有自主创业意愿的学生提供信息或咨询服务；也可以是专家型的，即为创业大学生提供项目评估、指导；同时，还可以是引导型的，即利用课程教学对学生的创业能力进行影响，促进与提升学生创新思维的转变。同时，在德国的创业教育中创立了创业教育教授席位制度。对于这类教授的选拔，非常注重理论与实践能力的考察。截至2017年年底，德国开设创新创业教育课程的大学由20世纪90年代的25所增加到上百所，设立创业教育课程学位教授职位的高校也从20世纪90年代的10余所扩大到几乎所有的大学②。

另外，德国高校的创业教育也离不开政府和企业的大力支持。德国的许多大型企业，如西门子、大众、拜耳等公司积极为高校大学生提供实践平台，鼓励大学生参与公司课题研究或者社会公益创业项目，定期举行创意大赛，帮助大学生关注创新动态和前沿技术的发展。另外，银行和大型公司也积极成立投资基金，支持高校创业教育的发展。

（二）法国高校创新创业教育发展历程

法国从20世纪70年代开始经济衰退，法国政府意识到创新创业的重要性，并开始鼓励人们创业。1974年，巴黎高等商学院率先建立了创业培训机构，创业教育开始在高校萌芽。随后，里昂商学院、巴黎埃塞克商学院、里尔高等商学院等也于80年代先后开展了高校创新创业教育。该时期法国高校创新创业教育仍处于萌芽阶段，直到20世纪90年代国家经济问题日益严

---

① 欧庭宇. 德国高等院校创业教育模式探析[J]. 广东技术师范学院学报，2018，39（1）：44-48.
② 刘琼，滕艳秋. 德国大学生创业教育发展经验探索[J]. 中国成人教育，2018（22）：121-123.

重，法国政府开始重视鼓励高校开展创业教育并真正开始了高校创新创业教育的发展之路。1996年，约有30所左右的高校开设创业或者企业管理方面的课程。1997年，由教师和研究人员共同组建了创业学院，旨在将创业教育推广到各个层次以及终身教育领域。创业学院的设立，开创了先进的创业教学方式，促进了成果转化，同时也促进了国际各创业教育机构的交流，对促进各类教育机构着力开展创业教育方面发挥了重要作用[1]。

法国政府对高校创新创业教育的高度重视也使得法国的创新创业教育发展迅速。1999年，法国政府颁布了《创新与研究法》，鼓励与保障高校师生及技术人员参与科技创新，将研究成果转化为生产力。同年，还颁布了《阿莱格尔法》，以此为框架成立了28个创新型企业孵化器。这些企业孵化器组建了经验丰富的创业团队，从资金支持、设备提供、智力支持等多方面为创业项目发起人提供个性化指导，为企业从制订商业计划到第一次融资或第一项产品商业化期间的各个关键阶段提供服务，如项目管理、战略制定、公司筹建、知识产权和财会支持等。企业孵化器还会帮助创业项目融资，分析人力资源需求及团队成员素养，为创业公司组建团队。创新型企业孵化器项目评选委员会依据项目的成熟度、与公共研究的联系以及项目的经济潜力来选择其所支持的项目。从2000年开始四年间，各孵化器已经为4 000多个创新项目提供了支持，由各孵化器支持成立的创新公司达2 700多家[2]。同时，政府还积极搭建学生创新创业实践平台。法国目前建立了多个学生创新创业中心来促进跨学科学习交流与创业活动，这也是2009年法国教育部联合相关部门和协会组织联合发起的"大学生—创业者"计划的一部分，其目的是支持高校开展创新创业教育，为所有有意愿创业的学生提供创业培训和相关支持，让创新创业文化真正融入校园。

法国高校的创新创业教育课程体系结构比较完善，既充分秉承了培养企业家精神的创新创业教育理念，又兼备了培养学生具备未来企业家能力的相关内容。根据学生的专业不同，法国高校将创新创业教育专业课程纳入原本的人才培养体系框架中，将各个专业的教学内容进行融合。其课程体系注重对学生创造性和主动性的引导，并且会提供个性化的培训。比如对某些项目培训，会选择采用项目负责人全程陪同的方式进行。课程主要包含综合性核心课程、活动课程和实践性课程。综合性核心课程建立在学科专业知识基础

---

[1] 刘敏. 法国创业教育研究及启示[J]. 比较教育研究，2010，32（10）：72-75.
[2] 张力玮. 法国创业教育发展历程和政策举措[J]. 世界教育信息，2016，29（9）：50-54.

之上；活动课程以培养学生的创业素质为目的，比如社团活动、创业竞赛等；实践性教学环节是培养学生良好的创业心理品质的课程，这一课程注重培养学生综合运用知识的能力①。

（三）芬兰高校创新创业教育发展历程

2017年，世界经济论坛发布了《全球竞争力报告》，全球共有138个国家接受了创新能力评估，芬兰排在第一位，其高等教育和专业培训排名第二位。芬兰作为欧盟成员国之一，人口稀少，但是它的教育在全球属于佼佼者。芬兰的创新创业教育课程体系也是近几十年飞速发展形成的。虽起步较晚，但是目前已经相对完善，形成了贯穿基础教育、高中教育、职业教育、高等教育的创业教育课程体系。

芬兰的高等学校分为两类，分别是大学和应用技术大学。大学主要是进行以学科专业为主的普通教育，应用技术大学则主要进行岗位专业训练。在大学，创新创业教育对于提高学校的教学与科研水平具有重要意义。大学会通过培训等方式增强教师的创新创业意识，鼓励他们将科研成果转化为产品创业，同时提高学生、教师乃至学校的社会服务能力。与大学相比，芬兰的应用技术大学主要培养能够适应劳动力市场岗位需求的专业人才，同时开展技术研发支持区域发展。

从20世纪50年代到70年代，芬兰主要通过经济学院或商学院进行"经济教育"。20世纪70年代，社会涌现出大批自创业的中小企业，这也促使越来越多的学者开始研究创业。1975年，创新创业教育开始走进芬兰高校，赫尔辛基大学率先设置了小型企业管理专业。20世纪80年代，芬兰政府经济开始转型，这也成为芬兰创新创业教育发展的分水岭。芬兰开始推行"创业培训"。1993年，芬兰在互联网上面向企业家推出创业培训。政府呼吁学校要教育年轻人拥有自主创业的准备，为他人提供就业岗位，由此各类创业培训开始迅速出现并不断发展蔓延。随着北欧经济逐渐衰退，芬兰就业环境不断恶化，作为应对政策，芬兰政府开始大力推进创新创业教育以解决就业问题。政府充分肯定了创新创业教育在劳动力市场和个人就业中的作用。1994年，课程委员会通过"学科发展计划"，将创新创业教育系统性地融入高中和职业教育的课程体系，与此同时，计划还提出了对在职教师进行创业培训的相关要求。同时，各类创新创业教育试点项目也在芬兰各高校陆续落地。截止到1996年，芬兰80%的高校在管理和工程专业开设了包括"新的商业

---

① 李涵. 法国高校创业教育研究［D］. 杭州：浙江大学，2018.

基础""商业计划""小型企业管理""项目管理"等内容的创业教育课程[1]。2008年,芬兰阿尔托大学成立,这是一所以"创新"为理念的创业型大学。2009年,芬兰教育部制定了《创业教育指导方针》,方针涵盖了从幼儿教育到高等教育的所有层面,旨在培养积极的公民意识,营造一种积极的创新创业文化氛围和校园风气,提高学生在教育培训方面的创造力和创新能力。

芬兰高校创新创业教育课程的实施路径主要是课堂内讲授与课堂外实践两种。在校内课堂上,采用多种形式和方法进行课程实施,主要包括讲授法、案例教学法、项目教学法、团队学习法等。在给学生传授系统的创新创业教育理论知识的同时,结合经典创业案例,给学生分析创业想法的由来、创业过程中遇到的问题、创业的成效等。项目教学法具有更加具体化、理论充分结合实践的优点,学生在实践中亲身体会创业的整个过程,更加有利于培养学生的创新意识和创业技能。因此该方法成为芬兰高校创新创业教育通常采用的方法之一。团队学习法,学生以团队为单位经过项目培训、市场调研等程序完成特定的项目。达到提高学生创业能力和创业热情的目的。在课外实践活动中,主要采用校企合作的形式,在政府、企业、高等教育机构之间建立更加紧密的联系和功能的转换,更加有效地增加就业。通过校企合作的方式促进知识转化、发展当地企业,创造就业机会,刺激经济增长。

二、英国高校创新创业教育发展历程

在全球经济、文化的冲击下,英国高校创新创业教育也应运而生,并且在不同的历史时期有其阶段性的特点,主要体现为有足够的政策保障、完善的基础设施以及健全的课程设置。总的来说,英国高校的创新创业教育发展历程可以分为以下三个阶段:

(一)萌芽阶段(第二次世界大战后—20世纪80年代中期)

第二次世界大战后,英国处于百废待兴状态,英国政府开始高度重视高等教育。1963年发表的《高等教育:1961—1963年首相委任的以罗宾斯勋爵为主席的委员会报告》中建议高校要加强与企业之间的合作交流,鼓励企业家参与教学,这也为英国的创业教育打下了良好的基础。20世纪70年代,由于石油危机、通货膨胀加剧,政府为了削减公共开支,对高校的拨款大幅减少,从英国全国副校长委员会和大学拨款委员会的计算结果表明,1981—

---

[1] 杨义. 中芬高校创业教育课程设置研究[D]. 温州:温州大学,2018.

1982 与 1983—1984 年间，英国大学的总经费将共被削减了 11%～15%[1]。得不到足够的资金支持导致英国高校的人才大量流失，高校师生强烈抗议，严重影响了高校的教学质量。但是，也正是由于政府的资金支持减少，各个高校开始努力寻求办法自谋出路。这一时期高校与工业界的合作变得更加密切，合作形式也呈现出多样化，比如制订研究生综合培训计划、聘请企业家作为联合教授、成立科技园等。截至 20 世纪 80 年代中期，英国的创业教育只是初步的探索性试验，并且很多项目都是短期培训，很难在全国范围内得到长期的推广与借鉴。

（二）发展阶段（20 世纪 80 年代末—90 年代）

英国政府在 1987 年发布的《高等教育：迎接挑战》白皮书中指出高校与工商界之间要建立密切的联系，鼓励高校培养具有自主创业精神的学生。之后，英国政府发起了"高等教育创业"计划（Enterprise in Higher Education Initiative），目的是培养每一个在校大学生的企业家素质和抱负，使他们具备创业精神，并且发展与创业相关的能力。随后，为了有效利用高等教育机构和雇主的伙伴关系，培养毕业生的创新精神和实践能力，1991 年，英国政府发表《高等教育框架》，提出要开展并促进企业参与高等教育试点的工作。

此后，英国政府开始着手建设高校企业孵化器，并致力于发展高新技术产业。其次，在创业教育培训方面，政府成立了相关培训机构，在促进就业方面拓展了各种项目和计划。1990 年，英国政府又设立了"培训和企业委员会"，旨在同企业共同合作，帮助更多的失业人员找到合适的工作岗位[2]。另外，英国制定了相关的法律法规对创业教育活动进行保驾护航。20 世纪 80 年代以来，为激发英国小企业的创造活力，推动国家经济发展，英国政府相继颁布了一系列有利于中小企业创业和发展的法律。

（三）成熟阶段（21 世纪至今）

自进入 21 世纪以来，英国的创业教育无论是在政府对创业教育政策与资金扶持还是创业教育活动开展、创业课程设置等方面都有了更为完整全面的发展。

创业教育已经被英国政府列为 21 世纪重点发展的四个战略目标之一，并制订了促进高校与企业合作的计划，加大财政激励支持。比如 2000 年的《高等教育创新基金计划》。2001 年，英国政府拨款 2.1 亿英镑设立高等教育创

---

[1] 金丽. 英国高校创业教育探究[D]. 长春：东北师范大学，2009.
[2] 钟岑. 中英高等院校创业教育比较研究[D]. 桂林：广西师范大学，2018.

新基金,目的就是鼓励高校与企业建立良好的合作关系,为高校的工作人员提供更多机会,助力高校科研成果转化,推动社会经济发展。2016年,英国政府再次为科研活动拨出了1亿英镑的额外资金,来刺激高校与企业加强伙伴关系。同时,英国政府还通过调整税收,加强法律保护等扶持性举措为创业教育在高校的顺利开展保驾护航[①]。

目前,英国创业教育课程发展十分完善,其课程的开发和设计具有强大的理论基础,具体包括以经验课程论为主导的互补式课程理论、蒂蒙斯的创业教育课程体系理论、支撑创业技能矩阵理论[②]。其中,根据据蒂蒙斯的创业教育课程体系理论形成的创业教育课程分为理论课程和实践课程两部分。学生通过理论课程学习创业知识,在具体的实践过程中锻炼创业能力。所以,英国的创业教育课程被分为"关于创业的课程"和"为创业的课程"。前者大部分均由全职教师进行教授,通过讲授教材、书面考试、撰写论文等方式进行教学,后者则是由一些具有实际创业经验的兼职教师进行授课。

经过多年的实践探索与不断的发展完善,英国高校创新创业教育课程形成了多元化的体系,各种课程的实施方法和学习模式各有千秋。首先,高校创业教育课程开发网络化。英国高校的创业教育课是由某一区域内的多所高校共同合作,建立资源共享的网络平台,例如"商业连接网络"(Business link network)、"英国企业在线"(UK online for business)等网站。其次,高校创新创业教育课程与社会创业援助高度整合,通过与创业实践、就业指导、商业连接等方式以及科技转化处、专利办公室、英国贸易与投资总署等机构进行资源整合,高校创新创业教育更有利于走向社会,创业者更容易获得外界实质性、落地性的帮助。另外,英国高校创新创业教育课程设置考虑到了不同年级和层次学生的不同需求,开设了多种门类的创新创业课程,形成了本科生必修,研究生选修的较为合理的侧重。课程会通过讲授法、案例讨论法、访谈法、拓展训练法、项目训练法等方法进行,并与课外实践紧密结合,在校内形成浓厚的创业文化氛围。

同时,英国内部建立了师资库支持优秀高校教师资源共享,并且对创新创业教师队伍的选用与培养方面要求也很高。高校聘用的教师需要既掌握专业学术技能,同时还要具备将专业技术转化为商业应用的能力,并且最好自身就具备积极参加创业活动、具备丰富创业管理经验的特点。同时高校还会

---

① 李如. 英国高校创业教育研究[D]. 桂林:广西师范大学,2019.
② 于璐. 英国大学创业教育课程研究[D]. 大连:辽宁师范大学,2015.

聘用知名企业家和优秀创业者等，为学生提供实质性的创业指导。因此，英国高校创新创业教育的教师都具备较强的专业技能和丰富的创业管理经验。在教师的培训方面，英国高校注重教师与企业家的交流从而打造具备企业家思维的教师。例如利用暑假开设培训班，以大型企业管理人才担任顾问的形式，在职业指导、模型发展、商业计划和市场测试等方面为在校教师提供专业的培训，为教师输送先进的企业管理经验。此外，为了培养专业的创业教育师资团队，英国部分高校还设立了创业学硕士学位，并开设了相关课程。

第三节　美洲国家大学生创新创业教育发展历程

美洲国家很早就开始了创新创业教育实践，而最早进行创新创业教育的国家是美国。美国学者梅斯1947年在哈佛大学首次增设课程"新企业的管理"，此课程的开设标志着创新创业教育已成为美国高校教育体系一个重要的组成部分。1970年，由42位相关专家参加的关于创业内容的学术会议在美国普度大学首次召开。会议初步提到了大学在促进创新创业发展中的作用。1973年，在加拿大多伦多举办了全球第一届创业研究国际会议，会上学者们根据创业案例进行了探讨研究，并讨论了高校创新创业教育的双向互动关系。

经过大半个世纪的发展，美洲国家，特别是北美发达国家已经形成较为完善的创新创业教育体系。就共同点来说，美洲地区大学生创新创业教育存在以下特点：①在国家层面上提出战略性的创新创业教育理念，将创新创业型经济发展模式与国家宏观经济发展联系起来，从而在国家角度对创新创业教育予以重视。②通过课程教育、专业教育及学位教育完整研究体系的创建，美国和加拿大的创新创业教育经历了从单纯的功利性职业培训到系统的非功利性教育教学过程，建立了比较完善的教育研究体系。③机会平等、个人奋斗主义至上、勇于冒险、敢于挑战是美洲国家推崇的思想观念，在浓厚的创业文化氛围下，美洲各国更加推崇发挥个人特点创办企业，在此氛围下，促进了高校大学生创新创业教育的良性发展。与此同时，政府部门高度重视创新创业，给予更大力度的金融支持，出台相关法律法规和政策文件以支持高校学生创新创业，为其提供优惠政策，并设立地方性的创新创业组织机构，如创业研究会等，让创新创业活动得以有序开展。④美洲各国有很多与创新创业相关的媒体刊物，这些刊物每年都会进行评估高校创新创业教育水平的活动，评估的内容包含高校创新创业教育相关的课程配置、高校的创新创业项目及项目对社会的影响力度、师生创新创业成果、毕业生的创新创业情况等，形成了一套完善的创新创业教育评价体系。此种类型的评估有效加强了高校对创新创业教育的重视。

美洲创新创业教育的典型与范例是美国与加拿大，两国的创新创业教育体系均发展成熟且可借鉴度较高，因此本章选取了美国与加拿大作为美洲国家创新创业教育的代表对其发展历程进行介绍。

一、美国高校创新创业教育发展历程

（一）美国高校创新创业教育发展历程概述

美国在 20 世纪初就已经开始探索发展创新创业教育，可以说是世界上最早开展创新创业教育的国家。在长期的发展探索中，美国不仅培养了大量的创新型人才，而且建立了相对完善的创新创业教育体系，为国家的经济社会发展做出了不可或缺的贡献。

上至政府，下至公民，每一个社会成员在创新创业教育体系中都扮演着重要的角色。美国政府先后发布了一系列推动大学生创新创业教育发展的政策，包括"美国创新战略""'创业美国'计划"等。首先，"美国创新战略"中提到要加大国家对科研创新方面的投入，将教育和科研作为美国国家战略发展的支撑；"创业美国"计划中提到国家要增加对创业经费的投入，尤其是在高校创新创业教育方面的投入；其次，通过资源的整合从而提高社会对创业人员的指导和服务；再次，强调高校积极转化科研实践中的创新创业成果。同时，美国政府专门出台了《拜杜法案》，并且在大学中设立专门的"科技成果转化办公室"，一方面对校内相关科研人员的权益进行保护，另一方面推动创新产品尽快转化，从而使高校科研创新产品尽快市场化。同时，法案中还指出，当对研发的成果申请专利后，产品开发者既可以转让给其他企业，也可以用其自我创业[1]。

为了满足高校学生个性需求的差异，美国高校的创新创业课程种类繁多，呈现出多样化的特征。为了使课程更具有实用性和可操作性，美国高校在进行课程体系建设时非常注重理论与实践的结合。同时因为互联网打破时空限制的强大传播能力，美国的线上教育课程开放性的内容不断增多，推动了美国线上创新创业教育的发展。例如 MOOC（慕课）就是斯坦福大学创立的免费对外开放的线上教育课程体系，很快在全世界受到极大的欢迎，并得以飞

---

[1] 周颂. 文化视野下的美国高校创业教育［D］. 哈尔滨：黑龙江大学出版社，2008.

速发展。受到慕课的启发，斯坦福大学构建了创业型大学与创新创业教育相融合的创新创业网络，从而推动了创新创业的发展，使得"互联网+"的大学生创新创业教育得到了巨大的发展。

现阶段美国在创新创业教育方面已经形成一个比较完好的学术体系，并且发展较为迅速。美国学术界在创新创业教育的具体分支展开了更为细致的讨论研究，其中包括师资队伍的建设、教学方法的研究、创新创业与国民经济互联的分析等。杰弗里·蒂蒙斯的著作中提出"创业学"的五个方面。在创新创业教育的具体实施方法上主要有一体式和复合式两种[①]。一体式是指设立专门的创业学院并配备相应的师资力量，对高校学生针对性地进行培养，这就需要投入较多的时间和精力。而复合式则是指在学生自身专业的教学培养方案中添加创业教育相关的课程，通过传授一些综合性知识，让学生了解创新精神和创业意识。

（二）美国高校创新创业教育发展历程概况

从最初的探索到之后的改革发展，美国高校创新创业教育已经发展了六十多年，如今已经进入一个较为成熟的阶段。1947年，哈佛大学设立了创新创业教育的课程。1949年，斯坦福大学设立了相关课程。1967年，百森商学院也开设了相关课程。不仅在美国高校，而且在中小学课堂中也设立了与创新创业教育相关的课程，通过课外创新创业活动，不同年级的学生都能了解掌握相关知识。相关调查研究数据显示，在本科中设立创业相关课程的大学达到了37.6%，研究生阶段设立创业课程达到了23%。而38.7%的美国高校在本科和研究生阶段中，至少开过一门以上的创新创业课程。正是因为如此普及的创新创业教育，美国培养出大量的企业家人才。特别是在金融和高新技术行业中，接受过创新创业教育的人群达到较高比例。在整个美国高等教育中进行创新创业课程的发展历史可以分为以下三个阶段：

1. 萌芽阶段（1947—1970年）

在该阶段，美国高校创新创业教育的社会认知度和认可度都比较低，几乎处于被无视的状态。1947年，哈佛大学设置了第一门创业教育课程——新创企业管理，从而开启了美国高校创新创业教育的新纪元。迈尔斯·梅斯开设了这门课程，当时参与课程学习的主要是188名MBA学生，这门课程的开创标志着美国高校在创新创业教育上的首次探索。其次，哈佛大学在1949年

[①] 刘帆，王立军，魏军. 美国高校创业教育的目标、模式及其趋势［J］. 中国青年政治学院学报，2008（4）

创办了《创业历史探索》期刊，这是第一本关注创业者的研究性期刊，在创新创业教育的基础上加强了对于创业教育理论的研究。

在20世纪50年代至70年代初，由于美国经济发展陷入衰退，政府拨款不到位，各高校开始寻求与企业合作，以摆脱发展困境。此阶段美国高校创新创业教育虽取得一定的社会认可，但创新创业教育理论与实践研究仍十分薄弱，各方面发展都遇到了一些问题。发展了近20年，此阶段美国高校的创新创业教育仍然没有取得较大发展，主要原因是当时美国处于大工业的时代背景下，因而许多学者甚至一些教授的研究对象主要都是大企业的董事会，很少有学者注意到小型企业的创新创业问题。到1968年，仅有4所美国大学在创新创业教育上进行了创新，开设了有关创新创业教育的课程。这一阶段，由于缺少外界环境的重视，创新创业教育难以进一步发展，但创新创业教育的普及迫在眉睫。

2. 起步与发展阶段（1970—2000年）

从1970年开始，美国经济开始有放慢趋势，之后就呈现一种持续下降的趋势。同时，国家经济增长速度逐步放缓，也使得经济结构随之转型升级。这意味着美国的社会经济应当进行一次变革，而这些新兴的中小型企业就是变革的重要组成力量。传统大企业发展变缓，提供的就业岗位减少，中小企业创业者人数激增，诞生于硅谷高科技园区的众多中小企业提供了大量就业岗位，就在社会就业上的贡献来看，在1969—1976年期间，新兴中小企业给美国带来了81.5%的新增就业；就社会经济上的贡献来看，到了1980年以后，新兴中小企业为美国经济创造了95%的财富[①]，已经成为促进美国经济发展的重要力量。美国发展的历史证明，中小型企业的发展潜力是巨大的，当时社会经济学家认为的大型企业重要论已经开始遭到质疑。在这个大的时代背景下，创新创业教育逐渐进入人们的视野，从而使美国高校的创新创业教育迎来了快速的发展。

该阶段，美国众多高校开始开设创新创业教育课程，开办多项创新创业大赛。1973年，美国东北大学开创先河，开设了美国第一个创业学本科专业。一些创业学教材受到极大的追捧，最佳的数杰佛里·蒂蒙斯等学者编写的教材。在此发展阶段，美国的很多名校相继开设创业教育课程，如哈佛、MIT等。

---

① 邓汉慧，刘帆，赵纹纹. 美国创业教育的兴起发展与挑战[J]. 中国青年研究，2007（9）：10-15.

Solomon等人在文献中提出,在1979年至1986年期间,新增463所高校在本科阶段开设创新创业教育课程。随之,相关学术刊物也是不断出现。例如《创业理论与实践》《小企业管理期刊》以及《企业创业杂志》等比较有代表性的期刊被ABI和SSCI收录,成为创业领域的重量级刊物。在此基础上,美国的一些高校开始建立创新创业中心,并积极加强与外界接触。斯坦福大学等高校通过举办创业竞赛给具有创新创业思维的学生提供一个实践的平台。1986年,迈阿密大学举办首次全国性商业计划大赛,使美国高校的创新创业教育进入发展高潮,众多研究成果纷纷涌现。此外,在麻省理工学院创办的"商业计划大赛"中曾诞生了很多优秀的企业,获胜者将得到5万美金的奖励,被认为是全美第一的商业计划竞赛。20世纪80年代后,以比尔·盖茨为代表的美国科技创新创业者发起了一个名为"创业革命"的倡议,从而极大地推动了美国高校创新创业教育的发展。

到1998年,于本科教育阶段开设创新创业类课程的大学已经增至1400所。在课程设置层次上,卡尔·维斯珀等人于文献中提出,调查中的大学,有15%的大学是在本科阶段开设创新创业教育课程,有30%的大学是在研究生阶段开设相关课程,有55%的大学是在这两个层次上都开课。与此同时,众多高校开始筹划创业教育的学位授予相关工作。Winslow等人于文献中提出,从1994年至1997年,开设了创业专业方向的高校由50所增加到78所,到了1998年,已经增至142所,其中授予创业学学位的达到了49所。美国考夫曼创业领导中心在1999年做的关于创业的调查结果显示,美国人对创业活动抱有极大热情,创业者普遍受人尊敬,8%以上的人有意愿自主创业。与该调查结果相对应的则是现今美国大学生高达20%的创业率。

3. 逐渐成熟阶段(2000年至今)

进入21世纪后,随着知识经济的迅猛发展,创新创业教育体系逐渐走向完善,尤其是创新创业相关标准的发布标志着该时期美国高校大学生的创新创业教育已经走向成熟。在21世纪,美国高校在创新创业教育上不仅发展迅猛,成果也十分可观,创新创业教育的受关注程度越来越大。这个阶段,美国高校尤其注重对从事创新创业教育教师的培训,其中比较知名的培训项目就是由美国管理学会主办的创业学博士项目,这个项目为博士生提供了一个相互交流与探讨的平台,即"博士论坛"。另一个贡献比较大的就是由考夫曼与一些大学共同组织的创新创业教育教师培训项目,该项目又叫作"创业教育者终身学习计划",该计划在高素质教师的输出上具有巨大贡献。

另外,社会也越来越关注创新创业教育,主要体现在,像《创业者》这类比较知名的杂志，每年都会以创业教育项目为基础，对全国的高校进行一个排名，该排名不仅影响着学校的招生，还会影响其经济收入，这就使得各高校高度重视这个排名问题。

在此阶段，美国高校创新创业教育在不断的探索中逐渐成熟，逐步形成了一个完整的创新创业教育体系，包括广泛地在本科和研究生阶段开设创新创业教育课程，并在各高校建立创新创业中心、创业评价机构以及相关研究会等。

二、加拿大高校创新创业教育发展历程

（一）加拿大高校创新创业教育发展历程概述

加拿大也是美洲开展创新创业教育成效比较突出的国家之一，其创新创业教育开展较早，目前已形成一套完整的运行步骤、实施办法及规章制度，各个高校都有自己的特色、优势和做法。加拿大高校创新创业教育主要有以下特点：①注重培养和营造创新创业文化氛围，创新创业教育的侧重点在于"育人"和"育环境"。既强调"以学生为中心"的创新创业理念深入学校教育过程中的每个环节，又提倡和鼓励学生组织创新创业社团，开展创新创业活动，营造创新创业氛围。②注重专业化师资队伍建设。如英属哥伦比亚理工学院要求讲师必须具有助理工程师证书，且具有五年以上参与企业实践的经历，同时还需加强与企业的联系与沟通，请企业为学生创造多样化的模拟实践机会。大多数教师本身就是创业者出身，有丰富的创业经历和实践经验。③因人而异开发理论与实践相结合的创新创业课程。具体课程配置大体可以分为创新创业知识类、创业意识类、创业实务操作类和创业能力素质类四种类型。④注重创新创业孵化基地建设。加拿大高校支持和鼓励学生创新创业项目借助学校孵化器进行孵化，对科技创新和商业运作的实际训练。如英属哥伦比亚大学凭借在教学科学研究领域的长期积累，已经构建了一套较为成熟的"孵化器"系统，为大批高素质青年学生参与创新创业搭建了良好平台。

自从加拿大高校开展创新创业教育以来，加方政府、社会及教育行政管理部门对创新创业教育的重视程度不断提高。统计数据显示，1979—1999年间，加拿大在校大学生创新创业课程总增幅为444%，1999—2004年间增幅为9%，2004—2009年间增幅为22%，2009年有25所大学增开了大学生创新创业教育课程。创新创业教育计划的实施，极大地提高了加拿大政府及社会推行创新创业教育的积极性。加拿大高校的创新创业教育起步于20世纪

70年代，经过近50年的发展，已形成了先进的教育理念和完善的课程体系，目前加拿大有200多所高校开设830多门创新创业课程，许多高校将创新创业教育作为一个专门的方向或者研究领域，包括本科和研究生两个层次。创新创业教育课程体系包括理论性课程和实践性课程两部分，理论性课程又分为创业基础理论、中级理论、高级理论，实践性课程分实践和竞技活动。

在创新创业教学过程中，加拿大高校在传统课堂教学之外，还举办一系列关于创新创业的课外活动，通过实践加深学生对创业知识的理解，同时在学校内营造良好的校园创业氛围。在创业成果转化方面，加拿大高校成立了创业教育中心、技术转让办公室、技术孵化器和加速器等一系列机构来帮助创新创业成果的转化。

（二）加拿大高校创新创业教育发展历程概况

加拿大高校创新创业教育的发展经历了70余年，大致可以分为以下三个阶段：

1. 萌芽阶段（1945—1970年）

第二次世界大战中，作为英美的盟国，加拿大先后派遣20多万军队参战，是盟军中仅次于美英的第三大军团，战争期间有6万多加拿大军人牺牲。加拿大的经济遭到严重破坏。战后，加拿大联邦政府积极调整经济政策，将战时的生产体制向民用生产体制转变。第二次世界大战后，英国对加拿大投资的减少，给美国资本的输入带来了巨大的机遇。随着战时美加两国军事工业的合作，两国的商业贸易发展十分迅速。同时，加拿大积极参与美国对西欧的马歇尔计划，扩大了与西欧各国的贸易。加拿大经济逐渐发展起来。

本时期，创新创业教育作为一种全新的教育理念还未被提出。原因在于"二战"对于加拿大经济的影响。由于垄断型工业的发展对战后的经济恢复具有重大的推动作用，而石油工业等新兴工业的形成也使得国家对重工业的发展持广泛关注的态度。加拿大政府对经济政策的干预，以及各省之间经济发展的不平衡，使得创新创业教育赖以生存的土壤——中小企业还未正式形成规模，其创造性也未受到国家的重视，只是在小部分的中小企业中出现模糊的创业教育形式，也就是早期的企业家精神培育，创业教育的发展方兴未艾。

2. 发展阶段（1970—2000年）

20世纪80年代初期，加拿大经济的持续低迷，使得政府不得不对经济格局做出改变。马尔罗尼任加拿大总理后，实行全面的市场导向经济，推行自由贸易的政策，给了中小企业生存的土壤，缓解了就业压力，创业教育开始作为一种理念进入历史舞台。1993 年，基于新布伦瑞克省和联邦政府的协议，创业教育与发展中心成立，对新布伦瑞克省的高校创业教育进行建议指导。创业教育与发展中心的目标是领导加拿大大西洋地区创业意识和能力发展走向，志愿帮助人们发现和利用创业机会并将其作为自力更生的手段。1995 年，创业教育与发展中心再次扩大其职能范围，为全国高校创业教育的发展提供咨询服务。

1997 年，意大利、日本、加拿大、法国、德国、丹麦、芬兰、以色列等国家的学者专家发现创新创业活动的水平与所研究国家的 GDP 的最新增长呈现正相关关系。该研究得到了加拿大政府的重视，政府加大了对创新创业教育的投资力度，各高校也加大了对创新创业教育的研究。麦吉尔大学、维多利亚大学、西安大略大学艾维商学院、卡尔加里大学商学院、昆特兰理工大学、新布伦瑞克大学、达尔豪西大学以及圣佛朗西斯泽维尔大学纷纷开设创新创业教育课程，组织学生到企业实习，并组织师资加大对创新创业教育的理论研究。本时期，受经济危机影响，加拿大经济结构的调整给了创新创业教育的发展机遇，创新创业教育理念在国际峰会上被提出以及开展的各项研究证明了在加拿大发展创新创业教育的必要性。此时，创新创业教育已经在加拿大逐步展开，主要通过高校开设创新创业教育课程，组织参与创新创业活动，提供咨询与指导实施。创新创业教育课程的开设主要集中于各个大学的商学院及 MBA 课程中，尚未广泛开展延伸至所有教育阶段，培养目标亦局限在培养企业家精神层面，创新创业教育的理论尚不够成熟。

3. 逐渐繁荣阶段（2000 年至今）

进入 21 世纪后，加拿大的经济发展逐渐加快，增速在发达国家中名列前茅，加拿大创新创业教育也随着经济的快速发展而不断繁荣。联邦政府逐渐通过各种政策和经济手段对创新创业教育进行干预，使之朝着政府期望的方向发展。社会对创新创业教育的关注持续扩大，高层次知识人才的需求给予加拿大创新创业教育持续发展的契机。综合性大学、商学院以及社区学院的复合式教育体系在不断变革中引导创新创业教育走向成熟并朝着多元化方向发展。

随着创新创业教育理论的不断成熟，大学的培养目标、课程及其实施方式都发生了变化。创新创业教育课程内容由之前的纯理论变为理论与实践并重。教学方式在过去单纯的课堂教学之外，又新增了案例教学、项目教学、讲座及研讨会、课外活动等多种形式。高校之间关于创新创业教育的交流也逐渐增多，与国际上创新创业教育的知名高校（如英国牛津大学赛德商学院、美国的得克萨斯州大学、百森商学院等）的交流也逐步展开。

另外，加拿大高校还积极参与由美国斯坦福大学发起的"创业教育圆桌会议（Roundtable On Entrepreneurship Education）"及其他机构举办的国际研讨会、创业教育国际论坛等学术性会议，加强同世界上其他国家创业教育的交流。

第四节　亚洲其他国家大学生创新创业教育发展历程

随着创新创业对经济发展的推动作用越来越明显，亚洲各国政府逐渐意识到其对经济发展的推动作用，创新创业教育开始受到各国政府的重视。纵然亚洲地区的大学生创新创业教育总体上起步较晚，但是近些年来相关的实践及研讨已不断展开而且获得了一定的成果。就亚洲地区大学生创新创业教育来说，存在以下特点：①制定个性化的明确的大学生创新创业教育目标；②建立专门的创新创业教育组织机构，明确其定位与职责，切实发挥其在大学生创新创业教育组织实施中的功能与作用；③搭建完善的创新创业教育课程体系，包括丰富与完善创新创业教育课程的具体内容、合理配置创新创业理论和创业实践课程、增设分层次的创新创业教育课程；④丰富与完善的创新创业教育组织实施方式，例如：广泛开展社会实践、加强校企合作、增强信息技术的运用以及促进跨学科合作等。

虽然亚洲各国间存在相似点，但亚洲各国的创新创业教育亦独具特色，根据各自不同的基本国情，亚洲各国的大学生创新创业教育也呈现出不同的发展趋势。本节选取了新加坡、韩国、日本三个发达国家及马来西亚、印度尼西亚、菲律宾、印度四个发展中国家的创新创业教育发展历程进行介绍。

一、新加坡高校创新创业教育发展历程

作为亚洲最早开展创新创业教育的国家，新加坡政府一直强调创新创业教育的重要性，其相关制度的制定和发展也走在了亚洲前列，甚至于把创新创业教育延伸到国外，积极推行创新创业教育的国际化战略。由于其国土面积狭小，自然资源较为匮乏，所以人才一直是新加坡所依赖的重要资源。早在1959年，新加坡就确立了"发展实用教育以便于配合工业化和经济社会发展需求"的指导思想，之后又确立了"教育必须配合国民经济社会发展"的

教育方针，反对盲目发展高等教育而脱离国家需求或追求纯学术研究。作为国家教育体系中的重要内容，创新创业教育已被纳入其社会和教育研究体系中。在新加坡，创新创业教育的发展与其经济的发展密不可分。作为一个岛国，新加坡腹地不够广阔，资源少，因此，实现工业化成为新加坡发展的唯一选择。在20世纪70年代，新加坡经济发展局（Economic Development Board, EDB）将高校学生派到美国、德国、法国、日本等国培训，开展学徒式的实习。此举措帮助其经济发展由劳动密集型工业过渡到了高附加值的资本、技术密集型和高科技产业。到了20世纪90年代，"全球化"战略成为其新的目标，新加坡开始不断寻找各方资源，创建工业园区，促进了从外部创造经济空间概念的形成，人们也逐渐开始寻找合适的创新创业机会。1997年的金融风暴促使新加坡意识到单靠跨国企业进行经济发展会有巨大风险，于是大力支持和推动本地企业尤其是中小企业的发展，因而采取了一系列政策举措鼓励创新创业活动，教育界也积极开展创新创业教育的研究，创新创业教育得到了飞速发展。1998年，新加坡制订了"全国创新行动计划"，提出要在国家的教育体系中加入创新活力的训练，此外还提出创新创业能力的培养和训练要占员工训练的10%。21世纪以来，新加坡已经形成了一套完整的创新创业教育体系，高校给本科生开设创新创业课程，并设置辅修专业，还有新加坡国立大学等高校开设了"创新与创业"硕士学位课程。相对于欧美发达国家，新加坡高校创新创业教育起步较晚，但选择了适合国情的独特发展道路，使其创新创业教育事业得到了飞速发展。其国际化的创新创业教育体系、独特的教育观念和政策环境、现代化的教学手段和灵活的教学模式值得后来者学习借鉴。

二、韩国高校创新创业教育发展历程

韩国高校创新创业教育起源于20世纪80年代初，发展源于亚洲金融危机。金融危机促使韩国认识到培养创新创业人才是推动创业经济发展的前提，因而韩国政府开始注重创新型人才的培养和对自主创新的鼓励，制定了《面向2025年的科学技术发展长期规划》，实施了"大韩民国战略人才培养计划"，以促进韩国创新创业教育的发展。2013年前后，韩国政府联合教育部等其他政府部门，共同拟定了大学生创新创业教育计划，持续加大对创新创业教育发展的支持。经过几十年发展，韩国创新创业教育已基本形成了政府引领、产业推动、高校主导的格局，分别在支持和推广创新创业教育、加强创新创业教育研究、加强创新创业教育课程实施、提高师资培训等方面发挥相应的作用。

三、日本高校创新创业教育发展历程

日本高校的创新创业教育是从20世纪90年代末期逐步发展的，其最初的目的是缓解经济危机带来的社会压力，刺激国民经济复苏，培养学生成为企业家，属于功利性的创新创业教育。2005年，由于生育率下降，日本人口首次出现负增长，社会呈现老龄化特征。对青年人开展系统的创新创业教育，提高青年人能力成为应对时代挑战的必要措施。在同年的世界竞争力年鉴报告中显示，日本创业精神在60个国家中排名倒数第二，这都促使日本将培养富有挑战精神的创新创业型人才作为国家的重要发展战略。经过不断发展，日本逐渐形成了"官—产—学"相结合的独特创新创业教育模式。其中，"官"是指作为政府要为创新创业教育铺路。"产"是指企业在资金和资源上对创新创业教育提供支撑。"学"是指学校仍是创新创业教育的主体。

日本在创新创业教育模式上也表现出系统化的特点。在高等教育阶段，日本大学以"企业家精神"为指导思想，开拓创新创业理论课程和创业技能培训两条教育途径，并鼓励学生到企业实习，将所学知识运用到企业中去。日本的创业课程体系主要由基础科目系列、拓展科目系列和实践科目系列组成；尤其注重对成功创业者和成功创业企业的典型案例分析，很好地激发了学生个体的创业热情。日本高等教育创新创业教师以聘任形式选任来自企业的兼职创业教师，通过政府和金融机构提供资金支持创新创业，借助各种形式的创业竞赛模拟创业活动，一方面提高学生的创业意识，一方面提高了学生的创业能力。日本的创新创业教育体系除针对高中生和本科生的教育之外，还包括行业协会和当地政府合作的创业培训。

近年来，创新创业教育在日本呈现出高涨的势头。然而日本高校的创新创业教育目前主要还是以课堂传授为主，仅高校充当着教育者的角色，与当地政府和社会的配合也有待于加强。

四、马来西亚高校创新创业教育发展历程

在各国倡导创新创业教育的同时，马来西亚政府同样很快意识到创新创业是创造财富、促进经济和科学技术发展以及消除贫困的强大推动力，为此马来西亚政府联合多部门大力推进国内创新创业教育的实施，期望培养出更多具有创新思维和创业能力的优秀人才。

马来西亚高校创新创业教育从兴起到全面展开，主要是基于国家实现经

济发展与解决国内大学生就业问题的现实需求。马来西亚政府在"2020国家宏愿"中提到,将在2020年将马来西亚建设成为先进国家,而国民经济发展是"2020国家宏愿"的关键部分,政府意识到创新创业在改善就业环境、刺激经济体发展和创造财富方面的重要作用,因此高度重视创新创业教育的实施。同样值得关注的是,马来西亚近年来出现了较为严重的"大学生就业难"问题。为了让大学生毕业后能够尽快适应竞争激烈的严酷社会环境,更重要的是,使愈来愈多的大学生成为"职位的创造者"而不是"职位的寻找者",一方面解决自己的就业问题,另一方面帮助更多的人解决就业问题,马来西亚政府在高等教育系统内全面推行创新创业教育,培养大学生的创新创业思维,提高大学生的创新创业素质,锻炼大学生的创新创业技能。

目前,马来西亚国内有多项政策保障创新创业教育落地,为了更好地指导与保障高校创新创业教育的实施,2010年,马来西亚国家教育部颁布了《高等教育创业发展政策》(*Higher Education Entrepreneurship Policy*),试图通过在本国高校内推崇创新创业精神、植入创新创业文化,从而培养出具有创新精神、创业能力和素质的高水平大学生,同时在一定程度上激励大学生毕业后加入创业队伍,对国家的经济发展做出贡献。为了保证《高等教育创业发展政策》能够发挥实效,2013年,马来西亚教育部又颁布了《关于高等教育中创业发展的战略方案》(*Strategic Plan on Entrepreneurship development in Higher Education*)。以政府的政策为指导、以"职位的创造者"为人才培养目标,对创新创业教育的发展起到了重要作用。目前,除马来西亚国防大学由于人才培养目标的特殊性目前尚未开展创新创业教育,马来西亚国内其余19所公立大学正在积极响应国家的创新创业政策,不断探索创新创业教育开展的新模式。

五、印度尼西亚高校创新创业教育发展历程

印度尼西亚的创新创业教育开始于20世纪90年代,经过几年的发展目前已经初具规模。印度尼西亚作为亚洲地区不可忽视的一个重要力量,其创新创业教育主要以"政府支持为主导、学校为实践基地、企业为驱动"的模式发展。随着社会的发展和人口的迅速增长,印尼政府逐渐认识到创业活动对提高国家生产力、增强国家综合国力、实现创新和带动国内就业的关键作用,因此,政府非常重视国内创业者的创业活动。

印度尼西亚高校创新创业教育兴起,主要是因为:①加速印尼国家经济发展的需求。印尼2011—2025十五年国民经济建设规划指出,印尼的经济增

长速度将连续 15 年达到年均 7%~8%，将至少在 2025 年前进入世界经济十强，在 2050 年要成为全球第六大经济强国。为了实现经济增长的目标，印尼政府对创新创业表现出高度的关注。②解决印尼大学生就业问题的需求。印尼大学生就业形势非常严峻，根据印尼中央统计局 2016 年 9 月发布的数据调查显示，2016 年 2 月，印尼大学生失业人数占总失业人数的 13.4%，高学历人口就业困难的问题引起了印尼政府重视。在上述背景下，印尼面临迫切需要打开当前大学生创新创业局面。为此，政府部门针对本国高校学生制定并实施了一系列的刺激政策大力推动高校创新创业教育，包括在全国高校中开设创新创业教育课程，在广大高校中严格要求实习以及开展创新创业竞赛活动等。政府还发起了一系列创新创业教育计划，如合作教育计划、大学生校外兼职计划、学生创业计划等。印尼各高校在政府大规模推行创新创业项目的背景下纷纷主动采取应对措施，不断探索教育开展的模式，力求寻找到一条适合本国发展需要的创新创业教育的道路，包括将创新创业课程放入大学基础课程体系中、发动大学生积极参加创新创业项目、组织各高校成立创新创业中心、为高校学生创新创业提供资金扶持等①。

六、菲律宾高校创新创业教育发展历程

菲律宾国内的贫困现象十分严重，国民失业率居高不下，严重影响了社会和谐与稳定，为了解决国民的失业问题，缓解国民贫困现状，菲律宾政府通过政策引导和行动带领，在国内掀起了一股创新创业热潮。在这股热潮中，为了更有效地提升国民创新创业能力、激发国民的创新创业精神、提升国民的创新创业的能力，菲律宾政府部门对创新创业教育进行了大力的推进。

2005 年，菲律宾国内组织进行"做生意（Go Negosyo）"全民创新创业活动，作为官方提倡推动的创新创业活动。政府联合企业和高校一起为有创业意愿的本国人民提供创新创业教育和相关培训。2007 年，菲律宾科技部联合贸易工业部、农业部、高等教育委员会以及预算和管理部共同发起了一项创新战略项目——创新菲律宾（Filipinovation），经由政府、企业和学校的共同力量，专精于高科技含量技术产品和服务的开发，从而促进经济快速稳定增长，提升菲律宾在国际上的竞争力。同时，菲律宾发展基金会联合美国国际开发署开展"创业加速创新发展（Innovative Development through Entrepreneurship Acceleration，简称 IDEA）"项目，主要目标是在菲律宾的高

---

① 张乐记. 印尼大学生创业政策问题研究［D］. 桂林：广西师范大学，2013.

等教育系统中，尤其是工程和科学专业领域中注入创新创业因素，加强对工程和科学专业学生的创新创业教育，以推动菲律宾工程与科学专业领域的学生、研究者和创业者们将自己的创意转变为现实生产力，转变菲律宾的经济增长为可持续、更持久、更包容的形式[①]。

在这样的社会背景下，菲律宾高等教育委员会正式颁布法令，规定菲律宾各高校设置创业学士专业，为学生们提供创业教育。随后，创新创业教育在菲律宾高等教育系统全面展开，各高校纷纷响应菲律宾高等教育委员会的政策，结合自身实际实施创新创业教育。

七、印度高校创新创业教育发展历程

印度政府在1966年提出"自我就业教育"的理念。1986年，印度在《国家教育政策》文件中要求大学培养学生"自我就业所需的知识、技能和积极态度"，为了有效妥善地解决国民经济和国家政治方面的双重压力，印度的高校与外界进行了广泛紧密的联系，开始向"实用性的""以结果为导向的"创新型高校转变。印度拥有世界第三大的高等教育规模，但是印度培养的高校毕业生呈现出两极分化的特点：一方面，大量的印度人在美国顶尖公司任职，34%的微软雇员是印度人，IBM中28%的雇员是印度人；另一方面，很多毕业生为找到一份工作发愁。大量劳动力处于自我就业或从事临时性工作状态，这都促使印度大学生产生了创新创业的需求。如今，印度高校的创新创业意识逐渐觉醒，创新创业文化初显。比如印度管理学院将"追逐你的梦想，而非一份工作"作为办学理念；印度政府也通过创建科技园、教育园和企业孵化器的方式推动创新型大学的形成。印度的高校基本上都创建了创新创业中心，以便于将高校里面的科研成果及时地与当地企业对接转化。值得一提的是，印度的创新创业教育以岗位职业培训为主，目标是快速培养企业家。

---

① 沈红芳，冯驰. 菲律宾经济：没有发展的增长[J]. 亚太经济，2014（3）：72-76.

第三章 创能力

——创新创业教育的四个培养

2017年中国大学生电动方程式大赛（FSEC）比赛现场

"创新"是由英文 Innovate 或 Innovation 翻译而成，Innovation 来自拉丁语，是改革、革新、恢复的意思。1912 年经济学家熊彼特在德文版《经济发展理论》一书中首次提出"创新"概念，"创新"是生产要素和生产条件的新组合，是经济增长的内生变量，创新能力是优质人才的必备素质。经过众多学者的理论研究与实践发展，创新理论已被广泛应用，并逐步指导多个国家的创新创业教育。

能力培养是创新创业教育的中心环节，高风险、高失败率是创新创业的天然属性，能力培养不充分，创新创业教育的质量也会有所影响。高校在开展创业教育过程中，要注重培育大学生创客的心理品质、创新精神，提升知识素质和创新能力，使学生在面对各类不协调、不确定的创业情景时，依然具有重组与架构知识的能力，从而在本源上形成创新素质，把握创业机遇，为创业成功提供条件与可能。

在创新型人才培养的道路上，机械与车辆学院始终重视创新创业能力的培养与提升。经过多年的探索与实践，明确了创新创业能力不是以单一形态存在的，对于大学生而言，应着重加强核心能力、基础能力、实践能力、竞赛能力四个能力的培养。与此同时，学院也致力于创新精神的培养，认为创新精神是创新创业素质中最核心的部分，创新精神为创新创业提供意识先导，四个能力的培养则是创新创业的必由之路。因此，学院在注重四个能力培养的同时，也注重引导学生培养创新精神、创业心理，并使之最终展现为能力，为创新创业教育指导提供有力支撑，助力学生成长成才，助力创新创业教育再上新的台阶。

第一节　创新创业核心能力的培养

在理论研究的基础上，考虑到创客特点及创业活动本身的需求，创新精神、创新能力应成为对创客开展创新素质培育的重点。具体而言，在创新精神方面，应重视冒险精神、探索精神、科学精神和爱国精神四种内在精神；在创新心理品质方面，应重视进取心理、坚忍心理、自信心理和勇敢心理的培养；在意识方面，应重视思维创新意识、组合创新意识、实践创新意识、交流创新意识、系统创新意识。

一、精神层面：四种内在精神

洪波、杨岳（2001）研究认为，创新素质由三个层面组成：一是创新意识和创新精神；二是创新思维；三是创新能力，有时也被称为创造力。他们认为"创新素质和人的其他素质一样必然要通过个体的社会活动来实现它的价值，这个价值实现的过程就需要各方面素质的综合作用"[①]。

孙波、杨欣虎（2007）研究认为"创新素质可以定义为：人在先天遗传素质基础上，后天通过环境影响和教育所获得的稳定的在创新活动中必备的基本心理品质与特征，包括创新意识、创新人格和创新能力。创新意识是指推崇创新、追求创新的观念和意识。它是创新活动的动力系统。创新人格是指有利于创新活动的气质、性格等方面的个性心理特征。创新意识和创新人格可以统称为创新精神"[②]。

刘巧芝（2011）研究提出，"大学生创新素质，是指大学生在先天禀赋的基础上，通过学习、实践等教育活动形成并发展起来的，对大学生持续发展具有积极意义的内在的、相对稳定的主体特性和品质"[③]。孙浩哲（2011）提出"创新素质最核心的本质在于，个体或组织所具有的在权变情境下，即现实与期望存在不协调与不确定性条件下，实现的动态的知识重组与构架"[④]。研究表明，"创业教育的首要目标是培养学员的创业意识，使其具备基本的创业精神，激发其创业热情，掌握基本的创业能力"[⑤]。

李宏彬、李杏等认为企业家精神对经济增长具有显著的正效应，他们主要采用创业精神（Business Entrepreneurship）和创新精神（Innovation Entrepreneurship）来衡量企业家精神。

事实上，国内外学者对企业家精神、创新精神、创业精神的研究和解读呈现多样化的态势，依然存在争论，国外对企业家精神研究较多，国内将创新创业精神结合研究较多，呈现交叉的趋势，三者内核要求具有高度一致性，在区分上确实有难度，有学者认为国外研究中的企业家精神就是国内的创业精神，创业精神本身就包含着创新精神，创新精神是创业精神的内核。也有学者认为企业家精神包含创新精神，范围大于创新精神，如伍刚认为"企业

[①] 洪波，杨岳. 拓展创新素质培养的空间——学生第二课堂创新素质培养的认识与实践 [J]. 清华大学学报（哲学社会科学版），2001（增1）：26.

[②] 孙波，杨欣虎. 大学生创新素质培养的评价体系研究 [J]. 中国青年研究，2007（1）：35.

[③] 刘巧芝. 浙江大学生创新素质的综合评价与分析 [J]. 中国青年研究，2011（4）.

[④] 孙浩哲. 基于人力资源开发视角的大学生创新素质培养模式研究 [D]. 北京：首都师范大学，2011.

[⑤] 孙昊哲. 基于人力资源开发视角的大学生创新素质培养模式研究 [D]. 北京：首都经济贸易大学，2011.

家精神包含创新精神、风险承担精神以及强烈的使命感和责任心"①。

企业家覆盖范围广大,所有企业高管均在此列,但创业者在其中比例最大,因为创业者的经历打造、磨炼了自己的企业家精神。企业家掌握大量经济资源,在经济活动中发挥着至关重要的作用,企业家精神不断激发企业家的创新活力,促进经济的发展,企业家创造性的决策能够顺应时代发展,紧扣供给侧结构性改革主线,加强预期引导、落实稳中求进的重要举措。

2017年9月25日,中共中央、国务院下发《中共中央国务院关于营造企业家健康成长环境弘扬优秀企业家精神更好发挥企业家作用的意见》(以下简称《意见》)。这是中华人民共和国成立以来,中央首次以专门文件的方式明确企业家精神的地位和价值,意义重大。《意见》对企业家精神的内涵进行了最新阐释,一是弘扬企业家爱国敬业遵纪守法艰苦奋斗的精神,二是弘扬企业家创新发展专注品质追求卓越的精神,三是弘扬企业家履行责任敢于担当服务社会的精神。

《意见》引起了热烈的反响,海尔集团董事局主席、CEO张瑞敏认为:"《意见》中对企业家理想信念的引导、鼓励其履行社会责任、大力培育新一代企业家等措施与新时代的精神一脉相承,对企业家精神赋予了更深的内涵,提出了更高的要求。《意见》是新时代体制机制的创新,是新的企业家精神培育的沃土,是点燃企业家再次创业激情的火种,是经济转型升级路上的重大举措。"②

企业家精神有稳定性和长期性,如艰苦奋斗精神、专注品质、社会责任感等,所以需要传承。企业家精神也具有时代性和动态性,因此需要以发展的眼光看待企业家精神,顺应时代潮流与时俱进,不断丰富优秀企业家精神内涵、探究优秀企业家成长规律,这尤为重要。

绝大部分创客是年轻大学生,他们并不能最终都成为企业家,但是企业家精神培育也是必不可少的,但考虑到众创空间面向的对象大多为初始创业者,培育他们的创业精神,具体内容也应该有所侧重,在宏观上既有与弘扬企业家精神高度一致的地方,在微观上也需要凸显创业者的内在特质。具体到众创空间,应当将创业精神培育作为育人过程中的核心内容。

无论是企业家精神、创新精神还是创业精神的提法,精神的超前性、冒险性和创造性是共性追求。"企业家"(Entrepreneur)的概念由法国经济学家

---

① 伍刚. 企业家创新精神与企业成长[D]. 武汉:华中科技大学,2012.
② 引自 http://finance.sina.com.cn/china/2017-09-26/doc-ifymenmt7100930.shtml.

Richard Cantillon（1775）提出，而世界著名的经济学家韦伯斯特曾认为，企业家是"一个经营冒险事业的组织者，特别是组织、拥有、管理并承担这一事业全部风险的人"。企业成长是靠企业创新来实现的，而推动企业创新的主体是企业家，所以企业家精神面对的主要培育对象是企业领袖和创业项目领袖；创业精神培养是面向所有创业者的，与创业行为息息相关，创业获得成功和长远发展离不开创新；创新精神则是三者共同的交叉点，无论是企业家、创业领袖、普通创业者或是学生，都需要培养创新精神。

创新精神培育是创业教育的核心内容，创新精神培育也是创新型人才培养的必备环节，在众创空间对创业者开展创新精神培育无论从现实还是长远都是必不可少的。那么众创空间对创业者开展创新精神的培育应该特别注重哪些方面的内容呢？

一是冒险精神。创新行为具有风险性，要实现创造活动的成功，离不开勇于探索、敢闯敢试、奋勇当先的冒险精神。数千年历史长河中，许多科学家、发明家都具有英勇无畏的冒险心理品格，为获得推动人类文明发展和进步的新发明、新创造而甘愿付出一切乃至宝贵的生命。创业过程中的冒险旅途是奔向成功的必备过程，创业企业"趣店"用3年7个月就完成了从创业到2017年上市的过程，纽交所总裁汤姆对"趣店"有极高评价，纽交所百年历史中，第一次见证一个公司在如此短的时间内达到百亿美金，这是世界经济史上的一个奇迹，而很多人不知道"趣店"创始人罗敏创业6次，前面5次的创业冒险和探索都失败了，颗粒无收年少白头，却未改初心。中国创新在加速，市场充满了不确定性，许多创业者最初的计划和探索难免走入弯路歧途，需要在不断冒险中去调整自己对产品、技术和服务的认知力，调整自身的创新行为，冒险是创新实现的必备环节。

一是探索精神。著名经济学家厉以宁认为，创新作为经济学概念就是"经济主体为了获得潜在的利润而进行的体制上或手段上的改革"[①]。由此观之，创新精神也是一种改革和探索精神。"创新的真正意义在于'为社会进步或科技发展所做出的突破性工作'"[②]，这里一是强调"社会进步或科技发展"，二是强调"突破性工作"。实现突破性工作，意味着事物由量变发展到质变，创新的实现需要改革探索精神引领创新行为，以开放的思维指导工作。

三是科学精神。研究表明，"创新集中表现为四大特征：反叛性、超前

---

① 厉以宁. 厉以宁九十年代文选［M］. 北京：北京大学出版社，1998：146–147.
② 郑其绪，马抗美，罗洪铁. 微观人才学通论［M］. 北京：党建读物出版社，2013：177.

性、风险性和待验性"[①]。从表象看,把科学精神归为创新精神的培养范畴和创新的特征有所矛盾,其实将科学精神作为创新精神的培养内容是非常必要的,而且具有内在一致性:两者的最终目的都是为社会发展和人类进步而服务,创新行为需要科学方法的指导,即使选择冒险也需要科学方法支撑,冒险并不等于赌博。创业项目必须在科学思想的指导下,合理开展,充分考虑到成本与效益、短期和长期、技术与推广、客户与市场等多要素的关系,有总体规划地开展创新行为,遇到无可抵御的风险时建立理性再选择机制,创新是一个曲折漫长的过程,唯有靠科学思维和方法的指引才能事半功倍。

四是爱国精神。所有的创客都是怀有梦想的,当前我国正处于实现中华民族伟大复兴的中国梦的关键历史时期,中国梦是我们共同的国家梦想,在创新创业实现个人利益和梦想的过程中,始终不忘记国家利益和共同梦想,坚持国家利益和个人利益的有机统一,树立功成不忘本的意识,引导创客不忘记政府、社会为创客提供的政策、资金、教育等多方面支持,坚持为社会和人民利益着想,有助于他们坚定理想信念,实现更远大的目标。培养创客正确的义利观,也是社会主义市场经济的客观要求。市场经济讲求竞争和效率,创业者并不讳言对财富的追求,这对增加社会活力和主体创造力起到重要的激励作用。与此同时需要重视义利观教育,"在一定程度上,义利统一的社会主义价值原则,为创业者追求有价值的人生提供了思想基础。它有助于引导企业家在社会活动中进行良性竞争,互利共赢;在追求创业效率时,努力兼顾社会公平;在自己先富时,不要忘了共同富裕;在追求快速经济效益时,不要忘了社会长远效益"[②]。

二、心理层面:四种心理品质

"创新的心理品质是指强烈的创新意识、执着的探寻精神和充分的人格自信"[③]。创新心理品质作为创新素质培育的重要方面,历来被研究者重视。

耶鲁大学社会心理学家罗伯特·斯坦伯格(Robert J. Sternberg)提出创造力的"三面模型":智能层面、智能风格层面和人格层面。这里的人格层面主要指的就是心理品质。

培养创新型人才,应当培养其适应创新实践的心理品质。在布满荆棘和

[①] 郑其绪,马抗美,罗洪铁. 微观人才学通论[M]. 北京:党建读物出版社,2013:179.
[②] 杨瑞杰. 大学生义利观初探[J]. 当代教研集丛,2014(12).
[③] 郑其绪,马抗美,罗洪铁. 微观人才学概论[M]. 北京:党建读物出版社,2013:183-184.

挑战的创业过程中，无论是产品服务创新还是经营管理创新都需要创业者具备良好的创新心理品质，创业者的心理健康是创新创业实践活动得以长期顺利进行的基本前提。在所有的创新心理品质中，有四种心理品质应格外重视。

一是进取心理。研究认为，进取心理是人们在竞争中产生的意识、思维活动和心理状态的总称。"人才成长史表明，理想、信念是人才成长的方向和精神支柱，进取、追求是人才成长的内在动力"[①]。进取心理是人才成长和创新活动必不可少的心理因素，进取心是创业者持续奋斗的力量之源，许多知名创业企业都重视对创业团队进取心的培养，创业的进取心理要求创业者长远规划自身的创业尝试。

二是坚忍心理。坚忍心理指的是意志的坚忍和坚韧性。创新性实践活动是波浪式前进或曲折上升的过程，失败和挫折常常相伴，难以避免，在创业者通往成功的路途上，正是坚忍不拔的意志和韧性十足的毅力支撑其负重前行。

三是自信心理。自信心是人们相信自己并预料自己能够达成某种目标的一种心理状态。"自信心是产生创新和进取心理的基础，同时也是产生意志力和毅力的基础"[②]。心理学家推孟指出，"有自信心而无自卑感"是富有创造力的人的特质之一。

四是勇敢心理。一个奋斗者的勇气并不是完全天生的，更多是后天养成的。创新创业行为具有高度的风险性，失败是常态，这是创新创业行为区别于大多数工作的重要标志之一，反复遭遇失败之后是否具备再次崛起的勇气成为判断一个创业者是否值得培育的重要标准。因此，勇敢心理是创新精神心理品质的重要方面。

三、意识层面：四种创新意识

"美国心智发展学者约翰·钱斐（2001）提出了培养创新能力的五种方法：全面深入探讨创造性的环境、尽力开发脑力资源最佳状态、努力促进产生创造性思想火花、预留创造性思想的酝酿时间、及时捕获与跟踪创造性思想火花"[③]。

"张贺（2004）在《大学生创新能力的培养路径》中提出，培养创新能

---

① 叶忠海，钟祖荣，沈国权．新编人才学通论［M］．北京：党建读物出版社，2013：225.
② 叶忠海，钟祖荣，沈国权．新编人才学通论［M］．北京：党建读物出版社，2013：225.
③ 孙浩哲．基于人力资源开发视角的大学生创新素质培养模式研究［D］．北京：首都师范大学，2011：3.

力需要将接受学习与发现学习相结合,通过发现学习,学生自主地确定具体的问题并在学习过程中利用发散性思维和非逻辑思维分析、探讨和解决问题,从而培养创新思维和实施创新能力训练"[1]。

孙波、杨欣虎(2007)在《大学生创新素质培养的评价体系研究》中认为,"心理创新能力是支配人的一切行为的内在原动力。一切创新活动的展开和进行都必须首先具备相应的创新性心理基础。思维创新能力是各种创新活动的核心,是认识层面的创造能力。行为创新能力是人们行为操作上的创造能力,是实践层面的能力,也可以说是一种动手方面的创造能力"。

(一) 思维创新意识

创新思维的特征表现为"善于从不同角度,不同方向提出问题,寻找解决问题的方法和途径;富于想象,敢于幻想,善于联想,长于运用分析类比的方法;思路多而目标明确集中,勇于探索与实践验证,且习惯将探索的目光投向未知的天地"[2]。应该说,创新思维是整个创新活动的核心,但绝不是全部。我们往往有这样一个认识上的失误,就是把创新能力的培养等同于创新思维的培养,这种认识不仅在理论上是片面的、不科学的,而且在实践中会产生挫伤创新人格的后果。

我们知道先天因素和成长经历在智力层面的素质发展中被证明了具有重要影响,而先天因素和成长经历对思维个体来说,往往是不可选择的。对于在校大学生这样的年龄,包括创新思维在内的智力成分已经逐步进入成熟期,这一阶段乃至以后的提高,都要付出巨大的努力。过分强调短时间内创新思维能力的提高有可能达不到效果,这就要求教育工作者承认每个学生的思维过程都有特别的地方,不管有没有创新的思维结果,我们都要努力发现其中与众不同的地方加以肯定和鼓励。费思·杰格德曾这样讲过:"你我思维方式不同并不意味着我们当中有一个人是错的,只能说明存在另一种正确的方式。"

(二) 组合创新意识

"美国哈佛大学教授霍华德·加德纳的多元智能理论就明确指出人的智能包括8个方面:语言智能、数学和逻辑智能、空间智能、音乐智能、身体运动智能、人际关系智能、自我认知智能和自然观察智能,并强调全面的教

---

[1] 孙浩哲. 基于人力资源开发视角的大学生创新素质培养模式研究 [D]. 北京:首都师范大学, 2011:4.

[2] 汪钟鸣. 我国高校创造型人才培养模式探析 [J]. 江苏高教, 1997 (6):57-59.

育应该开发每个人身上的上述8种智能"①。

在上述理论的指导下,素质测评在发挥其教育、引导作用的同时,更需着重体现多元智能的培养作用,多元化培养适应社会多元化需求,为社会培养创新型人才、发展创新素质。因此,除要求大学生掌握一定的专业理论知识外,还应注重对大学生多元智能的评价,突出组合创新能力的培养,包括获取知识、运用知识探索未知的能力,自学能力,科研能力,有利于创新活动的认识能力、迁移能力、实践操作能力、表达能力、评价决策能力、组织交往能力等的培养,这样才能满足经济社会发展对人才创新素质的需求。

(三) 实践创新意识

"创造性实践在人才成长和发展中起着决定作用,人的创造才能是创造性实践活动的结果"。培养创客的实践创新能力是培养创新型人才的基本保证,这个环节必不可少,需要时刻重视。"人才成长和发展史表明,不同类型人才,需要不同领域的创造性实践活动"②,众创空间创新型人才培养立足于大量交叉的创业实践活动,可以说,综合多样的创业实践活动为培养创新型人才提供了沃土。

创新能力的培养仅仅依靠观察、想象、推理是发现不了的,英国物理学家、哲学家波兰尼说:"人所知道的东西比所能表达的东西多得多。"对待创新的理解和表达,也会存在言已尽而意无穷的无奈。实践创新能力的培育第一个步骤是亲身实践感受,依托长期的实践去感受和把握创业过程中难以言传的知识和技能。那么感受之后呢?就需要进一步感知了。感知是在实践感受的基础上理清思路、悟出真谛的过程,是对感性体验的升华与深化,感知需要创客对创新创业实践活动从质的方面进行提炼和规律把握。感受与感知之后,就是实践创新能力培育的关键步骤——感悟,"感悟是感受感知基础上知识的升华,是实践过程的突变,它给人以豁然开朗、别有洞天的感觉"③。实践体验是有过程的,从朦胧到清晰,从现象到本质,从冥思不解到豁然开朗,其间包含着诸多的艰辛与不易,然而这个过程是创新能力培养的必备环节,不可缺少,需要分外重视。

(四) 交流创新意识

交流创新意识的培养是一个求同、求异、求合的过程。我国人才学专家

---

① 孙波,杨欣虎.大学生创新素质培养的评价体系研究[J].中国青年研究,2007 (1):36.
② 叶忠海,钟祖荣,沈国权.新编人才学通论[M].北京:党建读物出版社,2013:208 - 210.
③ 郑其绪,马抗美,罗洪铁.微观人才学通论[M].北京:党建读物出版社,2013:209.

郑其绪（2005）① 研究认为，交流不仅是获取知识的捷径，而且是各种思想碰撞、信息交杂的过程，在这个过程中灵感涌动、火花四溅、改变定势，极有可能产生创新成果。

在经济全球化、信息一体化的时代，每天都有大量的信息资源产生和传播，创新创业活动的每一个时期、每一个时段的主攻方向和热点都可能是不同的，变化将成为常态，凝聚创客是众创空间存在的基本前提，创造条件增进创客的交流、互动和分享是众创空间的基本功能，这也是高校众创空间区别于传统孵化器的一个重要原因。在"大众创业、万众创新"时代，培育创客的交流创新能力，需要从观念引导和制度保障上着手：一是从理念上树立交流分享对创新能力培养的重要性；二是在众创空间创业教育中加强交流活动的科学组织和支持。

四、能力层面：五种核心能力

创新创业能力，也可视作创新创业胜任力，是决定创业者事业成败的关键力量，也是创业者在创业过程中最大的依赖，创新创业能力需要在创业实践过程中反复锻造，去伪存真，才能真正内化为个人素质，为创业者所用。创业者需要提升的能力涉及很多方面，对于当代大学生而言，需要重点锻造团队凝聚能力、信息获取能力、创业融资能力、资源整合能力、攻坚破难能力。

团队凝聚能力是组建团队的根本，没有团队凝聚能力，就没有稳定的创业团队；信息获取能力是创业项目商业设计、市场营销和技术创新的前提，没有良好的信息获取能力，就无法做出行之有效的商业设计、市场营销规划和开展技术创新；创业融资能力体现了对创业融资知识的掌握和运用程度，兵马未动，粮草先行，资金支持是创业的基本生命线，有了资金支持创业不一定成功，没有资金支持创业更加难以成功；资源整合能力是"大众创业、万众创新"时代创客必须具备的创业能力，争取、调动和充分合作利用对创业有利的资源，进而推进创业项目的发展，这种能力不是天生的，只能在创业实践中一步一步提升；攻坚克难能力糅合了良好的心理承受能力、危机处理能力和应变能力，创业整个过程布满荆棘和艰险，只有攻坚克难，才能领导、激励创业团队在创业征途中奋勇前行。在一定程度上而言，这五方面能力缺一不可。

---

① 郑其绪. 思维创新的理性探索 [J]. 石油大学学报（社会科学版），2005（2）：63-66.

(一) 团队凝聚能力

创业团队每个人的思考方式都会有所不同，大家性格迥异，行为方式也大相径庭。如何让不同的成员发挥出最大的力量，走到一起奋斗，是每个团队或组织不可回避的问题，许多企业家都曾论述团队凝聚力的重要性。任正非曾言："企业就是要发展一批狼，狼有三大特性：一是敏锐的嗅觉；二是不屈不挠、奋不顾身的进攻精神；三是群体奋斗。企业要扩张，必须有这三要素。"[①]

团队凝聚能力在所有的创业能力中居于核心地位，一支高度凝聚、坚定不移的创业团队具有定军山的作用，项目失败后可以再选，资金可以再找，技术可以学习突破，这一切的重要前提是需要一个具有核心凝聚力的团队，伟大的项目和事业都是群体合力合作的结果，创新创业完全依赖单打独干是不可能获得成功的。

大部分众创空间具有高度的开放性，对创业者的入驻是持欢迎态度的，但是也会对创业者进行一些条件筛选，凝聚力强的创业团队往往受到众创空间运营方的重视，会获得更多的支持。创业团队的凝聚力也直接影响到创业融资。绝大多数创业项目有融资的需求，投资方考虑是否投资，一个关键评价要素就是创业团队的凝聚力。在互联网高度发达的时代，创业所需的大部分知识、技术都可以在网络上寻找，而唯独创业团队凝聚力，是网络不能提供的，需要在学习和实践锻炼中不断提升，一个好的创业领袖必须具备团队凝聚能力。

"现代管理学之父"彼得·德鲁克认为卓有成效的领导者，都深谙以下四条真理："第一，领导者要有追随者；第二，领导能力不是体现在个人名望上，而是体现在工作的成果上；第三，领导者是典型的公众人物，他应该以身作则；第四，领导并非地位、特权、头衔和金钱，而是责任。"[②] 创业团队凝聚力很大程度上取决于团队创始人或主要合伙人的领导力，而领导力除了和先天气质与个性有一定关联外，最主要依靠的是后天的训练和提升，领导力意味着责任与担当，只有经过大风大浪数度起伏才能真正深刻理解领导力训练和提升的精髓，精神和心理层面的训练往往难以言传却又至关重要。

团队凝聚能力是创业投资者在投资创客时的核心考察点。许多天使投资

---

① 黄卫伟，殷志峰，等. 以奋斗者为本——华为公司人力资源管理纲要 [M]. 北京：中信出版社，2014：1.
② 彼得·德鲁克，约瑟夫·马恰列洛. 德鲁克日志 [M]. 蒋旭峰，王珊珊，译. 上海：上海译文出版社，2014：110.

人认为,投资一个企业,主要是投团队,尤其是投资团队的创始人。梅花天使创投创始合伙人吴世春于2017年10月份在北京举办的"2017 V武林大会"发言中强调,"一个企业的价值,90%在团队身上;一个团队的价值80%是在创始人身上。我们有一个公式叫作一流的团队,哪怕给他三流的方向,他也能做出一个二流以上的项目。我们是真的相信投企业就是投人。所以我们认为新经济的核心是人,是优秀的企业家。一个企业只能在企业家的思维空间里成长,团队的天花板是创始人学习、认知的能力。所有的东西都是可以被计算的,比如说商业模式、经济模型、用户数据,唯一不可以计算的是创始人的成长潜力。一个顶级的创始人,爆发出来的潜力真的是非常难估量的"。

(二)信息获取能力

知识是力量,信息是能量,信息获取能力是区分创业能力高低的一个重要标志。在个人电脑互联网时期,一个创业者可能因为没有登录电脑而无法查阅行业信息,而在手机移动互联网时代,一切的信息采集和运用就极大地便利化了。众创空间不同于传统企业孵化器的一个重要原因就是双方所在时代技术条件差异引发的,众创空间是开放性创业孵化平台,创业项目的设计和发展处处离不开信息获取和采集筛选,数据处理就尤为重要。

"根据麦肯锡的预测,在未来6年,仅在美国本土就可能存在14万~19万具备深入分析数据能力人才缺口;同时,通过分析大数据能为企业做出有效决策的数据管理人员和分析师也有150万的缺口。"[1] 信息数据是创业团队的宝贵资产,大数据研究专家维克托预测,"数据列入企业资产负债表只是时间问题"[2]。培养信息获取能力的最大价值和意义在于通过多维度、多层次的信息数据,以及关联数据,找到创业问题的难点和症结,为解决难题提供科学性依据。

全球信息化和信息技术革命推动信息社会向我们走来,信息化为成千上万的创客带来大量易于获取的数据和信息,但是许多创业项目都是崭新的探索和尝试,其需要的核心信息不可能随意就能轻松获取,这既是考验创业者能力的时刻,也是创业赛跑是否能够领先一程的关键点。信息技术应用手段的不断发展为创业者提供了新型的商业机会和商业模式,当PC互联网时代快速起步时,网络销售、网络视频、网络游戏大量兴起。在移动互联网时代,移动支付、智能终端、移动娱乐等服务机构又应运而生。信息技术服务和传统产业结合成为

---

[1] 连玉明. DT时代——从互联网到大数据[M]. 北京:中信出版集团,2015:14.
[2] 连玉明. DT时代——从互联网到大数据[M]. 北京:中信出版集团,2015:12.

许多创业者当前选取的重要创业模式，必须锤炼信息获取能力。

（三）创业融资能力

资金是创业项目的生命线。在创业探索过程中，创业项目遇到困难不可怕，可怕的是遇到困难的时候资金链断裂而无法获得进一步融资支持。马云、马化腾、王健林等许多企业家在创业过程中都遇到过融资的难题，但他们以极强的融资能力突破了创业关口，为企业发展赢得了宝贵的资金支持。众创空间与风险投资机构有着深刻而紧密的联系，许多众创空间本身也进行投资，由众创空间牵头联合多家投资机构投资心仪的创业项目是常态，如西安创业园投资管理有限公司主办的"创途在XIAN"众创空间，通过金融帮联合了全国80多家金融服务机构，根据创业的不同时段，提供菜单式的融资组合，通过Demo Time、投资开放日、融资培训、融资渠道对接、金融超市等组合，促进有融资需求的创业企业与各类机构对接，通过客户资源共享和互荐、产品创新和整合，共同为中小型创业企业提供股权融资、债券融资、挂牌上市等多层次、多品种的全面金融服务，金融帮平均为在种子期到成长期的创业者、中小企业年融资额达到人民币5亿元左右，截至2016年9月份，已经培育了28家上市企业，23家新三板挂牌企业。

创业者需要在实践过程中提升自己的融资能力，融资是一件知易行难的事，天使投资人选择投资一家创业企业时会综合进行法律、审计、资产评估、人力资源管理、安全质量、业务、技术、股东背景调查等多个要素的调研，项目具备投资价值是基本，但是仅依靠项目好就想顺利获得投资是很不可取的想法，还需要创业者掌握正确的融资方法，具备良好的社交素养，演讲能力和说服能力是必不可少的学习锻炼环节。58同城创始人姚劲波多次在创业面临生死存亡的关键环节或者企业发展的重大机遇期获得创业融资，才最终成就了数百亿美元的企业市值。

（四）资源整合能力

资源整合能力是创业者在创业过程中需要尽最大可能地挖掘整理创业项目相关的各类资源，综合运用、形成合力，是创业者的基本能力之一。众创空间具有分享精神，发现资源和知识不再是特定人群的专利，而是全体创客的自选结果，只有把众创空间内外提供的各种资源如免费或低租金工位、创业聚会、教育培训、创业融资、产学研结合、网络空间等多种资源运用起来，才能寻找到最合适的创业方案，降低创业风险，提升创业成功率。资源整合过程中应特别注重创客与投资人、创客与创客、创客与客户之间的人脉链接，应用"强关系-弱关系"理论，整合相关资源形成合力，使强关系更强，使弱关系向强关系转化和发展，通过人与人之间的链接让创业者的资源网络更加广泛，获得创业的发展和进步。

"经典的'4P营销理论'认为，产品（Product）、价格（Price）、场所（Place）和促销（Promotion）是构成营销组合的四个变量，影响产品和服务的市场表现"[1]。名创优品创始人叶国富通过整合资源，努力达到"产品好、价格好、环境好、服务好"，构建名创优品竞争力的四个维度，自2013年9月创立第一家名创优品零售实体连锁店，在短短的两年内，在全球开设了1 400多家连锁店，2015年销售额超过了50亿美元。

（五）攻坚克难能力

攻坚克难能力是创业能力的核心，指的是创业者在创业的关键时刻顶得住压力，经得起挑战，能够妥善解决创业难点和难题的能力。许多知名企业重视员工攻坚克难能力的培养和评估，进而发挥其对企业发展的推动作用。

华为公司2005年EMT纪要中有这样的表述："我们要选拔培养的是对公司忠诚、艰苦奋斗、绩效结果和在关键事件考核中突出的优秀骨干。"任正非在关于华为大学与战略后备队的讲话中再次提出："选拔后备干部时，也要看其在关键事件、突发事件、组织利益与个人利益冲突时的立场与行为。"任正非2007年在华为公司英国代表处这样讲道："我们在评价正职时，不一定要以战利品的多少来评价，应对其关键事件的过程行为中体现出的领袖色彩给予关注。"

"无论在学界或者商界，作为一个研究者或者管理者，既需要能够掌握现状、了解问题的症结所在，还要能知道如何改进的方向并具有设计全新框架的能力。""在麦肯锡，如果你具有很强的分析力、理解力和洞察力，这些还不足以说明你是'聪明'的人。你要有办法找出解决问题的方案并具有很强的建构能力，才算得上'聪明的人'"[2]。

第二节 创新创业基础能力的培养

我国人才学专家叶忠海研究认为，创新能力包括创造性思维能力和创造性实践能力，"创新能力是一般能力和特殊能力、智能因素和非智能因素之

---

[1] 杜博奇. 明创优品没有秘密［M］. 北京：中信出版社，2017：9.
[2] 伊贺泰代. 麦肯锡用人标准——未来的人才标杆［M］. 朱悦玮，译. 北京：北京时代华文书局，2015：42.

间的相互作用的合力效应"[①]。创业团队和创业者的创业能力提升，一方面依托于创业知识的学习和掌握，另一方面需要通过亲身参与创业实践，感受创业精神，锻造创业能力。不仅需要重点培养创业者团队凝聚能力、信息获取能力、创业融资能力、资源整合能力和攻坚克难能力，还需要培养大学生的政策解读能力、商业规划能力、财务管理能力、人才管理能力、商业营销能力，这些是从事创新创业的基础能力。

一、创新创业基础能力的构成

"美国教育家阿玛拜尔提出创造力的'三成分论'：创造力由知识基础、认知风格和人格因素三种成分组成"[②]。"德鲁克（2002）在《创新与企业家精神》中从七个方面对创新进行了诠释和指导，包括意外事件、不协调事件、程序的需要、产业和市场结构、人口统计数据、认知的变化、新知识"[③]。创业是一个漫长的过程，创业的顺利开展需要坚持开展产品、技术、管理和模式创新，这离不开基础知识的学习和基础能力的培养。

（一）政策解读能力

国家政策的鼓励支持对众创空间的快速发展具有直接的推动作用，在"大众创业、万众创新"的时代呼声中，各地政府为了增进创新创业活力，结合当地经济发展实际情况，因地制宜，纷纷出台制定鼓励创新创业的政策和措施，创业项目依据类别，可以划分为互联网类创业、农业类创业、服务类创业、技术类创业、国际贸易类创业等多种类型，每一种创业类型的创业需求都是有差别的，只有在对各地政策学习、了解和把握的前提下，才能更好地选择创业地点、创业类型和创业主攻领域及模式，优化创业项目配置效率。

与此同时，创业者还需要学习了解与创业相关的法律法规，尤其是对公司注册、人员聘任、期权分配、税务补贴等与早期创业紧密关联的法律法规需要重点加强学习，这对创客树立创业法治意识，培养用法律解决创业纠纷的能力具有重要的意义。遵纪守法不但是一种义务，同时也是对创业者的一种基础能力要求。

---

① 叶忠海，钟祖荣，沈国权. 新编人才学通论 [M]. 北京：党建读物出版社，2013：233.
② 孙浩哲. 基于人力资源开发视角的大学生创新素质培养模式研究 [M]. 北京：首都师范大学，2011：3.
③ 孙浩哲. 基于人力资源开发视角的大学生创新素质培养模式研究 [M]. 北京：首都师范大学，2011：6.

（二）商业规划能力

商业设计是创业项目的总体思路，通常由产品创意、人员组成规划、资金规划、产品营销方略等部分组成。产品创意的核心是创新，没有创新想法的创业项目不符合现代意义上的创业潮流。从一定程度上讲，如果技术创新、产品创新、服务创新、营销创新、管理创新这几种创新想法不具备任何一项，一个创业团队基本是没有长远发展前景的，甚至不能称之为创业，应该归为就业。这涉及创业的定义问题，"创业"（Entrepreneurship）一词在欧美国家的普遍应用中本身就具备创新的含义，而我国的"创业"分作狭义创业和广义创业，狭义创业包含创新，基本与西方解读相同，广义创业强调"创业是从无到有的过程"，广义创业概念扩大化了创业的范围，那么一些并不具备创新与创意的项目，即便经营方法、技术方法、产品类别是仿照和复制的，也被称为创业，这种广义创业划分法使得创业和就业混合，许多不是真正创业项目的简单谋生商业行为和活动也被称为创业，给创业成功率采集统计、创业社会评价以及创业国际对比和交流带来了困难，也产生了一定程度上的舆论争辩与意识混乱，很值得商榷。

我们提倡的创业项目在商业设计上首先要考虑的就是创新和创意，只有充分依靠创新和创意，才能使创业项目在激烈多变的商业竞争中占据先机、赢取主动，这是核心竞争力的必备要素。笔者认为，不具备创新与创意想法的项目不应当归入创业领域，这符合国际形势和长远潮流，较为妥当。人员组成规划主要指的是初始创业团队的互补性，如专业领域的互补：学习人力资源管理、会计、法律、市场营销专业的人组成一个创业团队；如工作经验的互补：具备丰富工作经验的人和没有工作经验的年轻大学生搭配；如性别互补：特定创业行业和项目需要男性创业者和女性创业者合力研究完成；如性格互补：具备领袖气质的人和温和柔弱个性的人合作创业；等等。创业团队搭建互补的关键是在不影响团队稳定前提下的特长互补。同理，资金规划和使用、市场营销等方面也需要好好地做好创业的构思和设计。

（三）财务管理能力

企业生产经营的目的是盈利，对于创业团队，早期大部分需要融资推动创业项目的发展，融资的前提是向投资方展现能够盈利的美好前景，这样，在尚无利润的时候，投资人才愿意考虑投资。融资对于大多数创业团队不是一件容易的事情，对融到的每一部分资金，都要最大限度地合理使用，这就需要学习财务知识。学习财务知识的另一个重要原因是确保创业项目在遵守法律的前提下运行，依法纳税、依法融资、依法使用企业的资金以及投资人的投资资金，对于企业健康发展的意义不言而喻。

创业项目具有天然的风险性，经营创业企业在一定程度上就是经营风险，需要经常关注创业项目的财务状况，只有懂得财务知识，才能有效预防企业风险，选取更合适的融资时间点和融资额度，融资额也并不是越大就越好，需要专业知识来评估。早期的众创空间不少创业团队人员有限，为了集中精力创新产品，会选择性地把一部分财务工作外包给专业性的财务会计人员，付费托管，这也是一种暂时性的解决方案，但随着创业项目的持续发展，财务技能是必备的创业能力素质，需要及时学习掌握。

（四）人才管理能力

2016年年末，刘春花、田涛、孟平、曹轶、姚洋芋与华为创始人任正非见面交流，任正非在回答提问时，认为财务体系和人力资源体系是华为成功的核心。《国家中长期人才发展规划纲要（2010—2020）》将"人才管理"上升到国家战略的高度，一大批优秀的企业不断探索人才管理，将吸引、发展、保留和安置最优人才置于企业赢得竞争力的优先地位，创业企业发展的要素更为依赖创新驱动，而创新驱动必须由人才来实现和完成，创业团队学习人才管理的技术和方法应当成为必备的环节。

人才管理也是塑造优秀创业团队的基石，只有建立科学的人才管理体系才能构建卓越的创业团队，人才管理包含理论、制度、方法、技术等多个方面，对于创业团队而言，学习人才管理，就要重点学习正确的人才绩效考核方法，学习如何挖掘创业成员的成长潜力，学习如何激励和凝聚顶尖专业人才，让人才管理推动创业企业的发展和进步，充分发挥创业企业人才的价值。

（五）商业营销能力

创业企业把产品和服务以高于生产成本的价格卖出才能获取利润，所有的企业都涉及营销，产品营销既是知识，又是一门技术，每一个成功的企业都离不开成功的营销策略，营销人才是许多公司市场竞争的胜负手，企业的营销效果关乎企业存亡。市场需求是营销行为的起点，在创业项目开发或产品上市之前，必须及时搜集、准确分析、迅速利用市场反馈的有效信息来进行创业产品的营销，这样才符合现代营销的观念。

创业者学习营销知识，要重点学习营销策略、营销理念、营销技术，科学有效地开展市场调研和信息采集，互联网时代的创业者更要结合网络技术特点，压缩营销成本，获取最大的销售效益。只有学习营销知识才可以开展市场营销预测，市场营销预测需要在市场调查的基础上，运用科学的步骤与方法对市场需求和企业需求以及影响市场需求变化的多种因素进行分析和研究，从而对未来的发展趋势做出判断和预测,为创业企业制定正确的营销决策提供依据。销售技能需要在实践中反复积累经验、锤炼技能,没有天生的营销天才,营销人才需要在持续锻炼和不断学习中提升自身,在组建创业团队的过程中聘请有经验的营销人才加入团队也有助于创业团队获得风险投资人的青睐。

二、创新创业基础能力的实现路径

(一) 教材、课程和创业导师是重要基石

创新创业类教材在创业培训中具有规范性、代表性和权威性。教育部出台的《关于深化高等学校创新创业教育改革的实施意见》将高校创新创业教育改革推向了前所未有的高度,必须加强创新创业类教材的设计。不仅如此,教育部规定,"从2016年起所有高校都要设置创新创业教育课程,对全体学生开发开设创新创业教育必修课和选修课,纳入学分管理"[①]。这对推动创新创业领域的研究者认真学习贯彻国家政策文件精神,合理谋划创新创业教育类教材具有重要意义。调研显示,21世纪第一个五年,我国创新创业类教材屈指可数。近年来,顺应时代的发展和教育部要求,国内高校创新创业类教材井喷涌现,数量丰富且领域广阔,供师生选择。高校众创空间运用一定的教材,企业众创空间很少运用系统性的教材,创业导师自我制作课件居多。高校众创空间具有代表性的教材如表3-1所示。

表3-1 高校众创空间具有代表性的创新创业类教材

名　　称	出版单位
《创业学教程》	西北工业大学出版社
《大学生就业与创业指导教程》	郑州大学出版社、高等教育出版社等
《大学生创业基础(第2版)》	清华大学出版社
《大学生创业教育》	中国人民大学出版社
《创业基础教程》	高等教育出版社
《创业管理》	高等教育出版社
《网络创业》	高等教育出版社
《电子商务创业实战》	高等教育出版社
《大生创业心理拓展》	广东高等教育出版社出版

---

① 教育部《关于做好2016届全国普通高等学校毕业生就业创业工作的通知》,2015年12月印发。

续表

名　　称	出版单位
《电子商务创业》	机械工业出版社出版
《电子商务创意与创业实验教程》	华南理工大学出版社
《网店美工实战》	清华大学出版社
《电子商务物流理论与创业实践》	中央电大出版社
《创业培训辅导教程》	人力资源部和社会保障部教材办公室等

人力资源和社会保障部教材办公室、中国就业培训技术指导中心上海分中心、上海市职业技能鉴定中心组织编写了《创业培训辅导教程》，分为初创篇、发展篇和经营篇，依据创业者所处阶段的不同设置了不同的教材内容，较好地体现了当前最新的实用知识和操作技术，对提高创业人员基本素质、掌握创业能力的核心知识与技能有直接的帮助和指导作用。

实施课程教学，需要综合评价很多因素。从受众群体方面，需要考虑受众的年龄结构、知识结构、心理特点、主要的学习方式、学习周期；从实现方式方面，需要考虑选择线上课程还是线下课程，在线直播还是录制点播，视频课程还是音频课程；从内容方面，需要考虑创业行业、具体领域、创业团队的薄弱点，不一而足。

一些众创空间在设置创新创业教育课程时，吸收了 STEAM 教育模式的主要精髓，设置了一些专项课程。例如，3D 打印和三维建模课程：训练空间想象能力；科技制作课：包括入门的二维空间建构、数学和机械知识；开源硬件课程：了解嵌入式开发、电子电路、运动学和工程理论等知识。这些已经相对成熟的创客课程均有教材或者教学方案配套。

创新创业课程在众创空间育人功能的作用主要体现在提升专项培训的效果，提供丰富的内容选择，有助于学习效果的测评。

南京理工大学研究者刘晓棠、范彬、诸云等为了检验高校创新创业课程的针对性及实效性，对传统课程的满意度以及当前课程的开设效果进行了调查研究，"结果证实，目前的教学方式具有满意度高和较好的学习效果，但是对学生的创业意向没有显著影响，即课程只达到让学生提前了解未来工作的目的，而远未达到引导学生'追求创业生涯'的目标"[1]。这项调研证明了

---

[1] 刘晓棠，范彬，诸云，等. 传统创业课程对提升学生创业意向的作用研究[J]. 当代继续教育，2015，33（183）：85.

传统线下课程具有一定的局限性，但依然能够帮助学生掌握提升创新创业知识。企业众创空间开设的课程不同于高校众创空间开设的课程，线下多是以专题的形式展开，时间周期短，在提升创新创业专项能力和知识方面具有特定的作用。

此外，创新创业课程还有助于为创客提供丰富的学习内容选择。视频课程、音频课程是创新创业课程实施的重要方式，而这种学习方式更适合创客自学。由于创客流动性强，创业领域不一，他们所期待和关注的创新创业课程也不尽相同。在这样的情形下，创新创业课程也致力于满足创客的碎片化学习特点。碎片化学习一是表现在创客学习时间的不确定性，24小时的任何时间都有创客通过网络查阅创业信息、学习创新创业知识；二是表现在学习时长的不确定性，传统课程40分钟左右一节，而网络课堂可能十多分钟甚至几分钟一小节。

我们以蜻蜓FM音频课程App为例，输入"创新创业课程"，就会出现创业智慧、创业密探、创业启示录、创业学、创业者、创业邦早报、子牛创业营、创业百宝箱、野哥创业学院、创业指南针、马云互联网创业课程、创业7步曲等远超千家创新创业课程，详细内容涵盖创业思维、网络营销、工商注册、财税服务、内容服务、知识产权、资质办理、法律服务、人力资源、社保服务、企业管理等多板块内容，目前互联网产生的网络课程虽然质量高低不一，但是数量巨大，既有付费课程，也有免费课程，这些创新创业课程每天都在制作更新中，丰富了创客的学习选择空间。

创新创业是把创业想法通过创新商业化的过程，在这一过程中，创业梦想引导、团队组建、技术指导、创业融资、产品优化、商业模式优化、市场营销、法律咨询、股权分配、公益回馈等很多环节，所需要的创业导师是不尽相同的，既需要有宏观的战略指导，也需要微观的细节指引，也离不开专业的技术指导和心理指导，在现实中，不存在一个完美的创业导师可以指导创新创业项目的所有环节，能指导帮扶其中两至三项已经很不容易，而满足创客创业所需的创业导师必须是组合型的。

如何组合创业导师，才能提升创新创业项目的指导效果？这需要把握三个原则。

首先是主次原则，依照矛盾论和辩证法的指导，在一个时期内，在一个专业领域内，主要导师应该只有一位，辅助的合作导师可以有数位，因为创新创业项目在不同时期面临的主要难题是不一样的，比如在初始阶段，主要的导师需要帮助创客解决团队搭建的难题，没有创业团队，项目是很难继续推进的,搭建创业团队是需要专业指导的,搭建创业团队往往需要数月,搭建团队的时候也必须思考商业模式、利益分配、创业融资等问题,这个时候也需要其他导师,但每个阶段主要的导师只有一位,具体到专业领域,如法律顾问、人工智能算法工程师、云后台研发工程师等。

在每一个时期提早设立首席导师很有必要,可以避免导师内部意见分歧,而难以抉择。如果导师平行,一旦意见不一致,选择其中一位的建议可能伤害其他导师感受,不利于内部及合作团结,因此要从体制上预防这一现象。从项目本身而言,如果创业导师是项目的长期合作者和指导者,可以邀请担任总顾问,由总顾问协调每一个阶段首席导师和辅助导师的人员名单。

我们以图3-1为例,在这幅图中,每个阶段、每个领域的首席导师是不一样的,因为创业导师的专长领域和方向不同,所以由总顾问协调每一个领域、每个阶段的首席导师,当导师组合指导发生意见分歧时,优先采用首席导师的建议,投票制也可以辅助使用,但笔者更倾向于首席导师的建议,不建议采用投票制。因为在任何一个领域做到卓越和领先除了天赋,往往都付出了比常人更多的努力,其思维深度和经验不是可以轻易取代的。另外,现实中即便采用了导师组合,导师也很难集体出现,因为创业导师大多数是创业领域的高端人才,时间资源很宝贵,而且无论是现场投票还是网络投票,导师们都会考虑创业项目本身的价值,投入时间看相关数据进行分析调研,并不是所有的创业项目都能获得这个待遇。如果采用投票制,导师总数量至少需要是奇数,综合考虑这些因素在现实中操作难度较大,不适合众创空间的创业项目。此外,主要矛盾和次要矛盾随着时间发展会发生转移,首席导师和合作导师在不同时期会互换位置,需要沟通和交接,如果每一位导师既

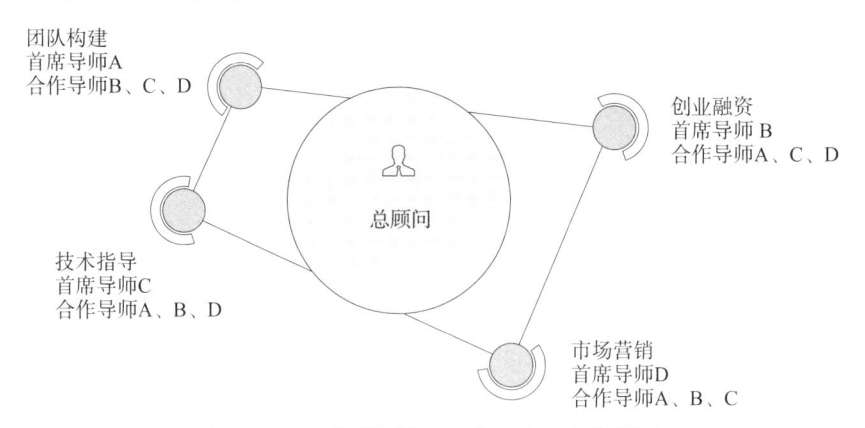

图3-1 创业项目导师组合方案主次分配图

做阶段性的或专业领域的首席导师，又做其他阶段或其他领域的合作导师，就不存在地位的明显差异，可避免产生心理落差。

其次是收益原则。我们这里采用收益原则，而不采用付费原则，是由于并不是所有的创业导师都会获得费用。收益原则是一种总体的价值获取，对于创业导师而言，主要呈现在三方面。一是公益性指导，收获一种幸福感、成就感和参与感。创业导师或出于培养年轻人才，或出于对创客创业项目的喜爱，或出于对技术创新和社会进步的考量，无偿帮扶创客，这类创业导师往往由知名企业家、高校学者、政府邀请的相关专家组成，他们往往具备非常好的企业家精神和良好的自身经济基础。二是专业付费指导，针对一些创业领域的问题，尤其是专业性较强的技术问题，如常见的股权协议书起草、商业模式设计、营销文案策划、信息系统维护、法律咨询等，众创空间从外部邀请的创业导师可能会有一定行业收费。三是合作方指导，创业导师已经不再是常规意义上的指导了，可能拥有创业项目一定的股份，如获取创业项目3%～5%的股份，用股份、期权等方式取代了直接收取费用，进而将自身拥有的部分创业资源嫁接给指导的创业项目，这种方式很多创客也会同意，在创业项目生死未卜的前提下不用直接付现金，付未来的股份，通过股份绑定了一个创业导师作为合伙人，也可能是创业导师自身经营的企业或所在的组织与创业公司、创业公司的其他导师存在合作关系，帮扶指导创业项目有助于增进双方的合作、获取影响力和社会名声。无论是公益指导、还是付费指导、合作指导，无论是获取了幸福感、金钱还是影响力，均体现了创业导师的收益原则。众创空间在组合创业导师的时候，必须考虑创业导师的收益性，如果不能准确辨析创业收益的性质、方式，就不能提供合适的搭配方案，创业毕竟是一种动态性的商业行为，必须考虑创业导师的付出和回报之间的关系，保护创业导师的正当权益和工作积极性。

最后，必须考虑导师指导的适度原则。这种适度原则体现在导师数量的适度，不同的创业规模、不同的创业领域、不同的创业阶段需要的创业导师数量是不一样的。数量过少则无法有效发挥导师组合的效用，而数量过多则资源浪费。导师组合需要达到基本的平衡与协调，坚持数量适度原则。这种适度原则也体现在创业导师帮扶力度的适度，创业导师在创新创业项目中发挥多大的力度，拥有多少管理权限，不同的创业团队需求是不一样的，这涉及核心创始人的理念、个性、学识、资源量等多个方面，众创空间作为创业导师的推荐方，事实上也承担着人才中介的角色，众创空间运营人员需要做好创业导师、创客之间的沟通，明确创客的需求点，明确创业导师的帮扶界限，选取合适的组合方案。这种适度原则也体现在指导方式的适度，创客的创业精神培育是一项综合教育，现实中许多创业导师培养创客创业精神主要是通过分享经验进行榜样教育，这只是很多种方式的一种，并不是全部，渗透教育、比较教育、感染教育、实践教育等多种方式结合运用才能更好地优化和提升创业精神培育的效果。另外，创业导师的年龄通常大于创客，不同年龄段可能存在心理代沟，需要采取适度的表达方式和沟通方式，避免好心帮倒忙。众创空间邀请创业导师组成团队指导帮扶创业项目前，需要做好调研，依据数据库中创业导师评测数据、创客创业评测数据，选择合适的搭配方案，增强创业导师和创客的匹配性，提升指导效果。

高校众创空间自主培养专业的创业导师，具有自身的优势。一是渠道优势，创业导师绝大多数是创业者出身，凝聚创客是众创空间的基本功能之一，众创空间创新创业项目平均入驻周期 7~12 个月的占比最高，每一个项目都有一个创业团队，每一个创业团队都有自己的突出的创业者，从这么多突出的创业者中发掘、选取进行培养，使其在创业项目发展的同时逐步成为一位创业导师，众创空间具有天然的渠道优势。二是文化优势，许多历经艰难的创业者创业成功后，乐于分享创业经验，指导帮扶年轻创业者，使他们少走弯路，这是创业圈形成的反哺文化，众创空间建设者和运营者本人也是创业者出身，如洪泰众创空间俞敏洪、优客工场毛大庆，海尔集团内部平台开创者张瑞敏等。

高校众创空间自主培养专业的创业导师，应重点坚持三个方面：一是坚持育人用人一体化原则，投资时间、资金等要素培养创业导师，培养成功后创业导师回馈众创空间，有助于达成长期合作关系，关心、帮助和支持创客空间的创新创业教育和人才培养。二是坚持专业化、国际化。专业化不仅体现在知识素质和创业经验，更直接展现在教学方式、教学方法的使用上。高校开展师范教育需要 3~4 年，经受过师范教育的本科生在教学技能、教学方法、心理辅导等方面通常优于非师范类的大学生，目前众创空间的创业导师除少量来源于高校专家、学者外，大部分由民营企业高管构成，他们虽然具有丰富的创业经验、创业技能，但在传道授业解惑上未必擅长，这涉及教学基本功，专业的创业导师应接受专业的教学技能训练。在经济全球化背景下，创业企业从事的创业项目大部分面临技术全球化、人才全球化、信息全球化、客户全球化。众创空间是我国创新创业对外交流互动的重要窗口，专业化的创业导师必须提升国际视野，不然会被历史淘汰。三是必须善于运用新工具。全球互联网一分钟产生的新内容和新信息，数千位创业导师终其一生也无法完全看完，随着人工智能的普及，智能机器人将在众创空间得到广泛采用，成为创业导师组合的重要组成部分，创业导师必须与时俱进，熟练运用慕课、视频直播、智能机器人等新工具新方法，提升教学效果。

（二）教学场地和实验器材是重要支撑

2016年，众创空间在全国范围内提供工位77.52万个，这些工位是流动性的。工位数量多少和众创空间的数量与面积有直接关联。目前广东省提供的工位数最多，占据全国总体工位数10.65%的比例。吉林省的众创空间数量虽然在全国仅仅排名第17位，但提供的工位数居全国第5位，因为吉林省众创空间平均面积位居全国第一位。

除了培训主导型的众创空间，绝大多数企业众创空间教学场地占地面积不足10%，专业化教学占地往往小于50平方米，甚至更小。这是由于四方面原因造成的，一是众创空间位置绝大多数处于核心商务圈，位置极佳，而全国众创空间一半的面积来源于租赁，本身需要支付租赁成本，如果设置较大面积的专业化教学场地，而缺乏相应的创业导师和指导课程，无法产生盈利，很多众创空间运营者从投资的角度不会这样选择；二是许多快速建设的众创空间是由原来的孵化器、咖啡厅、图书馆、商务写字间改建而来，受原有空间面积小的限制，不可能开辟出大规模的教学场地，如位于中关村创业大街的几十家众创空间；三是众创空间建设具有集聚的特点，降低了资源交流成本。如深圳湾创业广场，大批孵化机构依托科技金融街在此聚集，强化了科技金融机构服务创新创业的能力。许多众创空间就近集聚，可以联合开办教学和培训活动，也可以在时间合适时相互借用教学场地、会议室、沙龙室、路演室、洽谈室、交流空间也可以用来做培训教学活动。四是企业众创空间占据了众创空间总数量的六成以上，开展常态性教学不是企业的强项，也不是企业的主要任务，虽然预留了讲座场地、培训场地，但是很少占据较大面积。

并不是所有的众创空间都具有实验器材，这与众创空间场地面积、主导类型、服务的创业领域、服务的创业对象有重要关联。面积较大的众创空间往往位于工业园、科技园，这些众创空间并不在市中心，它们由大型厂房改建而来，具备安装实验器材的场地条件，如位于贵阳市国家高新技术产业开发区的中国西部众创园。

众创空间的主导类型、服务的创业领域决定了众创空间配备什么样的实验器材。

例如从事生物化学领域创业的基础实验工具：生物学显微镜、精密测量显微镜、pH酸度计、显微镜、马弗炉、黏度计、流量计、磁翻板液位计、压力仪表、温度计、双金属温度计、湿度计、天平、电子天平等。

例如从事农业类创业领域的实验器材：快速定氮仪、叶绿素检测仪、雨量实验装置、气象监测设备、生化培养机、农残检测、辐射监测、光谱设备、色谱设备、氮磷钙测试、药检仪器、水质分析仪等。

例如从事电子行业创业领域的实验器材：电子元器件、电子试验机、变阻器、电位滴定仪、电缆故障测试仪、表面电阻测试仪、电压表、离子计、负载箱、电导率仪等。

一些创业产品实验的样品处理中可能需要使用的仪器：振荡器、培养箱、干燥箱、磁力搅拌器、离心机、固体粉碎机、旋转蒸发器、混合器、电阻炉、高低温实验箱、盐雾试验箱、试纸、烧瓶等。

众创空间的服务对象会影响实验器材的配备，如深圳柴火众创空间VIP工作间面向VIP会员在原型制造方面提供3D打印机、小型CNC、雕刻机、台式钻床；而在电子方面提供台式烙铁、热风枪、数字示波器、手持式万用表、直流电源。普通会员并不能完全获得这些实验器材的使用权。

创新创业基础能力的培育既需要教材、课程、导师、场地、器材等基础因素，也离不开创造性实践活动的设计与开展。

第三节 创新创业实践能力的培养

创新创业是一个把新想法付诸实践的过程，想法的对与错，需要在实践中验证，传统的创新创业教育更多的是在学校学习商业理论和知识，拥有较少的机会参与实践锻炼，众创空间相比传统商学院一个巨大的优势是创业者能够更多地亲身参与创业实践，感受创业精神。

一、创新创业实践是锻造创业能力的根本途径

众创空间为创客亲身体验创新创业实践提供了平台支撑。科技部2017年2月份公布的数据显示，"全国4 298家的众创空间，3 200余家的科技企业孵化器和400余家的企业加速器共同形成接递有序的创新创业孵化链条，2016年当年共服务的创业团队和初创企业近40万家，2016年举办创新创业活动累计达到10.9万次，开展创业教育培训7.8万场，开展的国际交流活动5 721余场，而以深圳湾创业广场、中关村创业大街、杭州梦想小镇、苏州金

鸡湖创业长廊等为代表的众创空间集聚区已成为区域创业文化高地和创业地标，实现了创新、创业、就业的有机结合与良性循环"[①]。近年，高校创客空间也发展迅速，为培养大学生创新创业人才提供了良好的创业服务。

亲身创业实践是锻造创客创新创业能力的必然途径。一方面，亲身创业实践有助于激发创业者的知识学习动力。创业知识是创新创业能力的基础，然而创业过程极其复杂，不仅涉及专业领域的知识和技术，还涉及经济学、金融学、心理学、管理学等方面的知识，既需要宏观的理论，也需要微观的技术和解决应用方法，这些知识都不是一蹴而就的，如果不参与创业实践，创业者并不知道自己是否具备了所需的创新创业知识，也不一定愿意下苦功学习创新创业知识。具体的亲身实践，能够使创业者真正感受到不具备这些创新创业知识是步履维艰的，激励其努力学习和掌握所需的创新创业知识，发挥学习的主观能动性，有助于增进学习效果。另一方面，亲身体验创业实践有助于锻造创业者的创新创业能力，创客创业涉及团队建设、信息使用、商业设计、人才管理、财务规划等很多方面的能力，仅仅团队凝聚能力就包括领导、沟通、合作、激励等诸多环节，只有亲身参与亲身体验，才能累积经验，不断提升自身的决策能力、分析能力、管理能力和创新能力，这些能力大部分是在反复实践过程中才能真正掌握的。

创新创业教育旨在培养具有开创性个性的人，精神培育是创新创业教育的核心内容，创业精神和创新精神在很多方面具有一致性，然而也有区别，创业精神产生于创业者的创业行为过程中，而创新精神却不一定仅仅在创业活动中产生。创业是一个商业化行为，创业精神的内涵除了涵盖冒险意识、创新意识（这与创新精神高度一致），往往还致力于对财富的追求（例如美国刚建国时的创业精神）。创新精神并不强调个人对财富的追求，更强调创新结果对社会发展的贡献，即有益于人民。尽管创业精神和创新精神在内涵、应用范围、产生途径上有一些不同，但是两者均需要在实践中产生，而重点立足于服务初期创业团队的众创空间极大地增进了创客的创业精神体验。

精神体验离不开亲身实践，创业精神、创新精神需要在实践中体会和升华。创客工作生活在众创空间，身临其境积累创业所需的知识和经验，才能感受需要怎样的创业精神和创新精神，认识创业精神和创新精神的重要性。通过创业感受、感知，才能得出创业感悟，找出适合自身的创业方法。创业

[①] 张志宏，关成华，安道昌，等. 中国创业孵化发展报告 2017 [M]. 北京：科学文献出版社，2017：3 – 5.

精神、创新精神体验的层次是逐步深入的，由很小的念头到不成熟的思路，由不成熟的思路到清晰的逻辑，由清晰的逻辑转为坚定不移的创业理念，这个过程并不是一帆风顺的，需要历经波折，因此，创业精神和创新精神的体验是创业者能力提升必不可少的环节。

二、自主自导的实践学习是成长为创新创业人才的关键环节

"自主自导的学习是创客在创客空间中的主要学习方式。创客之间的互动孕育出了一种动态的具有极高合作性的学习行为，团队的力量以及同辈的支持、建议和协助在其中得到了很好的体现"[①]。创业者的成才成长根本还是需要通过自身的学习和实践。课程体系的设置和开展是推行创新创业教育的基础性工作，是创新创业教育的精神食粮，通过创新创业课程的学习和实践性教学方法的体验，能使创客转变创业态度。

深入观察取得成功的创新创业者，其中一个重要的要素就是学习兴趣。许多创业者尤其是年轻创客刚刚起步参与创新创业实践，大多数是为了兴趣与好玩，然后逐渐走上事业发展的轨道，这条轨道上布满了未知因素和艰难，如果缺乏兴趣，缺乏学习实践锻炼，就很难走得太远。

创客真正的主体是刚毕业的大学生，他们具备自我学习的能力，而且在实践中更倾向于自我学习。创客的自我学习除了具有时间碎片化特点，还具有问题导向型特点。创客的早期学习基于兴趣，但随着创业的深入，解决创业难题成为创客的首要学习选择，其所学习的知识和技能会集中运用于当下需要重点攻破的问题，学习和实践探索紧密结合有利于创客能力的快速提升。

这种学习具有极强的目的性和针对性。促使创客从兴趣学习转变为问题学习，不仅仅源于解决创业难题，还涉及创业成本的问题。创业团队和创业企业由于资金并不宽裕，如果在下一轮融资前没有取得良好的进展，创业预期成本就会提升，风险也会加大，一旦失去资金支撑，创业项目便很难继续推动，这会促使创客在学习中选择最迫切最急需的内容，尽快帮助企业解决难题，防范风险。

创客的自主学习实践是成长为一名创新创业人才的最根本途径。内因是事物发展变化的关键，外因通过内因起作用，无论众创空间提供多少好的创新创业课程，最终均需要在创新创业实践探索中内化为创业者的素质和精神

---

① 付志勇. 面向创客教育的众创空间与生态建构 [J]. 现代教育技术，2015（5）：20.

才能真正地被创客彻底领悟和掌握。

"很多学者认为无论是一般创业知识还是社会创业知识,很大部分都是难以编码化的缄默知识"①,"传统的课堂教学方法难以有效实现知识转移"②。为了解决这一难题,在创新创业育人过程中应特别重视体验性的成分,将体验性和实验性教学作为重中之重,使创业者能够通过体验学习提升创新创业能力和思想品德素质。"美国的一些大学深谙此道,实践性和体验性的教学在其社会创业教育中表现得非常突出。有研究者分析了107份美国大学社会创业课程的教案,发现75%的创业课程要求创业学习者参加'服务学习'或'经验学习'项目,并规定对于学生的总体评价在很大程度上取决于学生在这些项目中的表现"③。例如,杜克大学福克商学院,设立"影子"社会创业者课程,学习者在课程学习期间,近距离接触知名创业者,通过参与创业者日常工作和活动,身临其境地学习并提高分析决策能力,提升自身创业的素养。

体验性学习之所以成为众创空间育人的重要特征,不仅仅是创业者自我选择的结果,也和众创空间工作环境氛围紧密关联。我们以广州市众创空间"一起开工社区"为例说明。"一起开工社区"是一个由年轻创新创业者共建的跨界社区,从共享空间到协同创造与学习,"一起"致力于探索创新的社群化工作、学习与生活方式,培育可持续社区生态,促进每一个创新者的自我实现,创业者可以通过付费成为会员的方式,拥有自己的固定办公位置或者专属办公空间,亲身体验探索空间工作和生活。"一起开工社区"还拥有八条会员公约:每位会员都是社区的主人;尊重社区内的每一位会员;社区会员是观察者,发现社区问题应积极解决;社区会员是探索者,在社区获取灵感、引发改变;社区会员是共创者,为社区建设不断研究创造;乐于与其他会员资源共享,分享知识、技能与经验;乐于与其他会员相互学习、工作和创造;积极参与社区活动,共同营造欢乐的社区氛围,共同维护社区环境,爱护社区的物品,支持低碳环保,不浪费社区公共物资。社区会员公约可以激励创业者大胆地体验和参与社区学习生活,对提升创新创业能力有很好的

---

① TRACEY P, PHILLIPS N. The distinctive challenge of educating social entrepreneurs: a postscript and rejoin-der to the special issue on entrepreneurship education [J]. Academy of Management Learning & Education, 2007, 6 (2): 264-271.

② KICKUL J, JANSSEN-SELVADURAI C, GRIFFITHS, M D. A blended value framework for educating the next cadre of social entrepreneurs [J]. Academy of Management Learning & Education, 2012, 11 (3): 479-493.

③ 戴维奇. 美国高校社会创业教育发展轨迹与经验 [J]. 比较教育研究, 2016 (7): 37.

辅助作用，有助于塑造温馨积极的共同学习成长氛围。

三、校企共建创新创业实践基地是优化实践的重要途径

创客活动促进设计、制作以及科技工程学的发展，并能培育企业家精神，学校、企业联合培养创客是主流趋势。"奥巴马政府在 2012 年年初为 1 000 所美国学校引入创客空间，以培养新一代的系统设计师和生产创新者。2014 年 6 月 18 日，美国白宫举办首届创客嘉年华，同时也推出全民参与计划，使更多的学生和创业者能接触到创客所需的工具、空间以及导师。这些政策包括：让企业支持学校的创客空间以及课外计划，企业员工可以休假担任导师，企业成为创客空间的'大客户'，同时在校园为学生和社团建立更多的创客空间，并在国家、区域和地方各级层面，支持更好的硬件和软件工具，政府机构和社区团体可以实施类似生产设计聚集区的项目，让企业家创造更多的就业机会或举措。在学校、图书馆、博物馆和社区组织建立更多的创客空间，使大众能够有更多的接触创客导师和参与创客活动的机会"[①]。

目前很多高校将众创空间设为创新创业教育实践基地，与企业加强产学研的联合互动，另一方面，从科技园定位和功能上看，科技园在发挥高校教育功能的基础上，指导学生进行创新创业。如浙江大学 e – WORKS 创业实验室位于浙江大学科技园，致力于培育团队和发展项目，而后发挥孵化作用，帮助其产业化做大做强。

"高校通过科技园增强与众创空间的合作，合力开展创新创业教育具备优越的先天条件"[②]。要实现众创空间对大学生的创新创业服务功能，众创空间增强与高校、企业的联动既是必要条件也是必然趋势。2015 年 5 月起，一些省市陆续出台文件，规划高校建立众创空间，鼓励并支持众创空间在高校创新创业教育中发挥更大作用。比如，天津市教委出台文件明确要求，"到 2016 年，全市每所高校至少建成 1 个众创空间，全市高校众创空间超过 55 个，形成一批国内知名、特色鲜明的示范性高校众创空间"[③]。

"美国是世界上较早开展创业教育的国家，现已经有 1 800 多所大学和

---

① 付志勇. 面向创客教育的众创空间与生态建构 [J]. 现代教育技术，2015（5）：18.
② 王占仁，刘海斌，李中原. 众创空间在高校创新创业教育中的作用研究 [J]. 思想理论教育，2016（2）：90.
③ 天津市教委. 关于构建高校众创空间促进大学生创新创业的实施意见（津教委〔2015〕25 号）.

学院开设了2 200多门创业教育课程，有277个学位授予点，100多个创业研究中心，44种创业类学术期刊，200多个创业教育捐赠点。30多年来，美国创业学已成为美国大学尤其是商学院和工程学院发展最快的学科领域"[1]。哈佛大学、斯坦福大学、麻省理工学院、加州大学等高校一直走在美国各大学创新创业教育的前列，为进一步推动高校创新创业教育活动，麻省理工学院将校内的相关课程、出版物、科研与创业项目、研究中心、师资以及学生社团等创业相关的资源紧密地整合在一起，形成辐射大学及社区的创业生态系统。

人的自我教育具有能动性、自控性、有效性这三大特征。学校教育引导人进行自我教育意味着受教育者积极、主动地进行成才实践活动的自我设计、组织实施和自我调控，这种主体的能动性是自我教育的基本要求。而为了达到自我监控、自我反馈、自我调节的要求，就必须要求受教育者具有较高的自控能力，根据创造性实践的需要及时调整自身内在的素质结构，这就体现了自我教育的自控性。学校环境能够引导人形成自觉的习惯，使得人的自我成长具有自控性的优势，即能快速深入理解自身的发展需求，在协调成才过程内外因素之间的关系等方面具有优化的成效。

学校引导人实现自我教育对指导众创空间的人才培育具有重要的实践意义。一方面，自我教育有助于优化众创空间的建设理念，众创空间育人功能的发挥不能过度依赖创新创业教育，无论是创业导师还是创新创业课程，都是众创空间育人功能发挥的一个环节，而创客的自我教育自始至终都具有主体地位，众创空间需要更多地完善基础服务，为创客的自我开发提供良好的基础环境，而不是盲目过度干预。另一方面，自我教育有助于促进众创空间对创新型人才的开发。创客之所以能在众创空间发挥其能动性和创造性，其前提就在于创客具有自主性。创客只有切实地感受到自己是创造活动的主人，才能产生创造活动的热情，才能全身心投入创造活动的过程并关心创造活动的结果，才能迸发出想象力、意志力和创造力。研究表明，"能拿出原创性重大成果的人才，都具有独立自主的心理品格"[2]。然而，自我教育也是需要具备一定条件的，众创空间的创客流动性很强，涉及的创新创业领域也很广阔，没有任何一个独立的众创空间具备充足的时间、资金、创业导师帮扶和

---

[1] LUKE P, JASON C. Enterpreneurship education a systematic review of the evidence [J]. International Small Business Jour, 2007 (25): 479-510.

[2] 叶忠海，钟祖荣，沈国权. 新编人才学通论[M]. 北京：党建读物出版社，2013: 352-353.

指导所有的入驻创客，但是众创空间却能完善基础服务，尽可能地为创客自主发展和成长成才提供良好的环境和氛围。

四、高校创客空间为大学生提供了开放性实践平台

创业者在众创空间共享办公场地、融资支持、创新创业教学等众创空间服务，众创空间是创客共同的家园。互联网进入 4G 时代后，智能手机得到快速的应用，为众创空间创新创业实践活动的设计、组织、宣传等提供了便利的媒介，发挥着难以替代的助手功用。在这些因素的共同作用下，众创空间的开放性实践活动数量居高不下，是众创空间日常工作运营的一部分，如宁波中国科学院创客空间 2013 年成立以来，依托中国科学院信息技术应用研究院，在不足四年的时间吸纳会员 1 500 余名，举办创客训练营 10 多场，各类创客活动 200 余次（数据截至 2016 年 9 月份）。宁波中科院众创空间开发了创客空间教育云平台，依托云平台链接大城市学校创新创业教育资源，教师可以在云平台实现教育资源共享，云平台整合全国优秀学生创新创业案例，教学资源将 100% 开放给纳入云平台体系的学校。

分享经济的出现推动开放性实践的深入。分享经济是在互联网技术获得新发展的大背景下诞生的一种全新经济范式、商业模式、协同消费与生活行为方式，分享经济也被称为协作经济、对点经济、协同消费，用爱彼迎（Airbnb）首席执行官 Brian Chesky 的话来说，就是"使用而不占有"，分享的实质是使用。国内出现的滴滴出行、人人快递、小猪短租等创业公司的运营模式均建立在分享经济的理念上。分享经济的出现为推进开放性创业实践提供了好的条件与氛围。众创空间的经济模式也深受分享经济影响，是一种普惠型经济，公平、共享、普惠，每位创客都可以参与、分享、应用，寻找自身的价值。分享经济打通了创业资源、创业者同服务的链接、交互与融合，大大拓展了创业者的群体合作、个人生产生活方式，重构了关系模式、商业模式，促进了开放性实践活动的涌现，开放学习、开放体验、开放交流成为一种社会风尚。

五、多样化的项目选择为大学生个性化实践提供了可能

北京理工大学开展大学生创新训练计划，由专家、教授提供项目，学生提供研究爱好，进行项目双选会，多样化的创业项目为不同类型学生的个性化实践锻炼提供了可能。

亚马逊公司总裁杰夫·贝索斯说过："如果我的网站上有 100 万个顾客，

我就应该有 100 万个商店。"① 个性化配置是众创空间育人功能区别于传统创业教育的一个重要特征,从追求共性到转向个性化是众创空间未来的一个发展特点。"以互联网、3D 打印、硬件开源等为代表的技术革新,服务于创客群体,满足了个性化需求,实现了由奇思妙想转化为现实产品,使创意到创新到创业成为可能,创业门槛降低,创新创业主体的范围从社会精英走向大众草根"②。

乔布斯曾经这样说过:"大部分的时候,人都不知道自己想要的是什么,直到你展示给他们看。"不少众创空间致力于为不同创业项目发展的不同阶段量身打造解决方案,提供个性化、差异化服务。每一个众创空间经营方的主要优势也是不同的,比如,有擅长指导创业团队融资的众创空间,也有更擅长培养创业团队凝聚力的众创空间,不同众创空间的基本服务内容虽然大抵相同,但由于服务领域涉及场地、技术支撑、企业注册、投资融资、市场渠道、政策信息等多个方面,细分之后就必然会有差异,差异性也是竞争的需要,为了吸引更优秀的创业者和创新创业项目,众创空间纷纷推出个性化的教育配置,服务创新创业,如福州市"我想创业"众创空间就为不同阶段的创新创业项目量身打造方案,从"问题"诊断到"需求"预警,再到"发展"前瞻,及时提供不同的教育和资源服务。宁波中科院创客空间合作的大学、中学众多,充分利用学校和社会的资源优势,结合创客特点,不断探索创客教育的课程体系、教学内容、教学方法、人才培养等教育教学改革,根据创客年龄的不同配置了个性化的创客课程,为 11~17 岁的创客设计了 3D 打印专项课程,为 12~21 岁的创客设计了 Arduino 入门课程。

如果依靠传统的市场调查和分析方法,是没有办法定位到每个人的需求和感知的,然而这种需求在大数据时代却具有了实施的可能,通过用户数据路径的全程记录以及分析研究,未来每个人都在互联网上保存自己的数据资产,每个人都是可以被技术定位和被链接的。入驻所有众创空间的创业者都有信息登记,众创空间主办方可以根据创客信息的分类情况,提供针对性教学和课程设置,充分尊重创客成长进步的个性化。

第四节 创新创业竞赛能力的培养

人才的成长成才有其自身规律,大学生创新创业能力的提升也有阶段性,

---

① 连玉明. DT 时代——从互联网 + 到大数据×[M]. 北京:中信出版集团,2015:44.
② 邵用新,倪芝青. 关于众创空间的理论研究及思考[J]. 江苏科技信息,2016(6):4.

智汇北理·创梦机械

针对不同阶段的大学生创新创业能力培养，建设相应的大学生竞赛平台，才能更好地发挥竞赛平台的育人效果，助力高校创新创业人才培养。北京理工大学机械与车辆学院在几十年的创新创业竞赛平台育人方面形成了丰富的成果，建立了低年级学生参与巴哈车队，高年级学生参与无人车竞赛，研究生、博士生参加中国"互联网+""创青春"创新创业大赛的梯队培养模式，通过跟踪调研初步探索出了创新创业竞赛分级培养的规律。

一、大学生创新创业竞赛平台的组成与功能

通过创新创业竞赛的教育模式是指高校以指导和推进大学生参加创新创业竞赛活动为基础和主要手段，通过整合比赛、师资、孵化基地、企业等各种资源来开展创新创业教育，以"挑战杯"创业计划竞赛为龙头的大学生创业竞赛活动，吸引了众多学生参与，与"互联网+""创青春"等国家赛事、地方赛事和学校赛事共同构成了创新创业竞赛平台①。

研究表明，创新创业竞赛是学生自我实现和检验高校开展的创新创业教育成效的重要途径之一，众多行业顶尖人才发迹于创新创业竞赛，创新创业竞赛的机制对手无寸金的学生来说百利无一害，不仅规避了实际创业中可能遇到的金融法律等风险，也为学生提供了运用所学知识解决现实问题的机会，还可以与不同学科专业背景的同学合作，学习团队合作精神。因此，大学生参加创新创业竞赛的过程就是培养创新能力和团结协作的精神，以及锻炼心理素质和实践能力的过程，是提升大学生创新创业能力的有效途径。

二、大学生创新创业竞赛平台存在的问题及成因

1. 高校创新创业教育理念存在误区

科学的理念是促进事业发展的先导。创客创业和其他创新过程一样，充满冒险和不确定性。创业结果虽有不同，但高校众创空间、创客空间、大学生创业园作为一个开放空间，给所有参与创业者们提供的服务、机会是均等的，它并不能预见谁是最终的成功者而给予不同的优待。人才的成长发展从来不是单因素作用下的结果，而是各种内外部因素相互作用下的一种综合效应。内在素质是人成长成才的决定性因素，但是素质的优化提升受到内外部因素之间错综复杂的影响。创客创业的成功，是创客们充分发挥主观能动性，

---

① 梁康建. 创业竞赛对高校师范生创业能力培养的作用研究——以岭南师范学院为例 [J]. 高教学刊，2018（14）：35-36，39.

合理利用各种外部条件，并通过创新实践，促使自身素质尤其是创新能力不断提升的综合效应。

2. 高校专职创新创业导师难以满足需求

创业导师是指在创业过程中能够对创业企业、团队或个人提供观念引领、知识传授、能力辅导的创业人才。大学生创新创业教育涉及法学、心理学、管理学、经济学、教育学等多个学科门类，对创新创业导师的素质和能力要求是极高的，虽然创新创业教育在近20年得到不断重视和加强，但目前绝大多数高校普遍缺乏优秀的专职创新创业导师，创新创业导师无论在数量上，还是在专业结构上离实际育人需求都有较大差距，这种矛盾将在未来很长一段时期内存在。课题组研究人员2014—2017年对全国300多家众创空间（含高校众创空间）的调研数据显示，针对"创业导师的数量能够满足教学需要"这一选项，48.61%的受访者选择"非常不符合"，选择"有些不符合的"占比21.67%，两者合计超过七成。受高校科研、教学、职务晋升等评价机制影响，很多老师对比赛指导投入精力不多，学生在参加创新创业赛事中能力提升有限，这也是制约创新创业平台育人功能发挥的一个因素。

3. 高校创新创业教育理论有待完善

创新创业教育在我国开展得较晚，在理论支撑、研究范畴等方面存在着不足，并没有形成完整的学科，其支撑体系有待进一步完善。需要从学科建设、师资支持、实践支撑等多方面着手，塑造具有中国特色的创新创业教育新生态，这需要解决一系列问题，必须坚持资源配置的市场化原则，育人方式的个性化原则，效果评价的动态性原则，用人育人的一体化原则，多方协力的生态性原则。

4. 高校创新创业竞赛参与面和服务效果有限

首先是创新创业竞赛参与面依然较窄。大赛设置上为大多数学生报名参与提供了机会，事实上由于受高校教学资源、实践场地、创业经费、创业导师等很多因素影响，一些重要的创新创业大赛多是由少数综合能力较强的学生参与，受众面并不广泛，被一些学校视为"精英学生"赛事。另外，高校创新创业竞赛平台的服务效果受资金、场地、时间、教师水平、人力、制度等多方面交叉影响，高校创新创业竞赛平台并没有发挥出最大功能。

三、大学生创新创业竞赛平台的优化措施

一是转变理念。大学生创新创业竞赛是提升大学生创新创业能力的有效途径，也是开展新时期思想政治教育的重要载体，并不是可有可无的，必须

改变部分教育者对竞赛育人的附属地位认识，增强对创新创业竞赛育人重要意义的认识。要依据学生的不同阶段，因材施教进行创新创业教育，激活学生创新意识，提高学生创新认识，增强学生创造能力，在一定范围内形成良好创新创业范围。

二是优化师资。高校缺乏专职的创业导师已经是不争的事实，兼职的创业导师并不能取代专职创业导师的职能，需要通过探索建设一支数量充足、结构合理、素质优秀的创业导师队伍，提供教育资金帮助创业导师参加培训学习和参观考察、赛事观摩，充分发挥创业导师在育人中的作用。实施"人才强校"工程，成立一支理论与实践相结合、校内与校外相结合、专职与兼职相结合的创新创业指导师资队伍，组织教师参加以创新创业为主题的校内外、境内外培训，学习先进的教学理念、开阔国际视野、提高创新创业教育"软实力"[①]。

三是分类培养。针对不同年级、不同阶段的学生，为其推荐与自身能力相适应的比赛，增强匹配度，形成本科生、硕士生、博士生、博士后、在职老师层层递进的培养模式，切实提高学生在创新创业比赛中的角色感，激发其内在学习进步的动力，促进创业人才的成长。进一步打造立体化、全方位、全过程的创新创业教育基地，并对建设创业实践基地给予人力、物力、财力上的支持，充分调动师生参与实践基地的积极性、主动性，营造良好的创业实践氛围，为学生接触生活、接触社会、接触生产实际创造条件，促进学生创业能力的形成，通过综合素质养成，从根本上提升竞赛能力[②]。

四是制度保障。组织保障与制度保障是高校创新创业教育的重点，通过制定相关文件，从制度上对创新创业竞赛在资金、学分认定、职称考评、职务晋升等方面进行保障，形成长效机制。具体而言，探索成立创新创业教育工作领导小组，由院长任组长，学生工作分管副院长和教学工作分管副院长任副组长，人力资源部、科研院、教务部、财务部、学生工作部、团委、学生创新创业实践中心等职能部门参与的领导机制。二级学院设立创新创业教育专职学生干部，学生班级设立创新创业教育委员，形成校、院、班三级组织。不断修订和完善创新创业教育管理办法、学生创新创业学分积累与转换管理办法、创新创业教育质量监控管理办法等文件，从制度上保障学分转换、弹性学制、学籍管理的顺利实施。建立专业的学生竞赛指导教师团队，保障

---

① 李苏燕，黄道平．创业教育模式新视点："三段式·全程化"[J]．职教论坛，2015（14）：18-21．

② 同上。

参赛的稳定性和延续性。

五是强化实践。创新创业能力最根本的途径是在实践中锻炼和提升，通过建设和优化校内外创新创业基地、创客空间，为学生创新创业实践提供场地保障。探索"双休日"和寒暑假实践模式，将创新创业教育相关的选修课、讲座、项目训练、成果展示，社团活动等进行整合，在课余时间搭建各类创新创业实践平台，如创业心理实训、创新创业技能培训、创业融资能力、商务礼仪、演讲能力等，为提升创业比赛竞争力积蓄知识和能量。

四、高校创新创业竞赛平台优化的案例分析

多年来，机械与车辆学院坚持以人才培养为内核，发挥多方合力优势，探索和构建新时代高校创新创业竞赛平台新生态，推动"三全育人"落到实处，服务学校"双一流"建设目标。在提升创新创业竞赛平台育人效果上，采取了一系列措施。

（一）完善理论指导

科学的理论能够极大地提升大学生创新创业竞赛的效果。一是协同创新理论。"协同创新"是指创新资源和要素有效汇聚，通过突破创新主体间的壁垒，充分释放彼此间"人才、资本、信息、技术"等创新要素活力而实现深度合作。协同创新的有效执行关键在于协同创新平台的搭建，而机械与车辆学院大学生机械创新创业实践中心正是这样的平台。二是创业生态理论。大学生是创新创业竞赛的主体，围绕主体配备导师、场地、设备、制度、研发资金，把课程教学和实践相结合，把人才培养和竞赛指导相结合，形成一个稳定的创新创业竞赛生态循环，这方面的理论仍需加强。三是人才学理论。马克思主义人才学认为，创造性实践是培养人才的必然途径，内因是人成长成才的关键，外因是人成长成才的条件，人才的成长成才有科学规律，需要在竞赛指导中坚持人才培养的规律。通过综合应用协同创新理论、创业生态理论、人才学理论，为协同型创新创业竞赛平台建设提供坚实的理论支撑。

（二）形成制度支撑

党的十九届四中全会对推进国家治理体系和治理能力现代化进行了系统论述，提出要"坚持和完善共建共治共享的社会治理制度"和"健全公共安全体制机制"，这不仅是国家治理的需求，也对创新创业竞赛平台建设同样具有指导意义。为了提升竞赛育人的成效，过去10年间，学院围绕赛车队的安全生产与研发、财务报销、企业赞助、队员培养、比赛选拔、实践积分认定等方面建立了相应的管理办法和制度。由于创新创业竞赛具有静态和动态

双重属性，管理制度和办法也需要因时制宜，因地制宜，进行相应的完善，为协同型创新创业竞赛平台建设提供稳健的制度支撑。

管理制度需要因时制宜，节能车和智能车比赛进入第 15 年，方程式赛车比赛进入第 10 年，每一个赛季结束后，赛车队都会修订本车队的管理手册。为了更好地筹备 2020 赛季比赛，为人才培养、车队管理提供制度支撑，赛车队于 2019 年 12 月—2020 年 1 月修订管理手册。确保 2020 赛季每个车队 1 个管理手册，BIT 创谷一个总体管理手册，涵盖安全研发、队员招新、规则学习、导师指导、进度管控、财务报销、成果应用、商业赞助、文化建设等板块，促进协同型创新创业竞赛平台的建设。

（三）促进成果应用

10 年以来，上千名学生在各类创新创业竞赛中得到实践锻炼，在人才培养上取得了突出成绩，产生了毕业论文、科研论文、专利、创新创业大赛奖牌等成果，也诞生了优秀的创新创业公司，如中云智车等。学院将继续为学生的竞赛科研成果推向现实应用提供相应的指导和支持，为进一步优化创新创业竞赛平台不断努力。

第四章　创天地

—— "三全育人"视域下的创新创业教育体系

2017年中国大学生方程式汽车大赛（FSC）参赛合影

教育部在《关于大力推进高等学校创新创业教育和大学生自主创业工作的意见》中指出，在高等学校开展创新创业教育，积极鼓励高校学生自主创业，是教育系统深入学习实践科学发展观，服务于创新型国家建设的重大战略举措；是深化高等教育教学改革，培养学生创新精神和实践能力的重要途径；是落实以创业带动就业，促进高校毕业生充分就业的重要措施。

在"互联网＋"大时代背景下，当今世界正在发生深刻的变革，随之而来的便是社会对人才也呈现出多样性、全面性、创新性的要求。目前来看，要适应社会需求不仅应具备扎实的基础理论和技术，还应具有创新意识和创新思维，这就需要新的教育内容、教育形式、教育体系来培养新的人才。创新创业教育总体以培养学生的创新精神、创业意识、提升学生创新创业能力为目标，为学生的创新创业提供理论基础和实际指导。以长远的眼光来看，高校还应以全过程培养为核心，全面推动创新创业教育与课程教学有机融合，大力推广创新创业教育与实践教学深度融合，积极构建创新创业教育体系。

针对以上背景，机械与车辆学院以大学生机械创新创业实践中心为依托，将创新和创业教育融为一体，建立一体化视域下的创新创业实践培养平台，让创新带动创业，让创业激发创新活力，使得二者上下联动，互相融合促进。同时，学院以"提升学生实践能力，培养学生综合素质"为目的，秉承着"育人为本，科研先行"的理念，创新性地提出了TIPO人才培养模型，建立了"低年级实践学习－高年级技术创新"的梯队化、体系化科技创新培养体系，创建了"全员、全过程、全方位"科技创新指导体系与模式。做到目标明确，针对不同阶段的学生，制定不同的创新目标，制定不同的人才培养方案；保证体系完善，为创新创业人才培养提供稳健的制度支撑，为学院创新创业教育工作保驾护航。

第一节 一体化视域下的创新创业实践培养平台

自从教育部持续在各大高校推进"我的中国梦"主题教育以来，各高校都积极响应号召，广泛开展指导和促进大学生实现其"创新创业梦"的活动，开设有关创新创业的教育课程，为实现其梦想提供坚实基础。教育部在关于提高高等教育质量的30条中也明确提出"把创新创业教育贯穿人才培养过程；支持学生开展创业训练"。

智汇北理·创梦机械

当前，伴随着互联网产业的高速发展，大数据、人工智能、物联网、智能制造等科学技术也得到了飞速的发展。在"互联网+"的大时代背景下，传统的产业和技术都得到了颠覆和革新，每个企业都在不断提升自己的核心竞争力，但主要的竞争还是在人才方面，而且创新创业能力是人才培养环节中的核心能力。当今世界在互联网的浪潮中正在发生深刻的变革，这就需要新的教育形式来培养当今及未来社会中适用于经济发展所需要的人才，而创新创业教育就是要以培养学生的创新精神、创业意识、提升学生创新创业的能力为目标，为最终实现学生的创业提供理论基础和实际指导。

我国的创新创业教育随着"互联网+"的快速发展不断地推进，创新创业教育深化改革的体现是国家实施创新驱动发展战略。国务院办公厅在2015年5月发布了《关于深化高等学校创新创业教育改革的实施意见》（以下简称《意见》），该《意见》将高校创新创业教育改革的总体目标分为2015、2017、2020三个阶段（如图4-1所示）：第一阶段，2015年起全面深化高校创新创业教育改革；第二阶段，2017年取得重要进展，形成科学先进、广泛认同、具有中国特色的创新创业教育理念；第三阶段，到2020年建立高校创新创业教育体系。

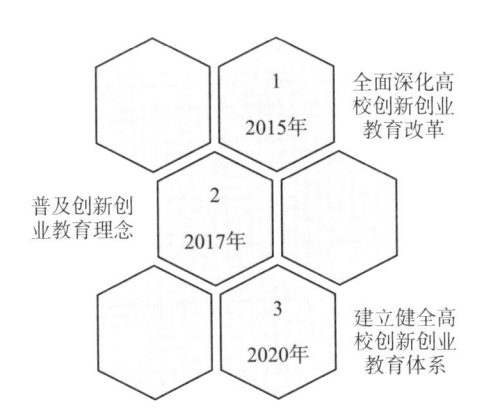

图4-1 创新创业教育改革的总体目标

教育部作为主管高校教育的部门，早在2012年就发布了《普通本科学校创业教育教学基本要求》，文件中明确要求普通高等学校创业教育教学内容以教授创业知识为基础，以锻炼创业能力为关键，以培养创业精神为核心，从课堂教学、课外活动、社会实践这三方面来开展工作。因此，如何更好地开展创新创业教育工作是当前高校面临的一项重要任务。

一、创新创业一体化实践的内涵

创新和创业是一个有机整体，创业实际上就是一种创新活动，而如何创新也决定了创业的成功与否。应该将创新和创业融为一体，建立大学生创新和创业相互融合的一体化平台，让创新带动创业前景，让创业激发创新活力，二者紧密联系，形成新的教育体系。

要做到以上这些要求，就必须深入理解创新创业教育的实际内涵，深刻认识到高校创新创业教育的关键在于实践活动的有效开展。一般情况下，实践活动包括了创新实践活动和创业实践活动。创新实践活动的重点在于培养学生的创新精神和创造性思维，提高学生创新的实际操作能力；而创业实践活动更侧重于培养学生的创业基本技能和方法。一些学校在开展创新创业教育时没有将二者有效融合，而是使双方相互独立，缺乏一体化意识，取得的效果不尽如人意。相反，将二者有机结合开展的活动，不仅提高了学生的创新能力，更激发了学生的创业激情，二者相得益彰，事半功倍。所以，只有使二者有机融合、成为一体才能够使创新创业教育活动取得更大的效果。

创新创业一体化实践是实现创新与创业、专业与实践深入融合的有效途径，是建立创新创业教学体系的基石，其实现途径主要包括以下三个方面：第一，创新创业一体化实践的硬平台建设，包括创新实验室、创新实践平台等硬件设施；第二，创新创业一体化实践平台的软平台建设，包括创新创业课程体系、实践活动的开展等软性环境；第三，有效的运行机制；第四，融合自身特色的教学模式。

二、构建创新创业一体化实践平台的意义

教育教学一体化视域下的创新创业实践培养平台如图4-2所示。

构建创新创业一体化实践平台对于体现共建共享的创新创业教育思想、树立创新创业教育新理念和弥补创新创业教育在实践教学上的不足都具有积极的影响。

（一）体现共建共享的创新创业教育思想

首先，建立创新创业一体化实践平台为学生能够实现创新、创业实践提供基础和保障，有利于学生之间创新想法的交流和互动。将创新作为创业的基础，并将创新的想法融合到创业的实践中去，潜移默化地提高学生的整体创新和创业水平，体现"融合式"的教育思想。其次，一体化实践平台能够有效解决各部门之间的"信息孤岛"的问题，能够打破不同管理部门和不同

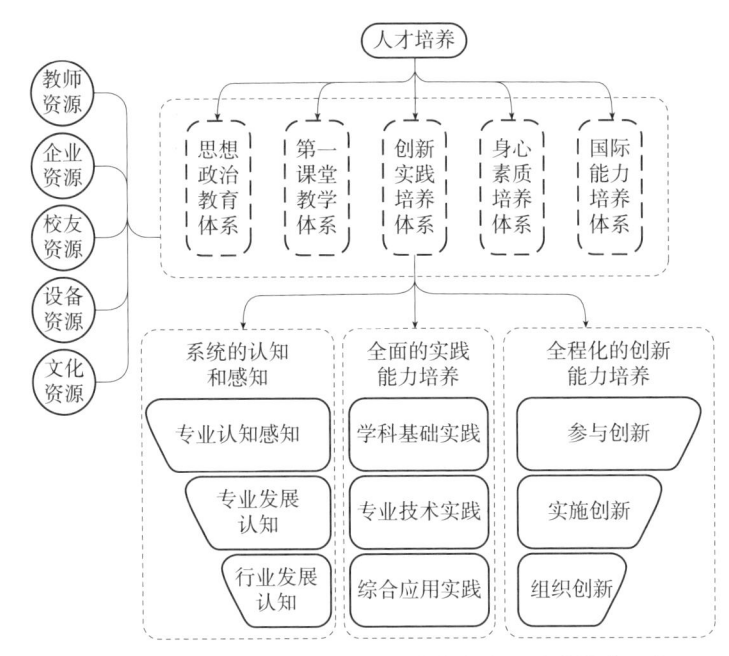

图 4-2　教育教学一体化视域下的创新创业实践培养平台

院系之间的隔阂，实现跨学科、跨部门、跨领域的创新创业信息的共建和共享。

（二）树立创新创业教育新理念

高校在创新创业教育方面普遍存在创新和创业分离的问题，存在"两张皮"的现象。创新创业教育不仅仅是简单地鼓励学生去自主创业，而且要更多地要培养学生的创新意识，提高学生的整体素质，让学生不仅仅是将知识和想法局限在书本内容中，更重要的是要体现在实践中，最终培养出高素质的创新创业型人才。要达到这个目标，熟练的专业知识是创新创业的前提和基础，但后续通过实践获得创新意识、方法的积累更为重要，这就要求学校具有一个能够融合理论知识、创新实践、创业实践的一体化平台，为创新创业提供项目支持，而后续的实践经验也为创新带来新的思路。

（三）弥补创新创业教育在实践教学上的不足

与国外发达国家相比较，虽然国内的创新创业教育正处在蓬勃发展的阶段，但是仍存在着一些问题，如学术研究缺乏系统化与深化、课程体系有待进一步提升、理论课程普遍缺乏实践教学等。现有的创新创业教育模式通常仅仅是理论知识的传授，学生缺乏相应的实践机会。通过创新创业一体化的实践平台，既可以满足学生的实践需求，让理论知识与课外实践并重，还能够通过实践来加深学生对于知识的理解，激发学生的学习兴趣。

三、构建创新创业一体化实践平台的模型

（一）模型构建

创新创业一体化实践平台应以学生为中心，依靠校内外导师、企业、社会的力量进行搭建。结合学校的自身办学特色，建设有自身特色的集创新实践功能、创业实践功能、创新创业理论课程为一体的创新创业实践平台，具体模型如图4-3所示。

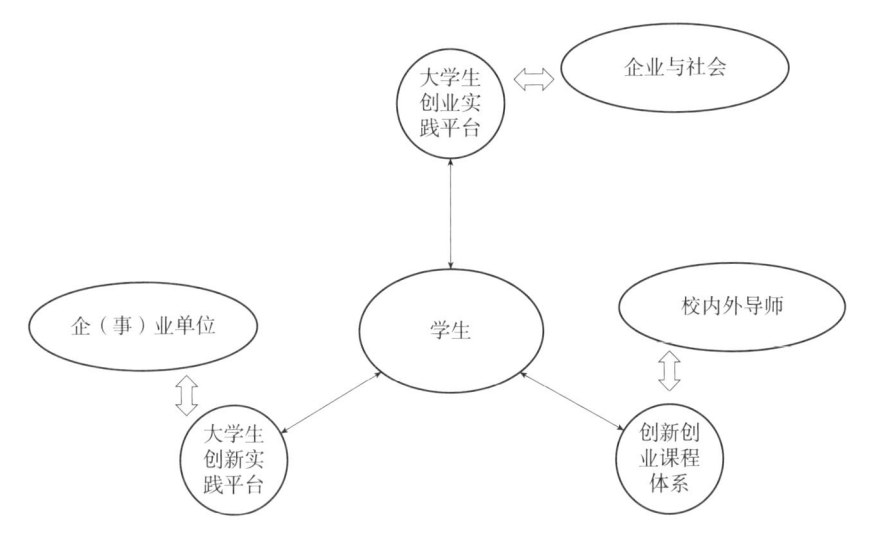

图4-3 创新创业一体化实践平台的模型图

（二）建设内容

创新创业一体化实践平台主要包括两个硬平台和一个软平台的建设，具体结构如图4-4所示。

大学生创新创业一体化实践平台

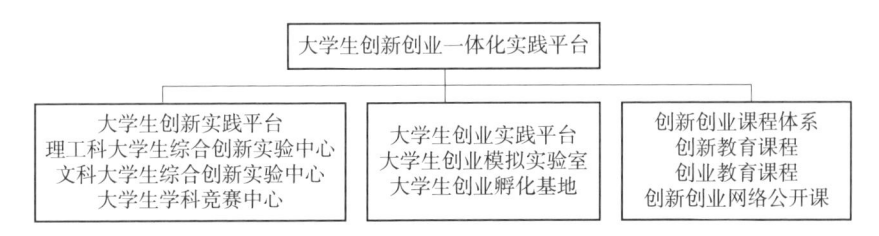

- 大学生创新实践平台
  理工科大学生综合创新实验中心
  文科大学生综合创新实验中心
  大学生学科竞赛中心
- 大学生创业实践平台
  大学生创业模拟实验室
  大学生创业孵化基地
- 创新创业课程体系
  创新教育课程
  创业教育课程
  创新创业网络公开课

图4-4 创新创业一体化实践平台建设的结构图

1. 硬平台的建设

(1) 大学生创新实践平台的建设

建成一批受众学生广、定位明确的高校大学生综合创新实验室。综合创新实验室不同于基础类的教学实验室和科研实验室，它的定位处在两者中间，主要是服务于大学生的科技创新实践活动，满足学生科研之外创新的需求，对全体学生都开放的创新实践活动平台。

(2) 大学生创业实践平台的建设

建设与社会企业互动性强、功能设施齐全的校企合作创业实践平台。大学生创业实践平台与隆德大学的创业实验室的模式类似，主要是为大学生的创业提供相关技能培训和提供创业相关的实践活动的咨询等服务。通过创业模拟实验室来增强学生的知识转化能力和动手能力，最终以提高大学生的创业能力为目标。例如北京理工大学孵化器作为国家级科技企业孵化器，建设了以法律知识产权服务、人力资源服务、企业基础服务、企业财务管理服务、企业诊断服务、市场推广服务、创业培训服务、投资融资服务、创业服务等多种服务为内容的孵化器，为大学生创业提供了便利。

2. 软平台的建设

(1) 大学生创新创业课程体系的建设

建设内容多样、层次丰富、形式灵活的大学生创新创业课程体系。我们需要依托校内外优质的师资力量，组建一支兼顾创新创业理论知识和创新创业实践经验的指导教师队伍。通过校企合作，让企业为学校提供有关的实践经验对高校现有的创新创业课程体系进行改进，建成具有实际基础、根基稳固的课程体系。课程体系不要局限在选修课、通识课和网络公开课，更要将最实用的课程列为学生的必修课，提高学生的整体创新创业素质。

(2) 结合平台进行统筹管理

一体化实践平台是为了让资源更好地共享，是可以将学生的创新成果直接转化为创业实践的平台，也是和校外企业进行对接的开放型平台。通过科学的统筹管理，可以将各项活动的参与者和功能完美地衔接起来，保证系统的高效有序运行，充分发挥学生的创造性和主动性，让创新为创业提供动力。打破各项学科和专业的屏障，让不同专业、不同院系的学生都能够处于同一平台下，相互之间没有隔阂。一个创业的实践项目可能会用到不用的专业知识背景，只要学生感兴趣就可以参与其中，基于案例进行学习实践，而不是基于特定的专业和院系，实现功能最优的一体化实践平台，让学生根据自己的兴趣主动学习。

（3）建立线上和线下督促机制

为防止部分学生选了课程但没有后续的学习进度，学习平台可以识别每个学生的学习进度，并将学习进度落后的学生进行标记，并向与学生对应的指导老师进行及时反馈，让指导老师督促学生完成相应的任务和进度，对于按时完成进度或者超额完成进度的学生进行一定的奖励，从而有效降低学生的惰性、提高学生的积极性。

（4）开展创新创业沙龙

利用创新创业实验室的有效资源，定期开展创新创业的沙龙，让经验不同、专业不同的学生和老师进行创新创业的交流分享，收集每一期没有得到解答的学生的问题，发布在创新创业教育平台，广泛征求学生、老师、企业的意见，也可开设一个解答问题的专题活动，让学习更有针对性和实用性。将线下平台和线上平台进行完美结合，使得资源利用得到最大化。

（5）创新创业活动分阶段进行

创新创业活动分阶段进行就是说针对不同年级的学生展开难易程度不同的创新创业活动，当然对于那些能力较强的学生也不局限其能力，通过解锁就可获得更高难度的创新创业活动。将专业知识和技能培养紧密结合，通过团队合作和协作，在整个过程中始终贯穿学生能力的培养，充分发挥学生的主动创造能力。

（三）实践教学模式

创新创业一体化实践平台建设的最终目的是为了创新创业人才的培养，在实践中不断摸索出创新创业一体化实践平台的最佳运行机制和实践教学模式是构建一体化实践平台的重要工作。

创新创业一体化实践平台底下包含了很多小的子平台，每个子平台之间既相互独立又紧密联系，每个子平台之间相互协调、功能反馈，最终组成一个完整的大平台。针对不同年级的学生，按照实践难度的不同可分别开设"初级实践平台""进阶实践平台"和"终极实践平台"；针对不同专业背景的学生，可根据分工合作的不同和是否跨专业实践分别开设"互帮互助团队""专业实践团队"和"联合创业实践团队"，形成三个不同阶段跨越不同专业的实践模式。第一阶段是初级实践平台与互帮互助团队进行结合，学生之间通过互帮互助的方式，在子平台上通过课程的学习和实验的研究来进行初级的培训和提高，主要目的在于为后期更高难度的实践打好扎实的理论基础和基本技能，形成一定的创新创业的思维方式；第二阶段是进阶实践平台和专业实践团队的结合，具有相同专业背景的学生之间组建团队，以大学生创新创业训练项目为目标，通过在平台进行相应的实践训练进一步提升专业技能，强化学生对于创新创业的意识；最后一个阶段是终极实践平台和联合创业实践团队的结合，以第二阶段取得的创新结果为起点，跨越不同的专业组建联合创业实践团队，对真实的整个创业环境和流程进行模拟，包括整个公司的工商注册、后期市场营销等流程。

创新创业一体化实践平台通过对各个子系统的整合、各项信息的共享和相应的统筹管理最终达到实践教学平台的效率最优。以学生为主体划分为三个不同阶段并跨越不同专业，形成导师积极带动学生、学生踊跃参加课题、根据课题需要协同合作的积极的正反馈的教学模式。在人才的培养过程中，调动学生参加课题的积极性，以培养学生的创新创业能力为点，以开展创新创业活动为线，以各项不同功能的子系统为面，最终构建出"点线面"结合的一体化的创新创业实践平台。

（四）建设步骤

第一步，管理机构和保障措施的完善。针对创新教育和创业教育"两张皮"的问题，创新创业一体化实践平台的平稳运行需要完善的管理机构，不仅需要对各个子平台日常运行的垂直监督，还需要管理部门统一调配资源。将学校的人事、财务和各学院的管理机构都联合起来，通过制定有关的激励政策，保证每个子平台都高效运行起来。

第二步，学校各项资源的整合和重建。根据创新创业一体化实践平台的建设目标，对各学院现有的对创新创业的投入和建设进行全面的梳理，搞清楚目前的各项进度，为后期的资源整合和重建提供依据。

第三步，建设结构合理、实战经验丰富的指导教师团队。教师团队的建设不要仅局限在现有的教师队伍中，还可从具有创新创业实践经验的合作企业、校外的导师、博士中挑选。

第四步，边实践边总结经验。以建设创新创业一体化实践平台的目标为导向，对实践过程中遇到的问题及时总结，不断地调整和优化，始终保持一个动态变化的状态，坚决抵制"一劳永逸"的现象。当平台在后期处于一个较为平稳的运行状态时，看向更高的标准，以建成创新创业人才的培养基地为决心进一步挖掘平台的功能和潜力。

第五步，加强与企业和校外实践平台的交流和合作。在前期的平台建设中预留与校外平台对接的接口，通过与校外平台的对接，让创新创业平台的功能更加丰富，让学生更加真切地体会到企业的运行规则，打开学生创新创业的思路。除了与校外企业进行合作，还可与地方政府开展有关交流，进一步开放创新创业一体化平台，推动校内外实践平台的合作，形成学校、企业、政府三赢的良好局面。

（五）具体实施

创新创业一体化实践平台是以创新创业人才的培养为最终目标，分别从实践的软、硬件入手，具体工作的实施应从横向和纵向两方面分别展开。横向包括了创新创业课程的建设、创新创业模块的建设和学生团体的建设。纵向主要是对横向的进一步细化和拓展：第一，创新创业课程的建设包括理论课程、引智课程和网络课程的建设；第二，创新创业模块主要包括专业资格证书的发放、项目竞赛的开展和专业平台的开放；第三，学生团体包括学生工作室的建设和创客空间的建设，具体实施过程如图4-5所示。

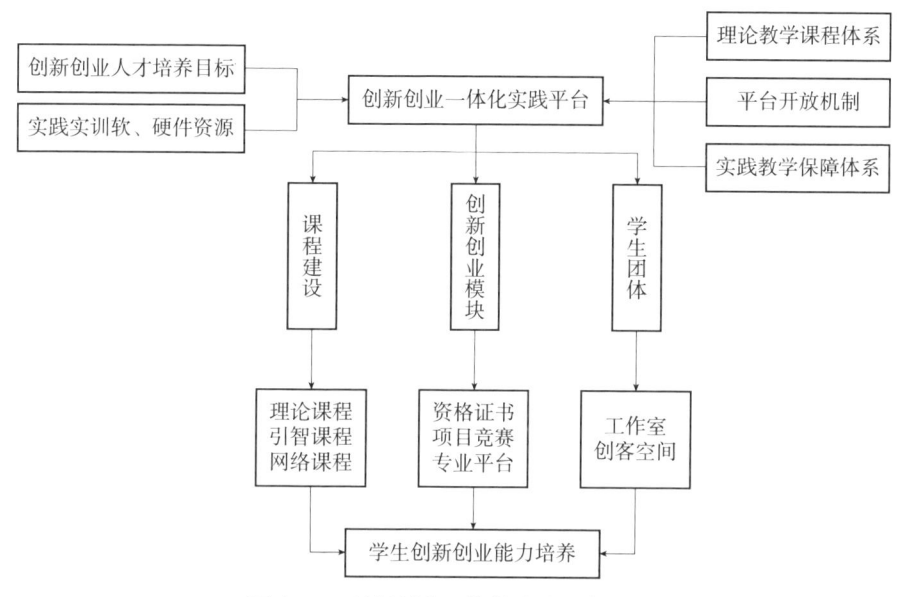

图4-5 创新创业一体化实践平台设计

1. 创新创业学分的设置

创新创业人才的培养也就是应用型人才的培养，通过开设不同的创新创业实践课程来设置创新学分，要求学生根据自己的兴趣爱好来选择课程，最终取得创新学分。创新创业实践课程有学科知识竞赛、大学生创新创业项目训练和不同类别的创新训练及实践。个性化的实践教育有技能培训、工程设计、专业知识拓展和综合大实验等实践教学环节。除此之外，还包括了通识课和拓展课，通识课重在培养学生创新和创业的思维，拓展课更侧重于不同社会文化的志愿实践活动。

2. 增加创业理论课程和引智课程

除了理论课程外，还配合教学进度开展不同难度的创新创业项目，在创新创业项目中融入课程知识和系统的专业创业知识。注重不同专业和课程之间的联系和衔接，让学生构建更加系统和完整的课程知识体系。

3. 提升学校实训、实践平台和建设水平

通过平台建设和发展，使学生创新创业活动落在实处，提升平台建设水平，充分发挥创新创业一体化平台不可替代的作用。

4. 组织成立创新工作室和创客空间

以学生为主体，让学生自己创建创新工作室和创客空间，全程由学生自己主导，自主建设工作室的运行机制、目标定位、计划安排、方案设计等。给予学生足够的空间，激发学生的创新思维，提高学生的自主动手能力和统筹安排能力。

四、创新创业一体化实践平台未来的发展方向

近年来，各大高校对大学生的创新创业能力越来越重视，资金和人员投入也在不断地增加，每个高校都在积极探索适合本校学生发展的创新创业教育体系。

创新创业的一体化发展已经成为一个共识，学校结合自身的办学特色和发展现状，配套相关课程体系和指导教师，投入大量资金，正在建设一批融合了自身特色的大学生创新创业实验室和创新创业实践平台。未来各大高校的竞争体现得更多的是创新型人才的竞争，未来的创新创业一体化实践平台的建设主要包括以下几个方面：

1. 重视创新创业课程体系建设

开设必修课、校级公选课、网络慕课等囊括创新创业内容的课程，并开设形式多样、内容丰富的创业特色兴趣班、创业培训班，保证修读学生不低于全校学生总人数的80%。

2. 强化对外开放

未来将更加重视一体化平台对社会的开放，通过产学研合作与地方或大型企业加强交流，积极引入校外创新创业导师，开展一系列校外企业实践和创业孵化活动。

3. 推行一体化平台的普惠式管理

通过加强管理与创新，持续扩大一体化平台资源在学生中的受益群体，每年在该体系平台内开展相关实践活动的学生人数超过85%，使得创新创业

教育进一步促进学生的就业能力和创新能力。

未来的人才教育重在理论教学和实践教学的融合，要求学生做到真正的"知行合一"和"学以致用"。我国要建成社会主义强国，最终依靠的还是创新创业类人才。在时代发展的新要求下，要注重培养学生的创新思维，让他们在更加激烈的人才市场竞争中立于不败之地。高校作为培养创新型人才的重要阵地，要不断对实践教学进行改革，激发出学生的创新意识，让学生从"应试教育"的思维中走出来，创新教学的方法，以竞赛、项目、工作室的形式唤醒学生的潜能，提高学生的创新创业能力。经过系统的课程培训和实践教学，让学生建立更加系统和完整的专业能力，更利于养成学生的创新创业精神。让学生自己去运行创客空间和工作室，充分调动了学生的自主能力，既发扬了学生的个性，又优化了人才培养的方案，完成人才培养模式的改革，使学生体会到自己"当家作主"的乐趣，从传统的老师教学生的被动式的学习方式转化成学生的主动参与，对激发学生的求知欲和认识兴趣起到积极作用，间接提高了学生的创新和创业能力。

创新创业一体化实践平台的建设是时代的发展需求，它不仅能够激发学生的主观能动性，还能够让高等教育突破理论、实践的分离和能力培养、社会需求的脱节，开创新时代背景下中国高等教育的新天地！

第二节　"TIPO"创新创业人才培养模型

一、机械与车辆学院"TIPO"创新创业人才培养模型

1. 模型介绍

大学生科技创新创业能力培养是创新型人才培养的重要内容，是青年大学生综合素质培养的重要组成部分，通过创新创业教育大力推动综合素质教育，对于不断增强学生服务国家、服务人民的社会责任感，勇于探索的创新精神，善于解决问题的能力，具有重要作用。基于此，机械与车辆学院对标创新型人才培养目标，创新性地提出了"TIPO"创新创业人才培养模型，以期进一步完善创新创业教育人才培养体系。

以学院大学生机械创新创业实践中心为依托，在 CDIO［构思（Conceive）、设计（Design）、实现（Implement）和运作（Operate）］经典工程教育理论的基础上，经过学院多年的前期理论探究和实践总结，创新性地

提出了 TIPO 模型，建立了学院特色的实践创新创业人才培养体系。

TIPO 代表思索（Think）、创新（Innovate）、实践（Practice）和运作（Operate）。基于 TIPO 模型，以思索、创新、实践、运作为主线构建了四个发展平台，并搭建了以四平台为载体的大学生创新创业人才培养体系。同时，发挥四平台培养体系优势，建立了以八个高标准要素为准则的大学生创新创业管理体制。

2. 以"学"为导向的"TIPO"全过程、准对性运行机制

学院坚持以"学"为导向的"TIPO"全过程、准对性运行机制（如图4-6所示）。在各类创新实践项目运行的过程中，充分发挥学生主体作用，改变以"教"为中心的做法，以"学"为导向，充分激发学生的主观能动作用，"思考（Think）、创新（Innovate）、实践（Practice）、运作（Operate）"全过程运行理念。针对参与学生的专业背景特点、所处年级阶段特点，引导学生侧重于与自身相适应的运行阶段开展活动、承担相应任务，有效提升各类创新实践活动的准对性，进而提升对于不同专业、不同年级学生的综合素质培养实效。因此，在项目运行过程中，能有效将"创意、创新、创业"不同阶段串联起来，扎实做好思维激发、项目孕育、实践锻炼、凝练成果、推广应用等工作。

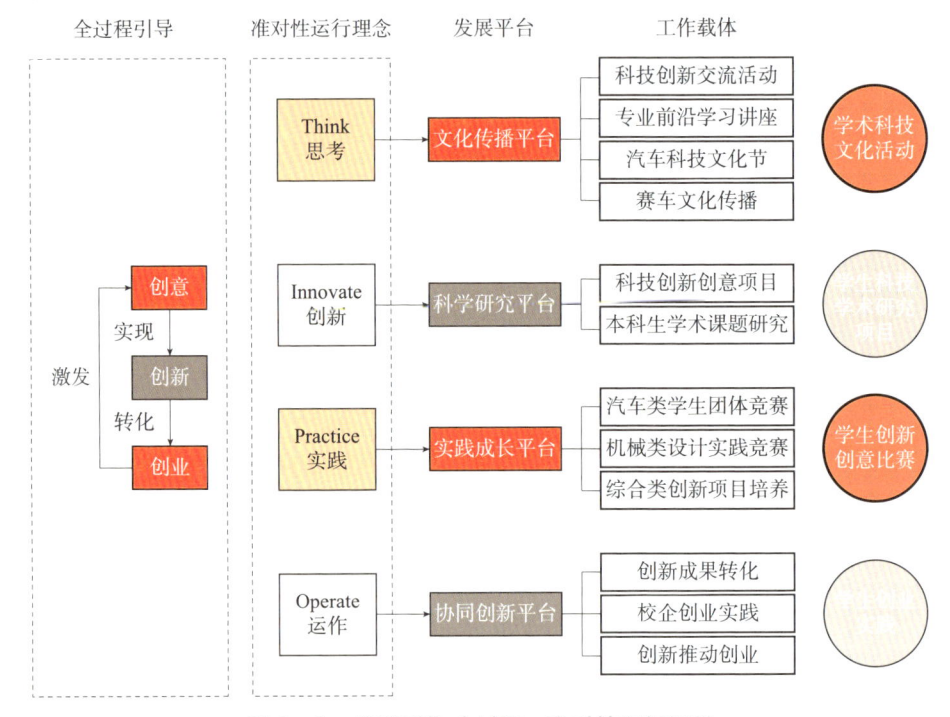

图4-6 "TIPO"全过程、准对性运行机制

实践创新培养体系的四个功能平台与工作载体融合推进。为了推动学校科学研究、文化传承、人才培养、社会服务等方面的发展，学院围绕四个功能搭建工科大学生的创新创业实践培养平台，具体为文化传播平台、科学研究平台、实践成长平台、协同创新平台。

文化传播平台。大学生机械创新创业实践中心对应的活动类型是科技创新交流、专业学习讲座、赛车文化传播、汽车文化节等学习交流活动，由此传播大学生创业创新文化，培养中心的先进文化底蕴，塑造其成为具有良好展示度的科普育人基地。

科学研究平台。通过"大学生创新创业训练计划"、"机械星创想"科技创新创意竞赛、与各系部研究所合作自设本科生研究课题等多种形式鼓励本科生在校开展科学研究，并通过与课程设计、毕业设计等环节结合，提升学生参与度和研究实效，构建大学生创新创业的科学研究平台。

实践成长平台。不断提升中心的管理水平，在创新创业教育方面为师生提供更优质的服务，坚持完善由为社会各界所认可的"大学生方程式汽车大赛""节能竞技大赛""大学生智能车比赛""机械创新大赛""工程训练大赛""交通科技大赛"以及"挑战杯"竞赛等组成的大学生创新创业实践成长平台。

协同创新平台。通过理论教育、实践训练等多种方式促进学生创业能力的提升，以创新推动创业，加强校企协同，促进创新成果的转化，致力于发展成为以"大学生创业实践训练"和"创新成果转让"为核心内容的协同创新平台。

依托学生学术科技文化活动、科技学术研究项目、学生创新创业竞赛、学生创业实践四个工作载体，促进载体与"四个功能平台"在学生科技创新创业实践过程中的相互融合，促进知识传授、价值塑造和能力培养同步推进。

3. "TIPO"创新创业人才培养模型建设成果

2014—2019年，学院各创新团队和个人获得国家和国际级竞赛奖项108项、省区级竞赛奖项77项；开展大学生创新实验计划项目173项，其中国家级项目28项、北京市项目14项，同时孵化了如中云智车、酷黑科技、展翼计划等优秀的创业项目。

方程式赛车队在2015年德国大学生方程式汽车大赛中第12位顺利完赛，成为中国第一支在世界顶级水平大赛中顺利完赛的电动方程式赛车队。节能车队在2015—2017年连续三次在亚洲汽车节能马拉松大赛上获得亚军。在方程式赛车基础上，瞄准学科前沿与热点领域，学院创新研发出世界第一台无人驾驶大学生方程式赛车，并参与筹备国内第一届无人驾驶方程式汽车大赛。在2017年第一届AIWAYS杯中国大学生无人驾驶方程式大赛中，北理工方程式赛车队包揽所有单项第一名，荣获总冠军。至今，我校各车类团队均能始终保持在国内各领域内第一梯队的领军水平。

在2018年第四届中国"互联网+"大学生创新创业大赛总决赛中，中云智车勇夺冠军，酷黑科技飞天工兵获得第六名。

方程式赛车、无人赛车等学生科技创新作品曾在世界汽车工程学会年会、北京国际汽车展览会、中国青少年科技活动周、新能源汽车活动月等重大活动中面向国际国内公众亮相，向社会各界展示大学生创新作品的风采；接待中共中央政治局委员、国务院副总理刘延东，中共中央政治局委员、北京市委书记郭金龙，全国政协副主席、科技部部长万钢等领导人参观；培养出中国青少年科技创新奖获得者，受到中共中央政治局委员、国家副主席李源潮和中共中央政治局委员、国务院副总理刘延东的亲切接见。

二、"TIPO"模型指导下的"机械星"创新团队

1. 北京理工大学方程式赛车工作室（BITFASAE）

方程式赛车工作室，成立于2009年。工作室由机械与车辆学院负责行政管理，已发展成为全校性、有着多学科背景、覆盖各个年级的综合性科技创新团队。工作室在对方程式赛车进行技术上不断尝试与突破的同时，在团队建设、运营管理方面给予了更多的重视和努力。

工作室每年自主设计并制造两辆方程式赛车：一辆内燃机方程式赛车"黑鲨"和一辆纯电动方程式赛车"银鲨"。基于"大学生方程汽车大赛"需求，通过复杂的系统性工程项目，致力于培养"技术过硬、理念创新、意志坚定"的拔尖创新型人才，力争为国内FSAE赛事发展、国内汽车工业的发展做出微薄贡献。工作室理念为"激情、协作、求索、创新"，"大胆地去尝试，自由地去设计"是工作室一直以来坚持的初心。

工作室秉持"一主二辅"的发展格局，即以比赛为主、科研与宣传为辅。在科研上，近年来将赛车上技术创新亮点转化为学术成果在各大期刊上进行发表，本科生也以此为起点找到了未来科研道路的研究方向，发现了更大的提升空间；在文化宣传上，通过汽车嘉年华、社会汽车文化、国际复合材料展等多项校内外活动，致力于将赛车文化带入大众视野，让更多的人了解大学生在方程式赛车上所做出的努力和探索；在教育宣传上，作为科技创新作品，多次进行创新成果展出，接受各专家组的鉴定认证，并累计接待上

千名来自湖南、吉林、四川等多个省市的中小学生，通过普及赛车领域的前沿知识，激发学生们的科创兴趣，增强教育辐射效应。

2. 北京理工大学无人驾驶方程式车队（BITFSD）

无人驾驶方程式车队隶属于北京理工大学特种无人车辆学生创新基地，于2015年10月正式成立，位于北京理工大学工程训练中心内。目前由来自10多个书院和学院的127名学生组成（3名研究生、124名本科生），是一支以"大学生无人驾驶方程式大赛"为牵引，瞄向无人驾驶车辆高端技术前沿的科技创新团队。

工作室于2016年年初发布世界首辆大学生无人驾驶方程式赛车——灰鲨，受到国内各大媒体广泛报道与关注，并受邀参展2016北京国际车展；随后在上海中国电动方程式大赛上，进行单独动态展示，推动了中国无人驾驶方程式大赛的成立并辅助赛事组委会进行规则制定与赛事安排工作。2017年8月，作为第一支代表中国参加德国首届无人驾驶方程式大赛的队伍，在赛场上获得世界各顶级车队与裁判的认可；2017年11月，作为参加中国大学生无人驾驶方程式大赛首批参赛队伍，获赠赛事创始奖，并以包揽所有单项第一名的优异成绩获得赛事总冠军。

经过两年的发展，灰鲨通过学生们完全自主设计，自主制造，已经具备多种无人驾驶前沿技术：①基于激光雷达与单目摄像头的环境感知识别技术；②多源传感器信息融合技术；③封闭赛道空间内路径规划技术；④线控电动底盘及其动力学控制技术；⑤轮边电机独立驱动技术；等等。团队将继续以赛事为依托，对无人驾驶技术与车辆智能化技术进行更多的研究与发展，通过不断地创新，获得更好的成绩和成果。

3. 北京理工大学无人军用特种车队

北京理工大学无人军用特种车队于2015年9月成立，目前由来自7个学院的50余名学生组成（6名博士、14名研究生、27名本科生），是一支以"跨越险阻"地面无人系统挑战赛以及各类创新创业赛事为牵引，瞄向无人车辆高端技术前沿的科技创新团队。目前工作围绕地面航母无人平台开展研究。

地面航母无人平台是由北京理工大学无人驾驶方程式车队设计并制造的无人车辆平台。该平台能够携带多部小型无人平台并能够实现自主收放与多平台间的自主协作。目前，该无人平台搭载了五架无人机以及一辆小型履带车。除此以外，地面航母还应用了轮毂电车技术，独立转向技术等先进技术。

该平台采用四轮驱动，轮距1.6m，轴距2m，采用四台外转子电机驱动。

该电机峰值功率为 70 kW，峰值输出扭矩约为 140 N·m，功率密度达到 8.75kW/kg。四台电机采用磷酸铁锂电池进行供电。电池箱最大功率为 320kW，电池单体最大放电倍率可达 20C。四轮的转向机构由四个舵机进行驱动，分别进行转向操作，可实现阿克曼转向、双桥转向、原地转向等多种转向方式，具有很高的机动性。

地面航母无人平台于 2016 年 9 月参加了"跨越险阻 2016"地面无人系统挑战赛，该赛事由陆军装备部主办，旨在加快陆军地面无人装备研发步伐，促进各高校、科研机构、企业的无人智能技术快速发展并转向实战化。挑战赛由来自中国科学院、中国兵器工业集团、北京理工大学、国防科技大学等 44 个单位的 99 支车队参与。比赛期间，"地面航母"受邀在陆军装备部各位首长、全体参赛队伍面前进行了 15 分钟的单独展示表演，并顺利地完成了城镇侦察搜索组、山地运输组的比赛。

2016 年 9 月 24 日，第十八届中国科研协会年会在西安开幕。24 日下午，李源潮专程来到北京理工大学展位前参观考察，重点听取了机械与车辆学院等创新团队有关"地面航母无人平台"成果的介绍，观看了平台演示视频资料。

2017 年 8 月 23—27 日，由工业和信息化部、北京市人民政府、中国科学技术协会主办，中国电子学会、北京市经济和信息化委员会、北京经济技术开发区管委会承办的"2017 世界机器人大会"在北京亦创国际会展中心举行。北京理工大学机械与车辆学院的"地面航母"无人平台应邀参加了大会展示。在此次世界机器人大会上，机械与车辆学院向各位专业观众展示了最新研制的"地面航母"无人平台第二代样机。在第一代样机的基础上，"地面航母"第二代样机上方云台还搭载了由北理工研发的"飞天工兵"空中自主作业机器人、合作单位研发的武装六旋翼无人机和 107 毫米巡飞弹。其中，空中自主作业机器人着眼于作业任务对复杂环境适应性和作业系统智能性的要求，创造性地将工兵快速遂行多种工程作业与战斗任务的能力拓展到空域之中，特别适用于军、警、民各领域中的接触型自主作业任务；所搭载的武装六旋翼无人机具有侦察、救援、武装攻击、察打一体等功能，可自主巡航 60～90 分钟，实现 500 米范围内的爆震弹、催泪弹精准发射；所搭载的 107 毫米巡飞弹可采用炮管发射固定翼无人机，固定翼无人机的巡航高度可达到数公里，进行较长时间的自主巡逻飞行，完成侦察、毁伤评估、目标打击等任务。

4. 北京理工大学巴哈赛车工作室（BITBAJA）

北京理工大学巴哈赛车工作室，成立于 2015 年，以中国汽车工程学会举办的巴哈大赛为依托，通过完成赛季相关工作，在本科初期锻炼学生的相关专业能力。工作室现由领导团队、指导教师团队和学生创新团队三个部分组成：由机械与车辆学院科研工作、教学工作和学生工作主管领导直接负责工作室总体运营；指导教师团队中现有副教授1名；学生创新团队现有人员约60名，其中技术顾问约10名，技术骨干约20名，宣传骨干约5名，由学生具体负责整个车队的赛车研发制造与日常管理。工作室成立至今，累计接待来自北京、天津、辽宁、吉林等多个省市的高校学生超过1万人次。

5. 北京理工大学节能车俱乐部

北京理工大学节能车俱乐部成立于2006年，迄今已达14年。经过长时间的发展，现已成为北京理工大学极具特色的创新创业实践培养平台，每年培养六十余名实习生，对于学生的动手能力与理论结合实践的能力提升有极大的促进作用。

在2018年的亚洲汽车环保赛中，节能车队通过研究原型车的流体仿真，实现较为合适的外壳曲面来减小风阻，同时将部分迎风阻力转化为抬升力降低滚阻。赛车制作时，应用碳纤维、蜂窝铝、纸蜂窝和工程塑料等多种新型材料制造，创新使用了承载式车壳的设计，替代了车架结构，降低整车车重，是目前国内唯一掌握该技术的学生车队；自主设计一体式车轮，保证了赛车行驶的刚度和稳定性。轮胎选用米其林公司特制的子午线胎，极大地减少了行驶时的阻力；赛车使用的BMS和电机控制器皆由车队成员自行设计制作，拥有较低的功耗和最符合赛车工况的控制算法。

同时，在前期通过模拟赛车的行驶状况，测控电机和发动机的参数，从而匹配最合适的传动系。对于发动机多余的结构皆大胆切去，最后成品发动机相对初始时重量降低40%，极大地降低了赛车车重。

最后根据赛道制作最佳行驶策略，在2018年中国大学生汽车环保马拉松赛中取得了355.5 km/（kW·h）原型电动车组亚军的成绩。在2018年中国节能竞技大赛中以726.26 km/L和734.53 km/L的成绩取得亚军与冠军。

6. 北京理工大学智能车俱乐部

北京理工大学智能车俱乐部成立于2016年，是由我校智能车爱好者自发组成的学生创新团队。俱乐部得到了学校教务部、机械与车辆学院和自动化学院指导教师们的大力支持和帮助，依托机械与车辆学院大学生机械创新创业实践中心开展活动，目前已形成了集训与竞赛相辅相成的培养体系。经过14年的传承与发展，完全由参赛学生独立自主地完成智能车的设计和制作，队员们的综合能力都有了明显提升。俱乐部现已成为校内具有较高影响力的学生创新团队，并在全国范围内具有较高知名度。

智能车俱乐部在每年的十月份开始招新。在招新和选拔之后，队员们自行组队进行制作和调试赛车，定期进行校内淘汰赛和循环赛，最终选拔出优秀的队伍代表学校参加华北赛。华北赛获得全国总决赛资格的队伍再全力准备一个月左右，之后代表学校参加全国总决赛。

在整个过程中，智能车俱乐部一直把提高学生创新实践能力放在首位，并以提高学校的创新文化作为宗旨。

第三节 "低年级实践—高年级创新"梯队化科技创新培养体系

高校在培养学生时应以培养创新型的高素质人才为目标，以开拓学生的创新思维、增强学生的创新能力、提高学生的实践能力为教学目标，从创新、实践的角度来深化教育改革。2010年6月23日，教育部在天津大学召开"卓越工程师教育培养计划"启动会，也提出了要致力于培养创新实践型人才的要求。

北京理工大学作为教育部第一批"卓越工程师教育培养计划"实施的重点高校之一，应积极响应教育部计划。机械与车辆学院的各项专业都是实践性较强的专业，都要求学生具备较强的专业实践经验和创新能力。针对不同阶段的年级，制定不同的创新目标，做到分阶段、梯队化的科技培养创新体系：让低年级的学生在学习专业相关的理论基础之上树立专业创新意识，增强学生的实践动手能力；让高年级的学生掌握专业技能，引入真实项目与实践案例，让学生能够更加直观地认识到专业具体干什么，将他们的专业知识转化为创新实践，最终让学生具备较强的实践创新能力。

同时，在学院一年级中开设新生研讨课，让学生自主地拓宽专业视野，带入专业学科的前沿问题，让学生在基础的专业学习阶段初步地了解自己的专业、认知自己的专业、思考自己的专业，这对于培养学生的创新思维能力有着重要的意义。对于低年级的同学，还要重实践，在学习基础理论课程的基础上加入实践环节，让学生从实践操作中加深理论认识、增强专业技能、拓展专业研究。让他们在低年级的阶段就能够在学习专业课程的基础上同时具备一定的实践意识和实践能力，为高年级阶段的创新打下坚实基础。

低年级阶段积累了一定的专业知识并养成了一定的实践能力后，高年级阶段更加注重创新，要求学生在现有的基础上针对当前行业的发展状况提出自己的思考，然后解决该问题，或者针对现在最前沿的问题提出自己的解决方案，并通过实践实现它，这对于高年级阶段的学生也是一项艰巨的任务。

在培养学生的创新创业能力方面，机械与车辆学院始终贯彻低年级重实践、高年级重创新的梯队化的人才培养思路，为不同阶段的学生制定不同难度的目标，循序渐进，以培养出具备创新创业能力的学生为目标而努力奋斗。

一、梯队化科技创新培养体系的建设原则

（一）成才原则

高等教育就是以为国家培养有用人才，增强民族的创新能力为目标。我国在20世纪末就提出"教育在培养民族创新精神和培养创造性人才方面肩负着特殊使命，必须转变那种妨碍学生创新精神和创新能力发展的教育观念、教育模式"。在《国家中长期教育改革和发展规划纲要》中也明确指出："支持学生参与科学研究，强化实践教学环节。"现阶段，各个国家综合国力的竞争归根到底就是各个国家创新人才的竞争。习近平总书记也提出，在未来的发展中，唯创新者进，唯创新者强，唯创新者胜。国家早已把创新型人才的培养上升到国家战略的高度，而一个学校的学生的创新思维和创新能力也是衡量大学综合实力的一个重要指标。所以我们一定要彻底地转变传统的教育观念，融合自身的办学特色建立一套能够激发学生创新意识、培养学生创业能力的教育体系，让每个学生都具备一定的创新创业能力，让创新创业人才培养体系朝着让学生成才的方向发展。

（二）全面推进原则

高校在实施创新创业教育时就要以培养创新型人才为中心，对办学理念、办学体制、教学模式、教育方法和教师考评等各项因素都要进行全面改革和整体优化，营造出良好的教育环境和教学氛围来保证高校创新创业教育的质量。依据全面推进的指导思想，可以通过开展面向不同年级学生的不同形式的创新创业活动，让整个学校都充满创新创业的良好氛围，激发出学生对创新创业的主动性、积极性，让学生的创新创业能力得到整体又全面的发展，把学校建设成为具有高素质、创新型人才的孵化基地。

（三）实践性原则

坚持理论联系实际，做到让学生从理论知识中来，到实践创新中去，让学生在学习中实践，在实践中创新，提高学生解决实际问题的能力。高等教育虽然是从书本中来，但最终一定要走出书本、走出课堂、走出学校，融入

实际、融入生产、融入生活、融入社会，不能让学生把书"读死"，教学要结合实际，让学生把书"读活"。在课余时间，学校要积极开展丰富多彩的创新创业活动，培养学生的创新创业能力，让学生体会到创新创业的乐趣。对于机械专业的学生来说，其专业特性就是为了最终实践，而且理论知识本身就比较枯燥乏味，所以多开展创新创业活动，对于机械专业的学生来说更加重要。

（四）个性发展原则

每个学生都有自己的特性，虽然现在这个阶段还做不到对每个学生"因材施教"，但是高校还是要注重学生创新的个性发展。首先，必须要摒弃传统的教学方法，杜绝单一的教师向学生灌输知识的思想，让教师给予学生更多的关注和信任，在教学过程中激发学生的创造力，让学生的个性得到发展。目前，美国、英国、法国等发达国家对学生在课堂的主动参与意识的培养尤为看重，他们的教学形式非常灵活，不局限于课堂，注重教师与学生的互动，充分地调动了学生对于探索的积极性。我们要学习他们的这种教育理念，而不是对他们教育形式的照抄照搬。重视学生的个性化发展，在培养学生共性的同时，还要注重对学生个体的培养。

二、梯队化科技创新培养体系的构建模式

在一定程度上，科技创新能力与所在单位的创新意识、创新机制和团队每个成员的专业技术水平有关，可将科技创新能力与这三项因素建立如下的数学关系：

$$p = a \sum_{i=1}^{n} A_i \sum_{i=1}^{n} B_i$$

式中，a 为单位创新机制影响因子；A_i 为个人专业技术水平；B_i 为个人创新意识。

由科技创新能力与所在单位的创新意识、创新机制和团队每个成员的专业技术水平之间的数学关系可知，大学生创新创业能力的培养不仅需要扎实的专业基础作为保障，更重要的是学生的创新意识，而如何有效激发学生的创新意识，对于各大高校来说，建立起一套完整的适合本校学生的创新能力培养体系和激励机制尤为重要，要让高效的创新能力培养体系和激励机制成为激发学生创新思维、创新意识和创新激情的催化剂。

（一）明确理念

我们需要明确，建立大学生创新创业能力培养体系必须以学生为中心，

体系的指导思想、教学理念、目标制定、配套措施和评价体系都应紧紧围绕这一理念。在培养创新型人才的过程中，激发学生的创新兴趣、培养学生的创新思维、引导学生自主实践，并结合学院自身背景，建立机械类大学生科技创新能力培养体系，做到让学生真正从内心对科技创新感兴趣，将兴趣转化为实践创新的动力，最终将理论知识转化为实践创新。

（二）把握核心

体系的核心应以学生为中心开展创新创业活动，做到以学生兴趣为引导、实践项目为驱动、创新创业能力为目标。把握学生在学习生活中展现出的个人特点，将兴趣引导与学生个性特点相结合，制定不同的创新创业能力培养方案。学院可设立不同的创新创业兴趣小组，每个小组都配备专业的指导教师，指导教师对学生的兴趣和创新思维提供专业的指导和全过程跟踪，对学生成长成才目标的达成提供必要的保障。

（三）提供平台

科技创新培养体系的关键在于创新平台的搭建，针对不同年级的学生搭建不同的创新平台和创新活动体系。第一，为学生课外科技创新活动成立专门领导小组和学生组织，明确科技创新任务，保证活动质量；第二，提供培训研讨平台，学生可以就创新思路、方法与专家、教师、同学进行有效交流和沟通；第三，为学生课外创新实践提供平台和场所，建立科普基地和开放的实验室，为学生将创新想法转变为实践提供场所；第四，还要对平台的运营和管理进行有效监督，保障创新活动能够有序高效运行；第五，制定评价激励体系和活动奖励方法，维持学生参加课外科技创新活动的积极性。

三、梯队化科技创新培养体系建设的方法与机制

为贯彻梯队化科技创新培养体系的构建模式，需要建立符合学生创新能力培养的方法和机制。

（一）运行管理机制

1. 建立创新创业能力培养方案

学生创新创业能力的培养并不是简单地办几场活动就能够完成的，讲求的是一个长效的过程和机制，而后续的深入贯彻和实施，关键在于制定符合专业特点的学生培养方案。机械与车辆学院始终致力于培养学生的创新精神和创新创业能力，提高学生自主性，让学生主动发现问题、分析问题和解决问题。对课堂教学、实验教学等环节都进行了有效改革，针对不同年级的学生制定不同难度的学生创新创业能力培养计划，主要体现在低年级重实践、

高年级重创新，实现不同年级学生实践创新能力培养的全覆盖，在培养目标、培养措施、计划实施等工作上都有不同的针对性，结合每个年级学生的整体水平，让不同年级的学生都能够迎接不同的挑战，激发学生的创新能力。

2. 建立创新创业能力培养的专项服务组织

科技创新领导小组由学院骨干教师组成，为不同层面的创新创业活动明确活动方向、制定活动规划、协调活动实施等，制定不同年级学生的创新创业能力培养计划、方案和激励的措施，并对项目的进展起到督促和监督的作用。

科技创新活动由指导教师和学生共同完成，由学院牵头，聘请一批具有高级职称或博士学位的教师作为项目的指导教师，指导教师在学生科技创新项目中的工作要求有：①履行职责。所有指导教师必须按照《机械与车辆学院学生科技创新活动指导教师管理办法》中的相关要求开展工作，各项目的指导教师团队如需增减，都由第一负责人同相关教师确认后向学院提出调整申请，视具体情况而定，相关教师在履职期间需对自己工作负责，履职一年以上的教师有资格参与年终考核和绩效奖励。②信息统计。对于参加竞赛活动的指导教师应及时提交或督促相关学生提交竞赛统计信息，要求竞赛举办后的一周内进行，具体包括参赛人数和各奖项获奖人员名单、赛事项目、所设奖项的获奖比例等信息。③新闻宣传工作。对于参加竞赛活动、文化宣传、学术交流等活动的指导教师应及时提交或督促相关学生提交新闻宣传稿，要求在竞赛举办一周内进行。指导老师应本着对活动负责、对学生负责、对学院负责的态度保障各项创新创业活动有序进行。

3. 建立创新创业能力培养的经费保障措施

学院实时做好创新创业活动的专项经费规划，每年年初做好大学生创新创业实践的经费预算。设立相关创新创业实践的专项奖学金，对创新创业活动中表现突出的学生进行奖励，以鼓励学生不断实践创新，提高创新创业能力。

（二）引导激励机制

1. 兴趣引导，项目驱动

按照学生的兴趣让学生自由组建团队，让所有的创新创业项目都来源于学生自己的想法，聘请学校的教师或博士生作为项目的指导教师，对项目的具体实施过程给予指导。同时，发布网上问卷调查，按照投票的结果来制定每年创新创业活动的开展方向，并结合专家意见对项目的可行性进行评估和分析。

2. 措施激励，政策导向

培养创新型人才注重的是学生的综合能力，提高学生结合所学知识对现实问题的分析和解决能力，也就是知识转化能力，要做到这一点，就要改变某些学生的学习只是为了应付考试的不正确的学习动机，引导学生重视创新创业活动。例如，有些学校在研究生保送时就要求学生必须在本科就读期间有参加学院、学校的创新创业活动的经历，或者在相关的专业期刊上发表过专业论文；在申请校级或以上优秀毕业生时，都要求学生参加校级及以上的创新创业活动；学生取得的创新创业成果在指定的课程也可作为相应的分数；由指导教师带队的创新创业活动，团队中学生所获得的成果也可作为指导教师的业绩。

四、梯队化科技创新培养体系建设的成果展示

为响应学院人才培养综合改革方案中提出的"实践创新覆盖工程"，以"不断扩大科技创新活动参与度、不断提升科技创新活动成效，以创新赛事为牵引，以创新项目为依托，全员参与"为目标，聚焦于学生能力的培养，因材施教，形成一套较为先进的兼顾梯队化和个性化发展的创新实践培养模式，注重培养学生提出问题与解决问题的能力、获取知识与自学的能力、分享与团队合作的能力、发现与创新能力，将创新实践能力提升贯穿于人才培养全过程。将学院的科技创新平台划分为三个类别模块：综合类、机械类、车辆类，按年级和知识背景提供针对性的创新活动平台，鼓励学生根据个人兴趣选择其一，脚踏实地地参与其中，从中受到教育。"低年级实践－高年级创新"梯队化科技创新培养体系如图4－7所示。

（一）横向建设成果展示

1. 综合类竞赛

综合类竞赛主要依托学院培育的科技创新作品项目库开展，在学院学生科协的牵头下稳定运行，每年通过"机械星创想"选拔大赛，培育和支持各级各类学生创新作品的成长，瞄准全国"挑战杯""创青春""互联网＋"等顶级赛事。项目来源广泛，既包括机械类小项目也包括车辆类创新团队的子课题和子项目。

2. 机械类竞赛

机械类竞赛以"大学生机械创新设计大赛"为典型，学生以3~8人不等的小型项目组模式开展创新活动，项目内容依托各类比赛主题而定，团队工作周期短，一般为8~10个月。对于一年级学生，以创意培训为主，同时

智汇北理·创梦机械

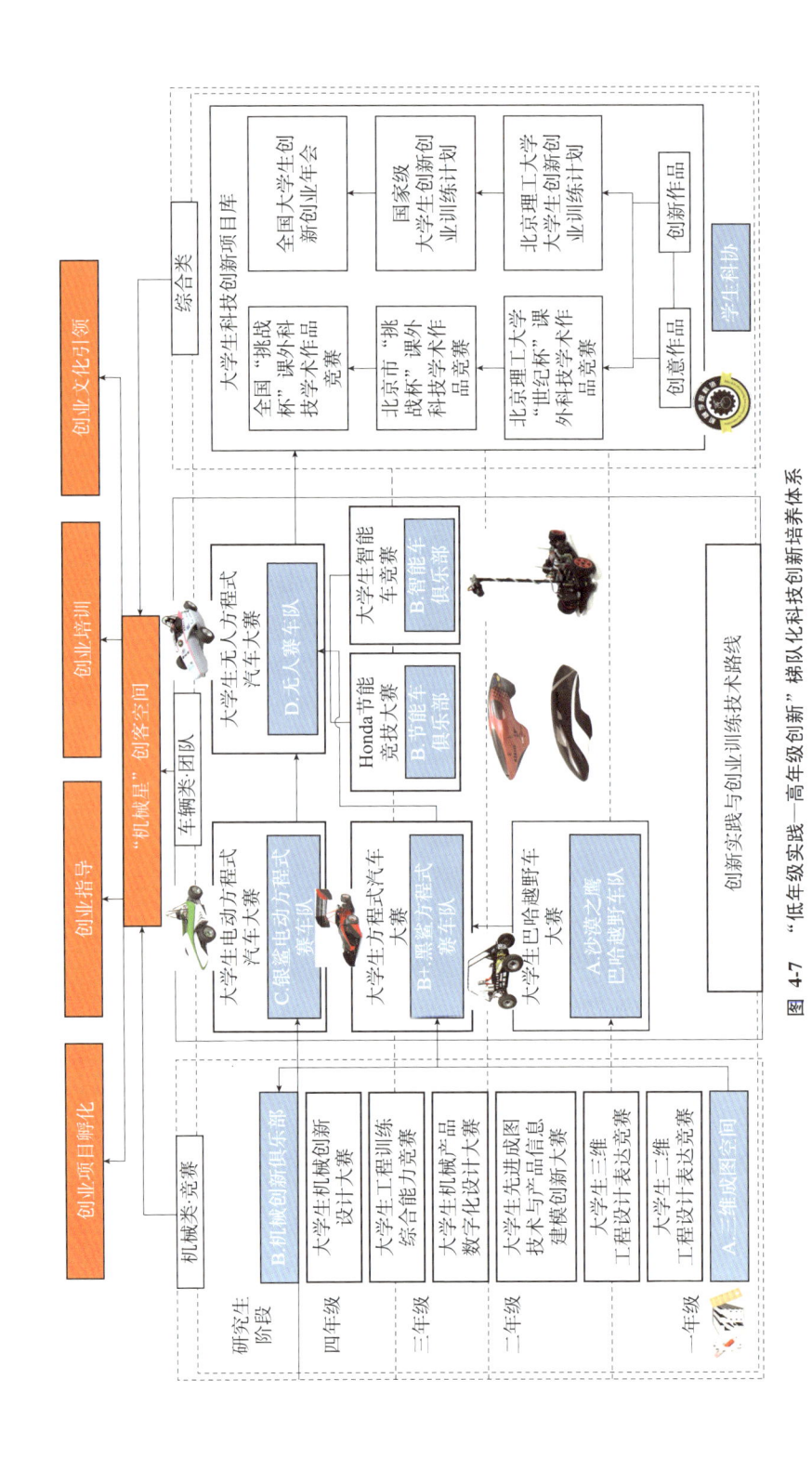

图 4-7 "低年级实践-高年级创新"梯队化科技创新培养体系

参与工程图学相关的基础培养,参与图学相关竞赛;二、三年级学生参与三维建模、机械产品设计等专业进阶培养,实现从创意到创新作品的产出;三、四年级学生的相对成熟和完善的作品可选送到机械创新设计大赛,或"挑战杯""大学生创新创业年会"等国家顶级赛事中,参与全国的比拼和考验。

3. 车辆类竞赛

车辆类竞赛以"大学生方程式汽车大赛"为典型,各团队分别有相对应的国际级、国家级赛事,总人数在 50~80 人不等,队内分为运营组、技术组两个方向,技术组专注于赛车设计、研发、制造、测试和调教,运营组负责团队的对内外事务和运行事宜。

(二)纵向建设成果展示

1. 一、二年级:巴哈越野车队

巴哈越野车队在良乡校区吸纳对赛车感兴趣的学生,一年时间制造出一辆越野性能卓越的小型赛车。越野赛车的技术难度、赛事调整与费用较低,低年级的大学生便能参与其中,主要在兴趣激发、团队协作、工程设计、工程技能训练等方面对学生进行培养。

2. 二、三年级:节能车队、智能车队、方程式车队

节能车队、智能车队、方程式车队有着不同的侧重点。节能车队关注车辆轻量化与节能技术、动力系统改造以实现节能优化的方案;智能车队以光电技术、路径识别、自动控制等学科背景为主;方程式赛车队着重整车动力学,研究动力系统匹配传动系统最优化、空气动力系统与轻量化设计的最优配合方案,以得到一辆跑得最快的专业赛车。二年级学生以实习生形式参与车辆制造和测试调试环节,三年级成为技术主力后承担赛车设计任务,由高年级队员手把手指导设计和仿真过程。退役的研究生队员作为技术顾问,协助工程设计的相互协调,解决疑难问题。

3. 四年级、研究生阶段:电动方程式赛车队、无人驾驶方程式赛车队

电动方程式赛车队、无人驾驶方程式赛车队两个项目在已有的专业知识基础上,融合了高压电路、动力电池及其管理系统、高功率电机及整车控制器、测控与控制、遥控与感知、无人驾驶技术等多学科多领域,涉及的学科背景更广、专业技术与技能更深入,对于高年级本科生和硕士生而言,又是一项任务艰巨的挑战。

高校是培养高素质创新型人才的摇篮,也是将理论知识创新、科学技术创新转化为实际生产力的基地。总的来说,"低年级实践-高年级创新"梯队化科技创新培养体系为培养实践创新型人才提供了保障,并进一步巩固了

学院创新创业教育成果,为学院下一步人才培养工作奠定了坚实的基础。

第四节 "全员、全过程、全方位"科技创新指导体系与模式

"95后"大学生已是高等院校的主力军,朝气蓬勃、好学上进、视野宽广、开放自信是"互联网+"时代学生的标签。当代大学生创新创业能力的培养,有助于建设创新型社会以及提升国家的综合竞争实力。高校是大学生创新创业能力培养的主阵地,高校科创平台体系的建设有助于培养创新型人才,是高校实践育人、创新创业教育的有力支撑,也是高校推进"双创"教育的主要抓手。高等学校应创新方式方法,推动科创平台体系的完善与建设,为培养创新型人才奠定基石,为培养社会主义合格的建设者和接班人贡献力量。

一、科技创新指导体系介绍

高校科技创新指导体系是创新创业教育体系的重要组成部分,主要由核心体系、支撑体系和保障体系三部分构成,包括科研团队、学科结构、科技创新平台、产业化平台、制度创新、后勤保障六个要素。

(一)核心体系

高校科技创新指导的核心体系包括科研团队和学科结构两大要素,科研团队(科技人才)是科技创新指导的主体,离开了主体要素,科技创新指导便成了无源之水、无本之木;学科是人才培养的基本单元,是科技创新的起始源头,是孕育经济增长点的沃土。现代科学技术发展呈现多学科交叉、渗透和高效综合发展趋势,新的学科不断产生。因此,构建适应知识经济发展的科研团队和学科结构是科技创新指导体系建设的核心。

(二)支撑体系

高校科技创新指导的支撑体系主要包括科技创新平台和产业化平台两大要素。科技创新平台是科技创新的基础,它的根本性任务就是整合、集成已有的优势,在一个更广阔的学科背景,更大规模、更高层次和水平上建设具有国际竞争力的平台,实现科技资源的优化配置,建立有利于发挥高校综合优势的新型科研组织结构和"竞争、开放、流动、共享"的运行机制,最大限度地释放高校创新活力,提高科技竞争实力和创新水平。产业化平台是科

技创新体系的关键，它的职能是把握市场需求趋势，掌握科技成果和资源，提供咨询服务，拓展融资渠道，建设科技信息系统，它的建设目标与科技创新平台建设的终极目标是一致的，就是要提升产业发展水平，推动国民经济"主战场"的和谐发展。

机械与车辆学院拥有众多科技创新指导支撑平台，除了前文提到的大学生机械创新创业实践中心、"机械星"创新团队之外，还包括两个国家级实验教学示范中心：工程训练中心、地面机动装备实验教学中心和两个科技创新学生社团：机械与车辆学院学生科技协会、北京理工大学三维成图空间。

1. 工程训练中心

北京理工大学工程训练中心组建于1999年，2002年学校学科调整学院重组，工程训练中心隶属于机械与车辆学院，2006年获批为国家级实验教学示范中心，2009年工程训练教学团队获批国家级教学团队。中心面对全校机械类、近机械类以及经、管、文、理等相关专业本科生进行工程训练、自主研究和创新创业实践活动，年接纳近3 500余名学生，工作量达63万人时数，现已成为学校工程实践教育的重要基地和优质教育资源。现良乡校区大学生工程实践训练中心已经落成，中心大部分规划设备已经顺利进驻，将为学校创新创业教育营造更大的发展空间。

近年来，依托工程训练中心的资源与优势，我校大学生开展了包括"S轨迹"无碳小车、"8轨迹"无碳小车、无碳自控越障小车以及蓝牙防爆小车等项目的大学生工程训练综合能力竞赛，荣获多项国家级、省级奖项。此外，学生还围绕大赛在正式刊物上发表学术论文，发明（实用新型）专利。作为我校学生开展工程训练、自主学习和科技创新活动的重要基地，工程训练中心已成为我校创新型人才培养过程中不可或缺的实践创新协同育人平台。

2. 地面机动装备实验教学中心

北京理工大学地面机动装备国家级实验教学示范中心以大工程、大制造为背景，以满足国家战略需求，支撑新能源车辆、高端装备制造战略性新兴产业为导向，以相关专业实验教学和科研基地为依托，整合优质实验资源、打通教研壁垒，加强教学科研协同、联合相关企业，建设了针对共性的跨专业学科基础实践平台、支撑学生创新创业的创新训练实践平台，完善凸显各领域特色的专业知识实践平台和瞄准社会服务的综合运用实践平台，形成了多层次、全程覆盖、协同共享的实践教学平台体系，为学院乃至学校的人才培养提供了强有力的实验实践教学支撑。

3. 机械与车辆学院学生科技协会

学生科技协会（以下简称"学生科协"）成立于2013年，目前成员有60

余人。学生科协以引领学院科技创新活动（如国家级、北京市级大学生创新训练计划项目，简称"大创"）为目标，以学院为主，面向全校，为科技创新爱好者和大创等科创活动参与者服务。在全国大学生机械创新设计大赛中，学生科协帮助学生们申请调用所需的场地、工具、机械加工设备，为项目组队与转接、相关答辩会及培训会的组织宣传等提供支持服务。同时也对学院所有科技创新项目资料和信息进行系统化归档整理，作为两校区科技组织与活动的联系桥梁和学院科技创新活动的宣传平台，学生科协随时传播与学院科技创新活动相关的信息和学科相关的第一手科技资讯。

4. 北京理工大学三维成图空间

北京理工大学三维成图空间（BIT3D-Creator）成立于2011年，依托于机械与车辆学院制图教研室，由杨薇老师担任指导教师，是由对三维成图技术有着浓厚兴趣的在校学生组成的学习型社团。三维成图空间以"乐于创新、敢于创新、勇于创造"为宗旨，旨在为良乡校区一年级和二年级的学生打造一个良好的学习交流平台。社团主要为全国大学生先进成图技术与产品信息建模创新大赛和全国大学生机械产品数字化设计大赛等各种国家级创新竞赛培养后备人才，为"大学生科技创新计划"等科创活动的开展奠定坚实的基础。

三维成图空间以会长团为领导核心，下设办公室、宣传部、技术一部、技术二部四个部门，并由顾问团提供技术支持。各部门各司其职，协调管理社团事务，严格按照学校规章制度以及社团章程开展各项活动。

（三）保障体系

高校科技创新指导的保障体系主要包括制度创新和后勤保障两大要素，制度创新的主要功能在于体制和机制改革，合理优化配置各类创新资源，构筑有利于科技创新的管理模式和良好的政策环境，激发科技创新人员创新的积极性，使科技创新系统得以高速运转；后勤保障体系的职能是通过完善、高效的后勤服务，解决科技人员的工作条件与生活条件，使科技人员无后顾之忧，一心一意投身于科技创新活动之中。

机械与车辆学院重视压实科技创新指导保障体系建设。党政联席会保障"三全育人"行动方案的制定与推进，学科、专业责任教授保障人才培养路径的制定与实施，学生工作组保障学生思政工作的整体落实与推进，管理服务人员保障人才成长的软件服务与硬件环境建设，科创指导教师、教辅人员保障创新创业教育实践环节的落实与推进，课程任课教师保障思政课程及课程思政的落实与实施，书院制导师组保障学生综合素质提升。

二、"全员、全过程、全方位"科技创新指导体系与模式

学院依托北京市级校内创新示范基地建设，规范化做好学生科技创新指导教师队伍的管理机制建设，强调指导教师将思政教育融入实践创新环节；通过在创新创业团队中设立临时党支部、临时团支部等制度实现学生参与创新创业实践活动过程中的活动实效。"全员、全过程、全方位"科技创新指导体系与模式如图4-8所示。

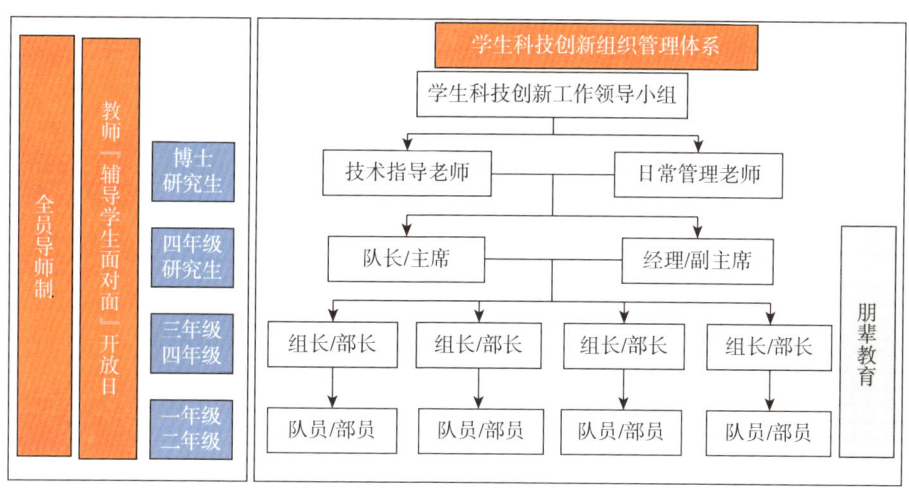

图4-8 "全员、全过程、全方位"科技创新指导体系与模式

1）重构专业培养目标与培养方案，推行特色大机械工程培养模式。按照"三全育人"的业务培养和大思政工作格局建立的要求，进行知识结构、课程教学、教学艺术的系统梳理。

2）开展系列化小班课及研究型课程建设，实现课内外教学体系化融合。通过课程内外的教育融合，培养学生学术素养和社会实践的融会贯通。通过科学素养和人文思想的融合，培养学生的业务素质和社会能力的融合。通过课程授业和课程思政的融合，培养思想上合格的建设者和接班人。

3）加强专业优秀教师与本科生的交流互动，进一步完善全员全历程专业导师制，实施本科生创新能力与学业发展精细培养，建立规范教师业务指导和思政教育的本科生导师培训和约束机制，强化师德一票否决制，保障教师的科技创新指导工作。倡导教师对学生的关心、关爱，在业务指导之外保证必要的思政教育。定向全程培养，强化本科生导师责任。加强科技创新指导教师队伍制度化建设，完善奖励与约束机制，杜绝指导教师空挂名现象出

现，营造良好科技指导氛围。

4）加强朋辈教育，通过组建一支业务能力强、有责任心的科技创新朋辈小导师队伍，使得学生在获得指导教师的教授之余，还能获得朋辈小导师的指导，将全员指导理念贯通于科技创新指导体系始终。

第五章　创羽翼

——创新创业竞赛撑起梦想的天空

第四届互联网＋大学生创新创业大赛北京理工大学参赛代表队合影

教育兴则国家兴，教育强则国家强。为进一步深化高等教育改革，培养造就创新创业生力军，我国高校踊跃投身创新驱动发展战略，注重在创新创业教育各个环节中教育引导学生树立正确的科学研究观念，为实现中华民族伟大复兴贡献青春力量。

2017年，习近平总书记在给第三届中国"互联网+"大学生创新创业大赛"青年红色筑梦之旅"的大学生的回信中这样写道："实现全面建成小康社会奋斗目标，实现社会主义现代化，实现中华民族伟大复兴，需要一批又一批德才兼备的有为人才为之奋斗。艰难困苦，玉汝于成。今天，我们比历史上任何时期都更接近实现中华民族伟大复兴的光辉目标。祖国的青年一代有理想、有追求、有担当，实现中华民族伟大复兴就有源源不断的青春力量。"总书记的这段话对新时代青年寄予厚望，表明了对高校创新创业人才的重视，也给高校复合型、创新型人才培养工作点亮了一盏明灯。

教育部在2019年发布的《关于深化本科教育教学改革全面提高人才培养质量的意见》中也指出，高校要挖掘和充实各类课程、各个环节的创新创业教育资源，强化创新创业协同育人，建好创新创业示范高校和万名优秀创新创业导师人才库。持续推进国家级大学生创新创业训练计划，提高全国大学生创新创业年会整体水平，办好中国"互联网+"大学生创新创业大赛，深入开展青年红色筑梦之旅活动。因此，坚持以立德树人为根本任务，围绕"学生忙起来、教师强起来、管理严起来、效果实起来"这一目标，推进高校创新创业教育稳定发展，是我国高等教育的必然要求，也是推进各校走向世界一流的基础动力。

北京理工大学机械与车辆学院积极响应国家号召，以立德树人为根本任务，以凝聚人心、完善人格、开发人力、培育人才为工作目标，始终致力于培养德智体美劳全面发展的社会主义建设者和接班人，建立了学院特色的创新创业人才培养体系，努力创办并且积极组织学生参与国内外创新创业大赛，如中国"互联网+"大学生创新创业大赛、"创青春"全国大学生创业大赛、"挑战杯"全国大学生课外学术科技作品竞赛和创业计划大赛等，并在多次比赛中斩获大奖。除此之外，通过教育教学改革将创新创业教育融入人才培养体系，为"双一流"高校建设事业添砖加瓦，担负起实现中华民族伟大复兴的历史重任。

第一节 中国"互联网+"大学生创新创业大赛

一、赛事简介

（一）基本简介

首届中国"互联网+"大学生创新创业大赛以"'互联网+'成就梦想，创新创业开辟未来"为主题，由教育部与有关部委和吉林省人民政府共同主办。大赛采用校级初赛、省级复赛、全国总决赛三级赛制。在校级初赛、省级复赛基础上，按照组委会配额择优遴选项目进入全国决赛。

中国"互联网+"大学生创新创业大赛首次举办于2015年，大赛自2015年创办以来，（2015—2018年）前四届大赛累计有490万大学生、119万个团队参赛，覆盖51个国家和地区，涌现出一大批科技含量高、市场潜力大、社会效益好的高质量项目，展现了当代青年大学生奋发有为、昂扬向上的精神风貌。大赛已经成为我国覆盖面最大、影响最广、成果最多的大学生创新创业盛会。

（二）重点介绍：2018年第四届中国"互联网+"大学生创新创业大赛

2018年10月13日，由教育部等13个部委和福建省人民政府共同主办、厦门大学承办的第四届中国"互联网+"大学生创新创业大赛总决赛开赛。

该届大赛以"勇立时代潮头敢闯会创，扎根中国大地书写人生华章"为主题，于2018年3月全面启动。中国内地共有2278所高校的265万名大学生、64万个团队报名参赛，超过以往三届的总和。经激烈角逐，共有400多支队伍参加总决赛。港澳台项目方面，共有近百个项目参赛，从中产生20支队伍参加总决赛。国际赛道方面，来自全球50个国家的600多支队伍参赛，最终60支队伍参加总决赛。

该届大赛旨在深化高等教育综合改革，激发大学生的创造力，培养造就"大众创业、万众创新"生力军；鼓励广大青年扎根中国大地了解国情民情，在创新创业中增长智慧才干，在艰苦奋斗中锤炼意志品质，把激昂的青春梦融入伟大的中国梦。重在把大赛作为深化创新创业教育改革的重要抓手，引导各地各高校主动服务国家战略和区域发展，积极开展教育教学改革探索，切实提高高校学生的创新精神、创业意识和创新创业能力。

推动创新创业教育与思想政治教育紧密结合、与专业教育深度融合，促进学生全面发展，努力成为德才兼备的有为人才。推动赛事成果转化和产学研用紧密结合，促进"互联网＋"新业态形成，服务经济高质量发展。以创新引领创业、以创业带动就业，努力形成高校毕业生更高质量创业就业的新局面。

二、优秀项目

（一）"中云智车——未来商用无人车行业定义者"：全国总冠军

北京中云智车科技有限公司（简称"中云智车"）是国内首个车规级特定场景无人车整车、军用无人车整车研发者，拥有车规级无人车全栈研发能力。自2018年2月成立以来，团队相继突破了无人车全线控底盘研发的多项关键技术，已完成了小型无人车通用底盘的三轮迭代，在车规级可靠性及稳定性、控制算法精度、装配及量产工艺性等方面有了显著提升，并且先后推出了系列车规级小型、中型无人车通用底盘，基于通用底盘的厂区无人运货车"中云智·承"，基于通用底盘的军用无人车"中云智·战"，形成了"模块化车规级无人车通用底盘＋订制化功能上装及算法"的无人车整车研发与生产模式。系列化、线控化、模块化、通用化的车规级无人车底盘是中云智车的基础旗舰产品，依托于车规级无人车底盘的技术积淀，中云智车正着力打造以无人运货车、无人军用车为典型代表的特定场景无人整车，未来将继续推动无人物流车、无人输运车、无人摆渡车、无人军用车等特定场景无人车的快速落地。

（二）"'飞天工兵'智能空中作业机器人"：全国金奖（全国第六名）

"飞天工兵"智能空中作业机器人，基于涵道式气动构型飞行平台，具备开放式螺旋桨飞行器无法比拟的优势：体积小、噪声小、负载能力强、可适应复杂环境、不会停桨炸机、可实现与物体"零距离"接触、对自身和外界安全性高等。配合智能执行机构可完成多项复杂环境下的高空作业。可解决众多行业空中作业痛点：安防行业的低空巡逻与监控、电力行业设备高空维护与巡检、桥梁结构勘探与检修、消防行业高空灭火与物资投递、城市内到手交付型空中物流配送、军用空中作战装备等。

此项目获得2018年"互联网＋"全国大学生创新创业大赛全国金奖和北京市金奖、2018年"创青春"全国大学生创业大赛全国银奖和北京市金奖四项全国"双创"大赛奖项，并赢得了大赛评委的一致好评。

第二节 "创青春"全国大学生创业大赛

一、赛事简介

(一) 基本简介

2013年11月8日,习近平总书记向2013年全球创业周中国站活动组委会专门致贺信,特别强调了青年学生在创新创业中的重要作用,并指出全社会都应当重视和支持青年创新创业。党的十八届三中全会对"健全促进就业创业体制机制"做出了专门部署,指出了明确方向。为贯彻落实习近平总书记系列重要讲话和党中央有关指示精神,适应大学生创业发展的形势需要,在原有"挑战杯"中国大学生创业计划竞赛的基础上,共青团中央、教育部、人力资源和社会保障部、中国科协、全国学联决定,自2014年起共同组织开展"创青春"全国大学生创业大赛,每两年举办一次。

以党的十八大和十八届二中、三中全会精神为指导,以"中国梦,创业梦,我的梦"为主题,以增强大学生创新、创意、创造、创业的意识和能力为重点,以深化大学生创业实践为导向,着力打造权威性高、影响面广、带动力大的全国大学生创业大赛。

以此为带动,将大学生的创业梦与中国梦有机结合,打造深入持久开展"我的中国梦"主题教育实践活动的有效载体;将激发创业与促进就业有机结合,打造整合资源服务大学生创业就业的工作体系和特色阵地;将创业引导与立德树人有机结合,打造增强大学生社会责任感、创新精神、实践能力的有形工作平台。

(二) 重点介绍:2018年"创青春"浙大双创杯全国大学生创业大赛

1. 大赛宗旨

培养创新意识、启迪创意思维、提升创造能力、造就创业人才。

2. 大赛目的

为深入学习贯彻习近平新时代中国特色社会主义思想和党的十九大精神,引导和激励高校学生弘扬时代精神,把握时代脉搏,将所学知识与经济社会发展紧密结合,培养和提高创新、创意、创造、创业的意识和能力,促进高校学生就业创业教育、创业实践活动的蓬勃开展,发现和培养一批具有创新思维和创业潜力的优秀人才,帮助更多高校学生通过创业创新的实际行动,推动"大众创业、万众创新",为决胜全面建成小康社会、建成社会主义现代化强国、实现中华民族伟大复兴的中国梦贡献青春力量。

3. 大赛主题

弄潮创青春　建功新时代

4. 办赛思路

该届大赛将突出创新作为引领发展的第一动力,注重把握经济社会发展的实践性、"双创"教育的规律性、高新技术的驱动性和时代精神的引领性,把大赛作为深化创新创业教育改革的重要抓手,优化高素质创新人才培养机制,加速打造创新创业平台、壮大创新创业主体、优化创新创业环境、强化创新创业合作、建设创新创业生态,切实提高高校学生的创新精神、创业意识和创新创业能力,打造创新创业项目成果展示、服务、转化和落地的综合化大平台,构建从原始创新到成果转化的创新链,推动高校科技成果转化应用,促进"大众创业、万众创新"迈上新台阶。

二、优秀项目

(一)"可自由开发的无人车专属高性能底盘":首都赛金奖、全国决赛金奖

中云智车由北京理工大学特种无人车辆创新基地孵化,2018年4月获英诺天使种子轮投资,团队拥有近10年的无人车、电动车正向研发经验,曾创造世界首辆多智能体协同军用无人车、世界首辆无人驾驶FSAE赛车、中国首辆纯电动FSAE赛车等,曾夺得2018年第四届中国"互联网+"大学生创新创业大赛全国总冠军等诸多奖项。

目前,中云智车已受理发明专利数十项,已交付及签订订单数十台,意向订单数百台,获全国多个省市高新区及大型工业园区示范扶持,已与数十家大型物流企业、电商巨头、工业园区、高等院校达成合作协议。近期,位于河北固安的中云智车二期生产基地即将开始运营,预计年产能将达到1 000台以上。

(二)"展翼计划":首都赛金奖、全国决赛金奖

"展翼计划"致力于填补国内肢残儿童义肢解决方案的空白,为残疾儿童提供义肢解决方案。项目通过对3D打印义肢的开源技术的引入和应用,联合3D打印平台、3D打印从业者、机械工程专业大学教师和学生、肢体整形外科医生、肢体残疾患儿家长等角色,推进3D打印义肢技术的提升和普及,并以去中心化的形式推动此项目,帮助到更多有需要的人和残疾群体。

第三节 "挑战杯"全国大学生课外学术科技作品竞赛

一、赛事介绍

"挑战杯"全国大学生课外学术科技作品竞赛（以下简称"'挑战杯'竞赛"）是由共青团中央、中国科协、教育部、全国学联和地方政府共同主办的一项具有导向性、示范性和群众性的全国竞赛活动。自1989年首届竞赛举办以来，"挑战杯"竞赛始终坚持"崇尚科学、追求真知、勤奋学习、锐意创新、迎接挑战"的宗旨，在促进青年创新人才成长、深化高校素质教育、推动经济社会发展等方面发挥了积极作用，在广大高校乃至社会上产生了广泛而良好的影响，被誉为当代大学生科技创新的"奥林匹克"盛会。竞赛的发展得到了党和国家领导人的亲切关怀，江泽民同志为"挑战杯"竞赛题写了杯名，李鹏、李岚清等领导同志题词勉励。历经十六届，"挑战杯"竞赛已经成为：

（一）吸引广大高校学生共同参与的科技盛会

从最初的19所高校发起发展到1 000多所高校参与，从300多人的小擂台发展到200多万大学生的竞技场，"挑战杯"竞赛在广大青年学生中的影响力和号召力显著增强。

（二）促进优秀青年人才脱颖而出的创新摇篮

竞赛获奖者中已经产生了两位长江学者，6位国家重点实验室负责人，20多位教授和博士生导师，70%的学生获奖后继续攻读更高层次的学历，近30%的学生出国深造。他们中的代表人物有：第二届"挑战杯"竞赛获奖者、国家科技进步一等奖获得者、中国十大杰出青年、北京中星微电子有限公司董事长邓中翰，第五届"挑战杯"竞赛获奖者、"中国杰出青年科技创新奖"获得者、安徽中科大讯飞信息科技有限公司总裁刘庆峰，第八届、第九届"挑战杯"竞赛获奖者、"中国青年五四奖章"标兵、南京航空航天大学2007级博士研究生胡铃心等。

（三）引导高校学生推动现代化建设的重要渠道

成果展示、技术转让、科技创业，让"挑战杯"竞赛从象牙塔走向社会，推动了高校科技成果向现实生产力的转化，为经济社会发展做出了积极贡献。

（四）深化高校素质教育的实践课堂

"挑战杯"已经形成了国家、省、高校三级赛制，广大高校以"挑战杯"竞赛为龙头，不断丰富活动内容，拓展工作载体，把创新教育纳入教育规划，使"挑战杯"竞赛成为大学生参与科技创新活动的重要平台。

（五）展示全体中华学子创新风采的亮丽舞台

香港、澳门、台湾众多高校积极参与竞赛，派出代表团参加观摩和展示。竞赛已经成为全体中华学子展示创新风采的舞台以及增进彼此了解、加深相互感情的重要途径。

二、优秀项目

（一）基于 ROS 系统的多功能仿蛛足轮多用途机器人

本项目鉴于当前热点的仿生机器人研究与新型轮式驱动方式，开发了一款兼具足式、轮式优势的多功能仿蛛足轮机器人。该机器人的下层系统为基于 stm32 控制器的足轮混合机器人，其可采用三足交替前进、双足前进、探索前进等行进步态以及低中高三种姿态来实现复杂的运动；通过陀螺仪进行水平姿态调整；通过其超声波、红外、声音等传感器实现一定水平的越障；通过小腿下端的足轮切换装置使机器人可以实现足轮随意切换。该机器人结构稳定，仿生程度高，自适应能力强，可承受一定负载并可提供一个稳定搭载平台，用于侦查、探测、教学等领域。该机器人的上层系统是基于 ROS 系统的视觉控制系统，其采用了激光雷达配合单目摄像头实现了机器人的视觉识别、场景建模，进而完成了路径规划，从而指导下层系统进行运动，实现了机器人的闭环控制系统。

该项目具有以下创新点：

1）基于多种传感器联合控制实现机器人水平姿态调整、避障、防掉落等功能。

2）小腿底部设计了足轮复合结构，从而实现姿态快速转换。

3）可作为搭载平台搭载无人机等。

4）基于 ROS 系统的视觉识别模块可以完成一定的场景建模、路径规划功能。

5）高灵活度与高搭载能力使得该机器人可以作为一个平台搭载更多的装置用于侦查、探测、教学等功能。

（二）菲涅尔透射聚光式太阳能微厨

利用菲涅尔透射聚光与二次反射聚光的原理，对入射到圆柱面菲涅耳透镜表面的光线分别处理，将太阳能光汇聚于真空管接收器上。其中，未汇聚到真空管上的光线，经二次聚光器再反射到真空管接收器上实现聚焦。本发明的优点在于采用折射和反射两种光学原理对太阳光线进行处理，实现对太阳能的高效利用，降低太阳光入射的精度要求；将圆柱面菲涅尔透镜、真空接收管以及二次聚光器连接成一体化结构，通过调节二次聚光器的角度，能够实现对太阳光入射角的追踪，而通过可折叠式微厨整体面板下方的定位杆和随动万向轮，能够实现对太阳光方位角的追踪，从而保证太阳光线始终垂直菲涅尔透镜表面入射，达到太阳能利用的最大化。另一方面，本发明将透镜支架设置成为可拆卸式，将微厨整体面板设置成为可折叠式，能够将本装置折叠成为箱体结构，拆卸下来的透镜支架可作为箱体拉杆，加之随动万向轮，使得本装置具有极高的便携性。

本装置巧妙地利用光学原理中的折射与反射将太阳能通过菲涅尔透镜转化为热能，从而改善传统烧烤过程中的油烟和有害物质的产生，同时相较市场上目前发明的太阳能微厨，更加灵活多变，同时也更富功能性。

本装置既能够不对生态环境造成破坏，又能将新能源的使用带入人们的生活当中，有效地改善了传统烧烤模式——将新型"菲涅尔透镜"的折射原理融入生活当中，是有利于建设资源节约型、环境友好型社会的技术发明。

（三）基于电导探针的空化气液流场测量装置

基于电导探针的空化气液流场测量装置由水洞试验段，高速录像子系统，探针子系统、触发子系统和同步分析子系统组成。其原理为利用空化气液两相介质导电率存在显著差异的特点，通过测量探头针尖电极处液体导电率的变化可以确定该点两相流体相态的变化，获得汽液流场中汽液状态参数，如含气率、相速度、气泡参数等。进而，基于汽液状态参数，实现对空化汽液流场的精确测量，为空化流动机理的研究及空化不稳定性控制提供支撑。

非定常空化流动的研究具有浓厚的工程应用背景和科学研究价值，如在国防领域，超空化武器是各大军事大国重点发展的战略武器，在未来海战中将发挥重要作用。电导探针可以测量汽液流场内部特性，是深入认识和掌握汽液流场演化规律的重要技术。非定常空化内外气/汽/液相分布演化的精确测量，是深入分析空泡载荷特性的关键。因此，电导探针技术可以应用于非定常空化内外汽液流场的精细测量，为非定常空化流动机理及其稳定性控制提供依据，可服务于水下超空泡武器的研制。

第四节 大学生车辆类竞赛及其他创新类竞赛

一、大学生车辆类竞赛

大学生车辆类系列竞赛,是高校学生展示其创造力的公益教育平台。它是由高等院校车辆工程或相关专业在校生组队、每年通过亲手制造一辆赛车,来体验汽车设计、采购、制造、营销、调校、使用等环节,从而达到兼顾理论学习和工程实践目的的教育性赛事。

车辆类竞赛以"大学生方程式汽车大赛"为典型,各团队分别有相对应的国际级、国家级赛事,总人数在50~80人不等,队内分为运营组、技术组两个方向,技术组专注于赛车设计、研发、制造、测试和调教,运营组负责团队的对内对外事务和运行事宜。

(一)中国大学生方程式汽车大赛(FSC)

1. 赛事介绍

中国大学生方程式汽车大赛(FSC)是系列赛事中最早开办的比赛,由中国汽车工程学会、中国20所高校联合发起举办,于2010年正式开办,是高校学生展示其创造力的公益教育平台,在国际上被视为"学术界的F1"。

大赛要求各参赛车队按照赛事规则和赛车制造标准,在接近一年的时间内自行设计和制造出一辆在加速、制动、操控性等方面具有优异表现的小型单座赛车、并能够完成全部或部分竞赛环节的比赛。

2. 获奖情况

中国大学生方程式汽车大赛获奖情况如表5-1所示。

表5-1 中国大学生方程式汽车大赛获奖情况

比赛名称	时间	获奖项目
中国大学生方程式汽车大赛	2010年	中国一汽FSAE年度综合大奖(总冠军)
		杰出工程大奖
		MG运动大奖
		最佳安全性大奖
		东风风神杰出品质奖

续表

比赛名称	时间	获奖项目
中国大学生方程式汽车大赛	2010 年	最佳赛场表现大奖
日本大学生方程式汽车大赛	2011 年	最佳新秀车队三等奖
		直线加速一等奖
		总成绩第 19 名（共 73 支车队）
中国大学生方程式汽车大赛	2011 年	总冠军
		外形设计二等奖
		商业营销报告一等奖
德国大学生方程式汽车大赛	2012 年	总成绩第 34 名（共 110 支车队）
中国大学生方程式汽车大赛	2012 年	商业营销报告三等奖
中国大学生方程式汽车大赛	2013 年	（燃油组）商业营销报告一等奖
		（燃油组）高速避障二等奖
		（燃油组）赛车设计第 5 名
中国大学生方程式汽车大赛	2014 年	（燃油组）总成绩亚军
		（燃油组）成本与制造分析第 2 名
		（燃油组）赛车设计第 4 名
		（燃油组）高速避障第 3 名
		（燃油组）耐久性能测试第 2 名
		（燃油组）燃油经济性测试第 2 名
中国大学生方程式汽车大赛	2015 年	（燃油组）赛车设计第 3 名
中国大学生方程式汽车大赛	2016 年	（燃油组）总成绩第 6 名
中国大学生方程式汽车大赛	2017 年	（燃油组）三等奖
首届工信部创新创业奖学金	2016 年	特等奖（唯一的本科生团队）

（二）中国大学生电动方程式汽车大赛（FSEC）

1. 赛事介绍

中国大学生电动方程式汽车大赛（FSEC）是中国大学生方程式汽车大赛（FSC）油（车）电（车）分离后的大赛，首届大赛于 2015 年 11 月 3—7 日在上海 FI 赛道举办。我校电动方程式赛车队，是国内首支自主研发设计纯电动方程式赛车的车队，首次在 2011 年中国大学生方程式汽车大赛现场亮相。

2017 年中国大学生电动方程式大赛（FSEC）比赛现场如图 5-1 所示。

图 5-1　2017 年中国大学生电动方程式大赛（FSEC）比赛现场——银鲨Ⅵ

2. 获奖情况

中国大学生电动方程式汽车大赛获奖情况如表 5-2 所示。

表 5-2　中国大学生电动方程式汽车大赛获奖情况

比赛名称	时间	获奖项目
中国大学生方程式汽车大赛	2013 年	（电动组）赛车设计第 2 名（国内第 1 名）
		（电动组）直线加速第 2 名（国内第 1 名）
		（电动组）高速避障第 2 名（国内第 1 名）
		（电动组）八字环绕第 4 名（国内第 3 名）
中国大学生方程式汽车大赛	2014 年	（电动组）总成绩第 2 名（国内第 1 名）
		（电动组）赛车设计第 2 名（国内第 1 名）
		（电动组）市场营销报告第 3 名（国内第 2 名）
		（电动组）直线加速第 3 名（国内第 2 名）
		（电动组）高速避障第 2 名（国内第 1 名）
中国大学生电动方程式大赛	2015 年	（电动组）国内总成绩第 1 名
		营销报告第 1 名

续表

比赛名称	时间	获奖项目
中国大学生电动方程式大赛	2015年	效率测试第1名
		轻量化第1名
		ANSYS第2名
		赛车设计第3名
		耐久性能第2名
中国大学生电动方程式大赛	2016年	静态项目总成绩第3名
		最佳电动力总成奖第3名
中国大学生电动方程式大赛	2017年	成本制造与分析第2名
		最佳电气系统和线束设计第2名
中国大学生电动方程式大赛	2018年	成本与制造分析奖第2名
中国大学生电动方程式大赛	2019年	电动方程式营销报告第1名
首届工信部创新创业奖学金	2016年	特等奖（唯一的本科生团队）

3. 代表赛车

（1）2017赛季作品——黑鲨Ⅷ

黑鲨Ⅷ（如图5-2所示）是北京理工大学方程式赛车工作室历时10个月，依据2017年大赛规则，迄今为止造出的第八辆燃油动力方程式赛车。黑鲨Ⅷ凭借163kg的车重成为此次大赛81支队伍当中的"最轻赛车"，并在雨天湿滑的赛道表现下，由第一年参加训练的车手驾驶达到全场单缸发动机的最快圈速1.49′，保持北理"最快单缸"的记录。

在动力系统上，体积小、质量轻、功率大的"Honda CRF450x"发动机，考虑到发动机自身排量对功率的限制以及对更高功率的需求，车队对发动机进行了扩缸处理，排量增大至490cc；更换了尺寸更大的气门，增大了气流进出气缸的效率，配合钛合金气门弹簧，使得气门处密封性有了较大提高，经过改装调校发挥出更高效的动力表现；同步带减速机构的传动设计做到了质量更轻、传动比更准确；利用锁止系数可调的差速器，针对整车过弯时的横摆角速度进行调校，使得整车的转向特性能够满足比赛的需求；并针对比赛的不同工况，将锁止系数调节至合适值。

在电控系统方面，全方位的精准的控制和数采便于优化分析；使用"速度-密度法"计算发动机载荷；发动机配备大量传感器来检测发动机运行状

图 5-2　2017 年中国大学生方程式汽车大赛（FSC）比赛现场——黑鲨Ⅷ

态，包括燃油压力、机油压力、机油温度、进气温度、进气压力等传感器，全面检测发动机的工作状态，保证其稳定高效地输出。在标定过程中，在对每个稳态工况点进行标定的基础上，对发动机的瞬态响应进行了仔细标定，使其动态响应极为迅速。在控制策略上，标定功率型和经济型两套 map，可以根据比赛情况更改策略以满足不同项目对发动机性能的要求。

在底盘系统上，致力于实现系统内外部的紧密配合，具备优异的操纵性，同时兼顾衰减振动、缓和冲击的能力，同时保证装配、调校的便捷性。改良悬架系统布置形式，采用俯仰弹簧与横向稳定杆分别提供纵向、侧向刚度，使用独立阻尼器提供纵向阻尼，并与 ohlins 阻尼器配合控制侧倾阻尼，以此实现刚度、阻尼的解耦，方便悬架的精确调校。经过多体动力学仿真优化的悬架及转向保证了赛车在多弯的赛道中发挥出更大的侧向极限和迅速稳定的响应速度。

碳纤维夹心材料制作的单体壳承载式车身结构在减轻整车质量的同时保证了极高的扭转刚度；以 Hypermesh + Abaqus 为基础的联合仿真方法对单体壳进行受力及模态分析优化。相比 ANSYS/ACP 模块，其在网格划分上更加强大精细，并可以同时对悬架扭转、空套下压力等多种工况条件进行联合仿真，辅以三点弯曲等样块实验，使结果更加准确真实，铺层方式更加合理科学。通过铺层优化，全新单体壳的扭转刚度达到了约 4 000N·m/deg，同时质量减轻到 20kg，相比往年减重 15%，更好地实现了轻量化的目标。

在空气动力学设计上,包含前翼、尾翼、侧翼的全套空气动力学套件保证了更出色的弯道表现。Matlab 与 Xflow 联合的组合翼型设计、整车气动俯仰力矩平衡、高可信度的 XFlow 整车流场仿真,实现了整车增升减阻的设计目标。

(2) 2019 赛季作品——"银鲨Ⅷ"

出于对赛车动态性能及经济性能表现的考虑,"银鲨Ⅷ"采用 4×4 分布式轮毂电机驱动,自制复合材料电池箱、单体壳复合材料承载式车身、碳纤维悬架和高升阻比空气动力学套件的设计方案。赛车设计最大轮上扭矩 250N·m、最大功率 80kW,预期通过扭矩矢量控制系统及牵引力控制系统实现最大纵向加速度 1.2g、最大侧向加速度 1.8g。

在控制系统方面,自主开发扭矩矢量控制系统及牵引力控制系统,进一步提高了整车的操纵性、动力性及经济性。电控组件采用独立模块设计,提高电路整体可靠性和稳定性;构建基于汽车动力学原理的预测模型,采用模型预测控制算法,实时地计算出四个轮胎的驱动扭矩,实现高效稳定的分布式矢量驱动。引入牵引力控制系统,实时采集避震位移传感器与轮速传感器的数据,计算当前垂向载荷,结合侧向、纵向加速度,通过轮胎模型预判附着情况,控制扭矩输出,确保发挥轮胎的最大性能。运用 Simulink & Carsim 联合仿真,对核心解算器算法进行参数优化,提高控制策略的响应特性,更准确地指导实车调试。同时根据实车数据,对仿真模型进行修正,仿真与测试相互促进,提高准确性、可靠性。

在动力系统方面,复合材料电池箱既能实现轻量化又能达到更高的安全性,分箱、前后布置使得整车的轴荷分配均衡、质心降低,同时,电芯采用水平放置以降低电池系统的整体高度,达到降低整车质心、提升操纵性和舒适性的目的。

行星齿轮减速器与电机直接串联输出,提高了整车的传动效率;首次采用轮边减速器构型,1.5 级 NW 型行星减速器在较大的传动比的情况下仍能保证很小的体积,尽可能减小簧下质量。并基于 AVL Cruise 环境进行仿真优化,结合赛道仿真结果与国内外采用轮边电机的车队的传动比,进行动力性仿真与优化,最终确定最佳传动比为 12.273。在底盘系统方面,改进悬架系统布置形式,后悬架采用刚度解耦的悬架设计,俯仰弹簧与横向稳定杆分别提供纵向、侧向刚度,方便悬架的精确调校,且使用独立阻尼器提供俯仰阻尼,并与 Marzocchi 减震器配合控制侧倾阻尼。前悬架采用位于两侧的双减震器且无横向稳定杆的设计,以保证在获得可靠的俯仰侧倾性能的前提下减小悬架布置所占用的车身前部空间，保证了赛车在多弯的赛道中发挥出更大的侧向极限和迅速稳定的响应速度；在车身结构方面，通过样块实验及Hypermesh/Optistruct/Abaqus联合仿真实现。在材料选择上，碳布采用高模量的M40及高强度的T700两种预浸料，其中T700选择了薄、厚两种碳布用于单体壳不同部位，铝蜂窝选择了15mm、20mm两种厚度的铝蜂窝，在满足强度的条件下进一步扩大单体壳内部体积。在仿真方面，Abaqus用于样块仿真，与实验进行对比，最终得到正确的材料参数，用Hypermesh进行宏观力学建模，增加了SES中涉及的非设计区域建模，并考虑了主环对单体壳的影响，进行了扭转、弯曲不同工况的仿真。单体壳进行了铺层优化，利用Optistruct依次进行了自由尺寸、连续尺寸、离散尺寸、层叠次序优化，考虑后续可制造性，对仿真过程中得到的铺层进行形状编辑，使碳布剪裁的成本降低。经过仿真优化，最终确定了单体壳铺层的分布、厚度、角度及顺序方案，使单体壳扭转刚度达到了7000N·m/deg以上。

考虑到全新的四电机动力系统产生的强大驱动力，"银鲨Ⅷ"赛车空气动力学套件的设计致力于增大赛车下压力，提升弯道表现；提升套件各部分工作效率，尽可能减小空气阻力。在保证升阻性能的基础上，关注赛车的气动力矩平衡和侧风稳定性，提高赛车在真实赛道条件下的整体空气动力学性能。结构设计方面，在保证规定结构强度的基础上，套件整体实现尽可能的轻量化和高可靠性，包含前翼、侧翼、尾翼及扩散器的全套空气动力学套件保证了更出色的弯道表现。

（三）中国大学生无人驾驶方程式大赛（FSAC）

1. 赛事介绍

中国大学生无人驾驶方程式大赛（FSAC）是系列赛事中最晚开办的竞赛，由中国汽车工程学会、中国7所高校联合发起举办，于2017年正式开办（2017年第一届中国大学生无人驾驶方程式大赛比赛现场如图5-3所示）。大赛本身给了参赛车队一个同场竞技的机会，以展示和证明高校学生的创造力和工程技术水平。大赛要求各参赛车队按照赛事规则和赛车制造标准，在接近一年的时间内，由各大学车队的本科生和研究生构想、设计、制造、开发并完成一辆具有无人驾驶功能，并能够以自主驾驶模式完成对应动态赛事的纯电动方程式赛车并参加比赛。赛车必须在加速、制动和操控性方面具有非常优异的表现，同时又必须具有足够的稳定性与安全性以顺利完成比赛中的所有项目。

2. 代表赛车

2019赛季作品——"灰鲨Ⅲ"。其作为一辆无人驾驶方程式赛车，具备

图 5-3　2017 年第一届中国大学生无人驾驶方程式大赛比赛现场

以下技术亮点：

1）整车采用单体壳一体式承载车身，配备全套空气动力学套件，并在整车高低压电路上具备高度的集成化及模块化设计应用。

2）电动赛车线控化底盘设计方案与驾驶模式可切换的设计方案，能够满足赛车的自动驾驶、手动驾驶模式需求。

3）在感知子系统中，使用了机器视觉和点云分割识别两套独立的感知方法，其中视觉采用循环卷积神经网络（RCNN）进行目标检测，点云识别采用基于拓扑分布的长短期记忆网络（LSTM）进行目标分布分类，两者感知结果通过基于改进的粒子滤波 FastSLAM2.0 算法进行融合建图，使稳定感知范围扩大到 40~50m。

4）在状态估计子系统中，通过重投影的非线性求解方法，自动将多传感器统一到 IMU 坐标系下并通过扩展卡尔曼滤波（EKF）算法进行多传感器数据的松耦合融合，实现 200Hz 车辆状态的精准估计。

5）在控制部分，使用模型预测边界控制（MPCC）进行非线性运动学动力学混合模型求解，实现了低速和高速工况下灰鲨Ⅲ的控制。

6）在系统开发中，时刻关注高效地测试效果，增加了基于 Gazebo 的赛车仿真和大量可视化和自动化测试环境，进一步加快了灰鲨Ⅲ的性能提升与稳定。在此基础上，灰鲨Ⅲ实现了快速响应的并联式线控底盘的布置与设计，并基于 Rapid ECU 开发了整车控制逻辑，配备纯自主开发的基于 ROS 系统的无人驾驶感知、规划、控制策略，以实现特定场景——锥桶式赛道的无人驾驶。

灰鲨Ⅲ基于以上技术亮点的充分实施，在2019年中国大学生无人驾驶方程式大赛中取得以下成绩：

无人驾驶方程式大赛总成绩奖：一等奖；

无人驾驶方程式大赛直线加速奖：第一名；

无人驾驶方程式大赛8字绕环奖：第一名；

无人驾驶方程式大赛高速循迹奖：第二名；

无人驾驶方程式大赛赛车设计奖：第二名；

无人驾驶方程式大赛无人驾驶系统设计：第三名。

（四）中国汽车工程学会巴哈大赛（BSC）

1. 赛事介绍

中国汽车工程学会巴哈大赛（BSC），是2015年创办的主要面向职业院校和本科院校开展的小型越野汽车设计和制作赛事，条件成熟时，将面向社会开放。此项赛事是大学生方程式汽车大赛的前身。BSC大赛是一种全新的技术教育和工程实践过程，使得参与其中的学生能够以兴趣为导向，在接受挑战中全方位提升自己的能力和素质，尽现"人人皆可成才，人人尽展其才"的现代职教精神。

BSC大赛要求各参赛车队在规定时间内，使用同一型号发动机，设计制造一辆单座、发动机中置、后驱的小型越野车，参加包括多种静态与动态项目测试。静态项目包括技术检查、赛车设计、成本与制造、商业营销等，动态项目包括牵引力测试、爬坡测试、直线加速测试、耐力测试等。

2. 获奖情况

2016年，获中国汽车工程协会巴哈大赛本科院校二等奖。

2018年，获中国汽车工程协会巴哈大赛本科院校二等奖，营销设计答辩第一名。

2019年，获中国汽车工程学会巴哈大赛襄阳站总成绩本科组第三名（全国一等奖），商业营销（本科组）第一名，操控性（本科组）第三名，耐久性（本科组）第三名。

3. 代表赛车

2019赛季作品——沙漠之鹰Ⅳ（如图5-4所示）。在前三年赛车设计经验的基础上进行探索迭代。设计之初仔细研读规则，在规则的基础上结合往年经验设计开发，运用CATIA、Solidworks两种建模软件以及ANSYS、Adams、Gearbox三种仿真软件，积极进行设计革新，结合更优的设计理念和队员们不同的见解，讨论决定更合理的设计，提出开创性的解决方式。沙漠之鹰Ⅳ设计参数见表 5-3。

表 5-3 沙漠之鹰Ⅳ设计参数

轴距	1 405mm
轮距	前 1 300mm/后 1 200mm
整备质量	138kg
最高速度	65km/h
最小离地间隙	255 mm

图 5-4 沙漠之鹰Ⅳ在 2019 年中国汽车工程学会巴哈大赛比赛现场

前轮边设计吸取以往经验，对材料和结构形式进行迭代，单个轮边总成较去年减重 50%；全新赛车后轴通过采用轴制动简化后轮边结构，降低簧下质量；后悬沿用单纵臂式拖曳臂悬架形式，较往年优化后悬空间布置。

转向采用 igus 尼龙轴承；采用碳纤维骨架配合 3D 打印适应块方向盘；制动加入平衡杆调节器，便于车手根据赛道状况调节前后制动力；采用铝制制动踏板，不易变形，稳定性高。

驾驶舱的造型布置充分考虑了各系统的安装要求并着重对人机参数进行了设计。除了满足规则中的第 95 百分位男性身材和第 5 百分位女性身材对空间的需求外，在 CATIA 中运用人体模板对与驾驶姿态相关的十余个尺寸数据进行了量化设计。驾驶舱内各方向空间均满足规则要求，车手在驾驶舱内配合五点式安全带、手臂束缚带、颈托、头盔的防护下，可以充分保证安全。

本赛季成绩：襄阳站总成绩第 3 名，国家一等奖（营销答辩第 1 名，设计答辩第 7 名；操控性比赛第 3 名；爬坡赛第 4 名；直线加速赛第 6 名；耐久性比赛第 3 名）。

（五）ShellEco‐marathonAsia（壳牌汽车环保马拉松赛亚洲赛）

1. 赛事介绍

壳牌汽车环保马拉松赛始建于 1939 年，旨在挖掘各种发动机的节能潜力，比赛要求每支车队自己设计制造驾驶环保节能车，在单圈长度为 3.63km 的跑道上跑三圈，然后计算出车辆每升燃油的平均驾驶距离和尾气排放情况燃油经济最环保的车辆获胜。其中，参赛队伍可选择使用汽油、柴油、氢气、生物燃料、太阳能等多种资源，但必须保证安全性。每年在欧洲设立英国、法国、德国等不同的分站赛。该赛事在业界深受关注，除了能源巨头壳牌公司外，米其林、博世、大众汽车等行业巨头都对其投入极大的支持和关注。比赛每年吸引着来自欧美诸如加州大学洛杉矶分校、麻省理工学院、瑞士苏黎世理工学院等顶尖名校参与。

2010 年，壳牌汽车环保马拉松赛来到了亚洲（2018 年壳牌环保马拉松亚洲赛比赛现场如图 5-5 所示），这个活动也成为全亚洲青年学子交流未来节能车辆和燃料的盛会。2019 年，亚洲壳牌汽车环保马拉松赛在北京金港国际

图 5-5　2018 年壳牌环保马拉松亚洲赛比赛现场

赛车场举办。来自全国24支学生车队参加了比赛，包括同济大学志远车队、吉林大学肯赛车队、华南理工大学广州学院华汽电动车队、北京交通大学绿动之心车队在内的许多国内著名节能车队。北京理工大学节能车俱乐部选派的电动原型车在宋强教授带领下参加了此项赛事。

亚洲壳牌汽车环保马拉松赛分为原型车电动车组、原型车汽油组、原型车柴油组、新城市概念车等不同动力源车型比赛，赛事评价标准为各类动力源在相同距离下消耗的能量最少，按照耗能从低到高排名。各项赛事设前六名予以奖励，按照耗能从低到高排名评定，设总成绩前三名予以奖励。

2. 获奖情况

壳牌环保汽车马拉松赛亚洲赛获奖情况见表5-4。

表5-4 壳牌环保汽车马拉松赛亚洲赛获奖情况

壳牌环保汽车马拉松赛亚洲赛	获奖情况
2010年	原型车汽油组第6名
2011年	亚洲汽油组第2名、内燃机组第3名
2012年	原型车汽油组第3名、原型车电动组第3名 communicationaward（沟通交流奖）
2016年	成绩442km/（kW·h）、原型电动车组亚军
2017年	成绩427km/（kW·h）、原型电动车组亚军
2018年	成绩355.5km/（kW·h）、原型电动车组亚军

3. 代表赛车

（1）2019赛季作品——纯电动型节能车

外部以红色和黑色为主色调的纯电动型节能车是北京理工大学节能车俱乐部自行设计制作的电动原型车。这部车的动力来源为锂电池，由电机驱动，通过一级减速带动车轮进行行驶。车身整体采用了碳纤维与蜂窝铝结合，巧妙地将两种材料的强抗拉和抗压特性相结合，使得在车身整体质量大大减小的同时，保证了车身整体的强度。车身的外形也是通过空气动力学的计算，实现车在行驶中受到的风阻最小化。车体的转向结构紧密的设计，极大地提高了空间利用率，即使在车内狭小的空间内，车手处于躺姿也能够自由地操纵车辆的行驶方向。

电机部分采用了24V供电的三相直流无刷电机，节能车俱乐部成员制作了它使用的电机控制器。电机控制器内包括MCU单元、直流DC-DC单元、

MOS管开关控制单元、霍尔测速单元等，实现了对电机转速的闭环控制，还能将转速信息导出，方便车手了解车速。

该车整车车重（不包含车手）为30kg，最高空载（不含车手）车速53km/h。在2019年壳牌环保马拉松中国站原型车电动组中以389km每千瓦时的成绩获得亚军，2018年壳牌亚洲环保马拉松比赛亚军，并在Honda中国节能竞技大赛中获得最佳设计奖。

（2）2018赛季作品——内燃机型节能车

外部整体为黑色的内燃机型节能车是节能车俱乐部自行设计制作的燃油原型车，这部车的动力是通过发动机燃烧燃油获得，动力从发动机中输出，通过链传动系统，实现减速增矩的功能，为车辆提供足够的动力。由于发动机本身会产生较大的振动，所以，燃油车的车身并没有像电车那样采用承载式车身，而是采用了半承载式车身，将铝合金车架与碳纤维车身相连，有效地减少发动机产生的振动对车身强度以及车辆稳定性的影响。牙嵌离合与螺旋线的结合，可以在车辆加速时，自动啮合，将发动机动力传递到车轮，在车辆滑行或减速时自动分离，将动力隔断，实现了离合的自动结合与分离。

在发动机方面，根据往届比赛思路，对发动机进行减重。首先将发动机缸头、刚体、活塞、曲轴等零件拆下，将曲轴箱分成两半，先用一台废弃的发动机的曲轴箱进行试切，用角磨机一点点切掉多余的部分直到得到最佳的切割方案，同时保留传感器安装位置，然后联系加工厂进行加工。此外设计分体式接油盘，再将切好的曲轴箱和分体式接油盘焊接在一起，安装时在配合面涂上硅酮。由于为了减重切掉了曲轴箱的大部分，在侧面的一些可能会漏油的小孔，使用铁皮和7102环氧树脂胶进行密封，防止机油泄漏。

同时改进既有润滑油路，根据比赛新的规则，放弃使用机油泵，改用飞溅润滑，经过实验后满足使用要求，进一步减重并减少电池所需容量。采用两款ECU，一款是Honda比赛方提供的ECU，自行完成了整台发动机控制线路的分辨、连接与布线，成功点燃发动机。另一款为motec的ECU，通过调节喷油量、点火时刻和点火提前角，使发动机能够输出合适的扭矩、降低油耗。

该车整车车重（不包含车手）为42kg，最高时速实载（含车手）为50km/h。在2018年Honda中国节能竞技大赛中以780km/L的成绩获得冠军。

（六）中国节能竞技大赛

1. 赛事介绍

Honda节能竞技大赛由本田公司于1981年在日本东京赞助举办第一届

智汇北理·创梦机械

"本田宗一郎杯"燃油耗费竞技大赛。(HondaEcono Powe rRace) 比赛以本田公司创始人本田宗一郎的名字命名。大赛的宗旨是利用现有的技术和能力，寻找应对能源危机和环境污染的最佳途径，唤醒人们的节能和环保意识。中国节能竞技大赛由本田汽车公司举办，自2007年开始，已成功举办了13届。

2018年第十二届中国节能竞技大赛在广东国际赛车场举行，参赛队伍总数为154支队伍，分为大学燃油组66支，企业燃油组20支，大学电动组47支，企业电动组21支，参赛总人数超过2000人。参赛队伍大多为国内985高校、211高校以及车辆工程专业比较强的高校，该项赛事目前已经成为国内具有广泛深远影响的赛事。

Honda中国节能竞技大赛分为大学燃油组和大学EV（电动车）组，企业燃油组和企业EV组，燃油组通过行使相同距离后对比油耗来评比成绩，EV组通过使用给定容量的电池所行驶的距离来评比成绩。各组赛事设前三名予以奖励，并设立有针对赛车外形设立的"FUNTEC奖"和"最佳设计奖"各一名，以及为了鼓励参赛队伍设立的燃油组最佳进步奖、燃油组优秀车队奖、最佳新秀奖。

2. 获奖情况

中国节能竞技大赛获奖情况见表5-5。

表5-5 中国节能竞技大赛获奖情况

中国节能竞技大赛	获奖情况
2007年	燃油组冠军和第五名，获得了2008年度代表中国去日本参加"本田宗一郎杯"节能竞技大赛的参赛权
2008年	油车成绩924.046km/L，燃油组亚军
2009年	燃油组冠军和季军，以1 279.565km/L的优异成绩打破该赛事的记录。
2010年	燃油组第三名
2011年	燃油组亚军、最佳设计奖
2013年	EV组高校第三名、油车退赛
2014年	EV组高校第一名、油车退赛
2015年	燃油组组高校第六名、EV组前三名、最佳人气奖
2016年	燃油组别第四名、十年贡献奖

续表

中国节能竞技大赛	获奖情况
2017 年	油车 17G01 和 17G02 分别以 942.69km/L 和 821.12km/L 的成绩位列中国高校燃油组一、二名,但由于存在规则的争议,导致成绩取消;电动车 17E03 以 23.501km 的成绩获得大学专科学校级别 EV 组第二名,并且凭借其极佳的外观设计和优异的空气动力学性能获得最佳设计奖
2018 年	油车 G01 在两天中分别以 726.26km/L 和 734.53km/L 的成绩取得亚军与冠军。电车获得优秀车队奖

二、其他创新类竞赛

(一)全国大学生机械创新设计大赛

1. 赛事简介

全国大学生机械创新设计大赛自 2003 年起,已成功举办了八届大赛,近年来连续获批为教育部和财政部联合资助的大学生竞赛项目,成为国内最具影响力的大学生竞赛项目之一。全国大学生机械创新设计大赛每两年举办一次,参赛队伍需通过学校、省部级逐层选拔,方可进入全国赛。

全国大学生机械创新设计大赛的目的在于引导高校在教学中注重培养大学生的创新设计意识、综合设计能力与团队协作精神;加强学生动手能力的培养和工程实践的训练,提高学生针对实际需求,通过创新思维,进行机械设计和工艺制作等实际工作能力;吸引、鼓励广大学生踊跃参加课外科技活动,为优秀人才脱颖而出创造条件。

2. 获奖情况

近年来,我校参赛队伍以机械与车辆学院学生为主,取得的成绩在全国各大高校中独占鳌头。

2014 年首都高校机械创新设计大赛中,我校获得一等奖 16 项,二、三等奖若干;在 2014 年全国大学生机械创新设计大赛中,我校获得一等奖 5 项,二等奖 5 项。

2016 年首都高校机械创新设计大赛中,我校获得一等奖 6 项,二等奖 5 项,三等奖 1 项。4 项作品进入全国决赛,最终获得全国一等奖 2 项,二等奖 2 项。

2018 年首都高校机械创新设计大赛中,我校获得一等奖 9 项,二等奖 3 项。8 项作品进入全国决赛,最终获得全国一等奖 3 项,全国二等奖 5 项。

一直以来，北京理工大学在历届机械创新设计大赛中多次取得优异成绩，累计获得全国一等奖28项（136人），二等奖18项（88人），北京市一等奖57项（263人），二等奖32项（154人），三等奖13项（56人），获奖比例一直居于全国前列，使得大批优秀创新型人才脱颖而出。

3. 优秀项目

（1）自动配重式自行车停放装置——国家一等奖

自行车是一种常用的交通工具，它灵活、方便、省地，具有准时、快捷的优势，适合城市中短距离代步、出行。因为不消耗能源、不排放有害物质，还被称为"纯绿交通"。随着自行车的使用越来越多，尤其是近几年共享单车的兴起，自行车停车问题越来越受到大家的关注。

自动配重式自行车停放装置为二层圆环状自行车停放装置。装置结构主要分为一层圆环停车板和二层圆环停车板。二层停车板可做升降运动，以达到取、放车的目的。升降运动由电机驱动的动滑轮+绳传动完成，同时自动配平系统通过自动配平停车板的总重量以达到减小升降所需驱动力的目的。配平系统的配重物为水，通过传感器、水泵控制水的流向以达到自动配平的目的。该装置主要创新点有：

1）环形立体停车，有效利用空间。

2）利用水配平的方式，可实现无级自动配平。

3）水泵电机+驱动电机的形式能够实现利用小功率电机完成大功率的升降运动。由于水泵+电机组合相较于纯电机功率输出波动更小，具有"削峰填谷"的效果，因此，装置工作更为平稳，其安全性也得到了提高。由于在输出相同功的时候，小功率电机的能量损耗小于大功率电机，因此配重系统可以减少能量浪费。

该停车装置可以很好地解决存在的小区停车难、停车乱的问题。同时，该装置拥有节能环保、安全性高、方便维修更换等优点，适合应用于小区以及其他存在停车难、乱问题的地段。由于该停车装置实现了模块化，适用于不同类型的地段，因此也可以在商场等地段实现应用。同时经过对停车装置的拆卸等处理，可以使得停车装置适用于平房楼顶、路灯、宣传栏等处，在不破坏原有地段功能的同时，实现停车功能，从而实现空间的合理规划。

（2）落地式苹果采摘机——国家一等奖

该项目主要由三部分组成：模拟人手进行"边拧边掰"采摘的采摘前端，可在采摘过程中进行无级伸缩的伸缩杆，以及对前面两个装置进行支持并且存放已采摘的苹果的折叠架。

市面上常见的苹果采摘器一般为"拉拽式"和"剪切式"。"拉拽式"可能对果实可能造成损伤，使树枝有一定变形甚至折断，影响果树下一年度的果实产量；"剪切式"使用刀片进行剪切果柄，容易损伤果实，而且摘下的苹果果梗长度不一，需进行二次修剪才能运输并售卖。对于人工采摘而言，高处水果需要梯子，甚至还需前面所提及的采摘工具进行辅助采摘，而且一般是背着果篮进行采摘，劳动强度大。

该项目的采摘前端采用前所未有的采摘方式，创新地使用了空间差动锥齿轮系，模拟人手的采摘过程，实现了"边拧边掰"这一灵巧而高效的空间动作。"落地式苹果采摘机"不仅解决了短梗苹果难以通过"剪切式"采摘的问题，而且与市面上的产品相比，减小了损伤果实和果柄的可能性，避免二次剪柄，提高了采摘效率。与人工采摘相比，果农不需要爬上梯子作业，增加了作业的安全性，并且本作品具有苹果运回袋，降低了果农的劳动强度。采摘过程中，伸缩杆可无级伸缩，实现基础伸长和精确定位，从而解决高处苹果难以采摘的问题，动作流畅、精准且高效。折叠架实现了本装置的折叠便携。采摘杆与之连接处设置有二自由度铰支座可灵活转动，从而使该项目实现落地式操作，避免整杆手持，降低了劳动强度。

该项目的零件以铝型材、塑料为主，在保证功能的前提下轻量化、低成本化。相较于大型自动化机械，本作品成本更低，适用的地形更为广泛，更符合当前我国农村现状；而相较于人工采摘过程，本作品可以大大降低果农采摘过程的劳动强度，具有较为广阔的前景。

（3）牵引式小型停车库——国家一等奖

随着经济社会的不断发展，汽车这种交通工具逐渐走进千家万户。随着越来越多的家庭拥有自己的家用轿车，小区停车紧张开始发展为一种广泛的社会问题。

新式小区在建设之初往往会考虑到停车问题，建有大型停车场或专用的停车设施，然而在一些较为老旧的小区中情况却大不一样。尤其对于建成较久的小区，由于建设年代早、建设之初规划相对滞后等原因，小区里停车难的问题越来越严重。

由于老旧小区限制，很难出现大片场地用于垂直停车。在该项目考虑的老旧小区中常常出现的是侧方停车与斜方停车。而侧方停车，由于其停车时占用的宽度小，将原有的街道两旁划成停车位，成为"侧向停车位"，在很多设计时没有预留停车位的小区中广泛使用。

该项目以侧方停车方式为对象进行改造。在原有车位的空间利用装置增加车位数量,需要利用车位的垂直空间进行停放。垂直空间包括上层空间和下层空间。

下层空间需要建设地下设施,在停放期间不占用地上空间,但由于这样的设施对于地下空间有较大的利用,建造时需严谨考虑与周围建筑的关系,否则会破坏强度。在老旧小区中,停车位的不足正由于楼层建筑之间距离过近,利用地下空间可能出现安全问题。

地上空间的利用与相比于地下空间更适合老旧小区的车位建设,由于其只需要建设相应的地基即可完成安装,不对居民正在生活的建筑造成过多影响。在选择建筑空间时注意依墙而建、依楼而建,可以不影响楼层采光。这样的设施可以使原有停车位大量增加。

目前市面上有一些数量的立体车库,大多数理念建立在"建造"的基础上,即规划初期预留位置进行装置的搭建,无论是地下停车空间还是大规模升降式的停车设施都需要具有相当的建设场地。

该项目考虑实际情况,面对已经出现停车困难的老旧小区,以"改造"的手段进行设计,直接在已有侧方停车位上搭建设备。装置作为独立的个体进行安装,更加适应老旧小区现有的停车环境,可以针对各个小区不同的现状规划安装方案,在增多停车位的同时不影响居民原本的通行方式,做到"不扰而利于民"。

市场上的立体车库一部分没有主动避让的功能,需要车主操作才能移动上层停放汽车;一部分具有主动避让功能,但运动复杂,需要多自由度配合完成避让动作。该项目每个载车平台的运动仅有一个自由度,利用平行四边形机构从侧方控制车体运动,性价比高、控制简单有效。同时,利用牵引式小型停车库对老旧小区的改造,小区住户可以在同等的停车用地上获得多的车位。即使加上牵引式小型停车位的安装费用,其"举一反三"的车位增多效果也能降低各个车位的价格。

牵引式小型停车库的设计决定了其本身可以灵活地进行安装布置,除了利用原有的侧方车位,小区内几乎所有没有利用的垂直空间都可以进行有效的利用。

试想,如果小区内自行车停放区、垃圾桶、灌木丛、告示牌等占用的地面的装置上方都能够轻松地增加车位,老旧小区停车位紧张的问题将不复存在。

(二) 全国大学生工程训练综合能力竞赛

1. 赛事简介

全国大学生工程训练综合能力竞赛是教育部高等教育司发文举办的全国性大学生科技创新实践竞赛活动,是基于国内各高校综合性工程训练教学平台，为深化实验教学改革，提升大学生工程创新意识、实践能力和团队合作精神，促进创新人才培养而开展的一项公益性科技创新实践活动。

2. 获奖情况

我校参赛队伍获2018年全国大学生工程训练综合能力竞赛国家级特等奖一项、一等奖2项、三等奖1项。

3. 优秀项目

（1）无碳小车挑战赛项目——国家特等奖

"S环形"赛道挑战赛，赛道如图5-6所示，由直线段和圆弧段组合而成一封闭环形赛道，5沿赛道中线放置12个障碍物（桩），障碍桩为直径20mm、高200mm的塑料红白圆棒。竞赛无碳小车能够在环型赛道上以"S环形"路线依次绕过赛道上障碍桩，自动前行直至停止。赛道水平铺设，直线段宽度为1 200mm，两侧直线段赛道之间设有隔墙；沿赛道中线平均摆放5个障碍桩，奇数桩位置不变，偶数桩位置根据现场公开抽签结果，在±（200~300）mm范围内相对于中心桩做相向调整（相对于中心桩，正值远离，负值移近）。

以无碳小车前行的距离和成功绕障数量来评定成绩。每绕过一个桩得8分（以无碳小车整体越过赛道中线为准），一次绕过多个桩或多次绕过同一个桩均算作绕过一个桩，障碍桩被推出定位圆或被推倒均不得分；无碳小车行走的距离每延长一米得2分，在中心线上测量。

各队使用竞赛组委会统一提供的标准砝码给参赛无碳小车加载，并在指定的赛道上进行比赛。无碳小车在出发线前的位置自行决定，不得越线。每队无碳小车运行2次，取2次成绩中的最好成绩。

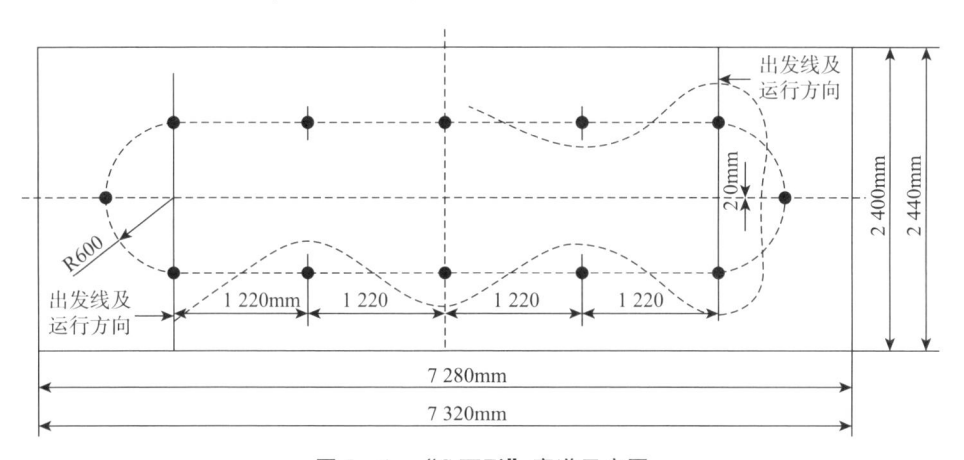

图5-6 "S环形"赛道示意图

北京理工大学参赛队按照竞赛要求主要从小车运动原理与机械结构、小车轨迹仿真计算、小车定位与调整机构等多方面细节出发，重点追求稳定性。最终在经历初赛，三维设计及3D打印制作、无碳小车机械拆装、第二轮现场竞赛、现场问辩、工程设计报告评审等环节的比拼最终获得特等奖。特别是在机械拆装环节，小车在最初设计时，在结构上就充分考虑了零件拆装的效率与重复定位精度等一系列问题，这为现场竞赛赢得了宝贵的调试时间，确保了优异成绩的获得。

(2) 智能装备类竞赛项目——国家一等奖

该届竞赛命题为"智能制造场景中的智能物流机器人"，要求自主设计并制作一款能执行物料搬运任务的智能物流机器人（以下简称"机器人"）。该机器人能够在规定场地内自主行走与避障，通过扫描二维码及Wi-Fi网络通信领取物料搬运任务，自主按任务要求将物料搬运至指定地点，并按照要求的位置和方向精准摆放。

该项目参赛所要求的实物和文件均由参赛学生自主完成。项目要求包括机器人功能、控制、机械结构与外形尺寸等，同时还包括竞赛场地设置、搬运物料及任务编码等环境设置要求，决赛阶段机器人完成的任务以竞赛项目要求为基础。

赛场尺寸为4 800mm×2 400mm长方形平面区域，周围设有高度为100mm的白色或其他浅色围挡板。赛道地面为亚光人造板或合成革铺就而成，基色为浅黄色；地面有间隔为300mm的黑色方格线，经线为线宽20mm的单线，纬线线宽为15+10（间隔）+15mm的双线，可用于机器人行走的地面坐标位置判断。

在比赛场地内，结合企业的现场环境，设置原料区、加工区和成品区。原料区尺寸（长×宽×高）为500mm×160mm×80mm，木质或塑木材料，浅色亚光表面。加工区和成品区的尺寸（长×宽）均为800mm×300mm，均由不同颜色的同心圆和十字线构成，每组同心圆和十字线为同一种颜色，用于测量摆放位置的准确程度。机器人初赛赛场设置平面图如图5-7所示。

在初赛时，竞赛场地内给定原料区、加工区和成品区的具体位置，并以高度和宽度均为20mm的挡板将场地一分为二，机器人只能在挡板所围区域内活动。

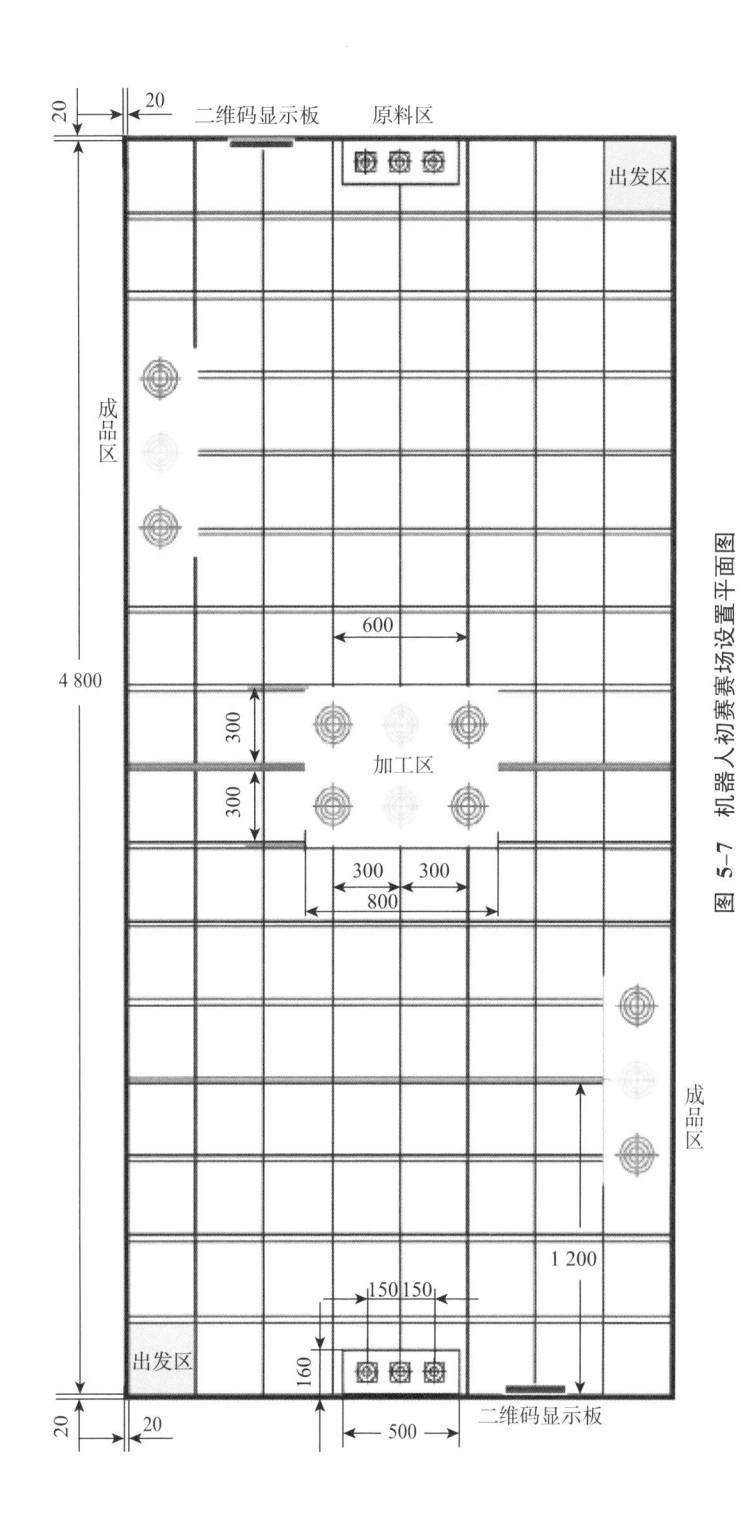

图 5-7 机器人初赛赛场设置平面图

决赛时，场地中的挡板去掉，两个参赛机器人可以在比赛场地整个区域内活动，原料区、加工区、成品区的位置根据现场发布的任务设置。

北京理工大学参赛队按照竞赛要求进行设计特点如下：

1）采用自主设计 PCB，将众多强大的功能融入一张电路板中，手工焊接所有元器件。自行研制的优点是极大提高了系统集成度，简化了由于模块众多导致的复杂跳线连接，提高了系统稳定性。

2）采用 8 片 BTN7971B 芯片，单路最大电流达 50A，满足各种工况的电机驱动需求。

3）超高功率麦轮驱动电路，主控直驱，响应快，无通信延时。

4）四路大电流供电，三片 LM2576 驱动芯片，每片输出能力高达 5V/3A，分别给主控、视觉模块、舵机供电。一片 AMS1117，可为微控制器提供 3.3V 电压。每路供电都有独立滤波电路。

5）视觉算法使用 Python + OpenCV 编写，适配广角摄像头，快速捕获二维码；开发了新式轮廓大小比较追踪算法，牢牢锁定工件位置。

6）运动结构件都采用碳纤维板加尼龙柱结构，强度高，重量轻，结构针对比赛规则优化，减小负载，提高机械臂竖直方向的强度，增加稳定性。重心低，响应更快。

比赛中，该项目是唯一一个整车自主设计的参赛项目，这使得机器人在虚拟社区环节中的新任务调试过程中，优势明显。

（三）全国大学生机械产品数字化设计大赛

1. 赛事简介

全国大学生机械产品数字化设计大赛的目的在于引导和培养学生的创新设计意识、综合设计能力与团队协作精神；加强学生设计能力的培养和工程实践的训练，提高学生针对实际需求，通过创新思维进行机械设计的工作能力；吸引、鼓励广大学生踊跃参加课外科技活动，为优秀人才脱颖而出创造条件。

为保证大赛的顺利开展，全国大学生机械产品数字化设计大赛的组织、评审与宣传等工作由全国大学生机械产品数字化设计大赛组委会（以下简称"组委会"）负责，日常工作由大赛组委会秘书处承担。

2010 年，首届大赛在华中科技大学举行。大赛于每年 11 月启动报名，第二年 3 月向组委会提交参赛作品，4 月底公布决赛名单，5 月中旬进行全国决赛。大赛每年都能吸引全国近 80 多所高校机械类专业 1 800 名左右学生报名参赛。全国决赛设置特等奖、一、二、三等奖。我校代表队自 2014 年首次参赛以来，共计获得 21 个奖项，其中一等奖 11 项，二等奖 5 项，三等奖 5 项。

2. 获奖情况

全国大学生机械产品数字化设计大赛获奖情况见表5-6。

表5-6 全国大学生机械产品数字化设计大赛获奖情况

时间	参赛作品名称	参赛人员	指导教师	奖项排名
2019年	"智亲"——老人运动服务机器人	张彭城、董盈初、张盛	杨薇、苏伟	一等奖
	"长颈鹿"智能家用服务机器人	武艺、鲁延、梁泽华	杨薇、荣辉	一等奖
	"小依"多功能衣物整理机器人	朱正午、张启航、宁长久	杨薇、王艳辉	一等奖
2018年	"绿茵袋鼠"球场服务机器人	赵恒平、马惠臣、路深	杨薇、苏伟	一等奖
	"豌豆射手"全方位智能乒乓球发球机	许建业、戴孟初、黄雪圆	杨薇、王艳辉	一等奖
	蓝鲨网球发球机器人	王淑靓、张瑞欣、裴希哲	杨薇、苏伟	二等奖
2017年	"鱼贯"餐厅菜品服务机器人	曾洺锴、赵凌萱、苏天楚	杨薇、荣辉	一等奖
	Uobot智能送餐机器人	王云龙、李雅轩、李雨蒙	杨薇、苏伟	一等奖
	机械与手工之战——家用小型饺子机	吴錾、李晨佶、李炜烽	杨薇、王艳辉	二等奖
	模块化串联式西点制作机器人	周靖森、陈俊坚、朱彤	吕唯唯、罗会甫	二等奖
	多功能块状食材加工机器	孟思超、韦睿川、时天宇	苏伟、丁洪生	三等奖
	ARM智能餐具整理机	王戈舟、罗羽菲、齐硕	杨薇、荣辉	三等奖
2016年	多功能图书整理机器人	李小松、洪毓锋、宓恬恬	杨薇、苏伟	一等奖
	"睿图"自动图书存取机器人	刘义想、姜金龙、李雨蒙	苏伟、王艳辉	三等奖

续表

时间	参赛作品名称	参赛人员	指导教师	奖项排名
2015 年	Ω-Robot——多吸盘自锁夹攀爬机器人	段砚州、李蓝天、关海杰	苏伟、杨薇	一等奖
2014 年	绕指灵狐——可拆卸机械结构手指假肢	王露萱、苏江舟、柯志芳	苏伟、李忠新	一等奖
	变姿态陆空两用车	周宁、刘俊明、马江涛	苏伟、李忠新	一等奖
	FREE——分类组合轻型假手	张诚、叶剑辉、杨成志	李忠新、罗会甫	二等奖
	金色飞贼	姜艺、方国鑫、李丁	杨薇、荣辉	二等奖
	腕掌关节驱动的机械手指	刘佳伟、尉乐川、马鑫	李忠新、罗会甫	三等奖
	水陆空三栖探险者	白天一、何为、杜骥翔	杨薇、荣辉	三等奖

3. 优秀项目

（1）"智亲"老人运动服务机器人——2019 年全国大学生机械产品数字化设计大赛一等奖

该项目主要以电机为主要原动件，用杆组、丝杠机构、蜗轮蜗杆机构、齿轮机构、滚子链等运动机构及传动装置，组成整个系统，采用模块化的思想建模设计，实现辅助老年人在站立、坐、卧三种状态下的姿态转变，以及在各种状态下身体（主要为手部与脚部）的运动和训练。

该项目搭载有各种传感器和交互模块，实现了人机交互和智能服务功能，从而能够更好地适应不同客户的使用需求，为客户提供更精确、更科学、更安全、更舒适的运动与训练。产品零部件的合理选材节省了资本投入，提高了机器人工作时的机械效率。

该项目还运用了 Autodesk Inventor 软件对整个作品进行设计，其中包括草图的动画模拟、数字建模、轨迹分析、有限元分析等过程，同时对主要零件进行了强度校核，用 3ds Max 等软件进行了可视化表达，最终完成了整个作品。

（2）"长颈鹿"家务服务型智能机器人——2019 年全国大学生机械产品数字化设计大赛一等奖

随着人工智能机器人的发展，人们开始实现"解放双手"，人工智能机器人越来越贴近日常生活，以便利人们的生活，改善和提高人们的生活质量。智能家用机器人的项目很早就出现在了人们的视线中，各式各样的智能家用机器人令人眼花缭乱，然而它们依然存在着一些问题。该项目着眼于多种功能结合一体实现更出色的服务能力，设计了这款"长颈鹿"——家务服务型机器人。

该项目主要以电机为主要原动件，用齿轮机构、杆组、蜗轮蜗杆机构、螺旋机构、丝杠机构组成整个运动系统，采用模块化的思想建模设计，实现了扫地、擦窗图书整理晾晒衣物等功能。同时，机器人自身搭载有基本感受器、传感器和摄像头，辅助完成目标定位、环境重构、动作定位、运动控制等功能，使该项目的精确度大大提高。除此之外，产品零部件的合理选材使机器人的结构稳固，节省成本的同时提高了机器人工作时的机械效率。

该项目使用的建模软件是 Inventor，其中包括数字建模、轨迹分析、有限元分析等过程，对主要零件进行了强度校核，用 3ds Max 软件进行了可视化表达，最终完成了整个作品。

（3）"小依"多功能衣物管理机器人——2019 年全国大学生机械产品数字化设计大赛一等奖

为了减轻人类在家务劳动中的工作量，用机器代替人力去完成生活中简单可重复的工作，节省精力与时间，许多家务机器人相继问世。该项目着眼于家庭中衣物整理这一环节，并拓展到多种家务劳动，设计了这款"小依"多功能衣物管理机器人。

该项目主要以电机为主要原动件，用杆组、行星减速器等齿轮机构、螺杆机构等组成整个运动系统，采用模块化的思想建模设计，完成家庭中有关衣服的全部家务劳动以及拓展到绝大部分的家务劳动。

机器人自身搭载有基本感受器、传感器和摄像头，辅助完成动作定位、物品定位、运动控制等功能，增大了本产品的精确度。产品零部件的合理选材节省了资本投入，提高了机器人工作时的机械效率。

该项目主要运用了 Inventor 软件对整个作品进行设计，其中包括草图的动画模拟、数字建模、轨迹分析、有限元分析等过程，同时对主要零件进行了强度校核，用 3ds Max 和 Showcase 等软件进行了可视化表达，最终完成了整个作品。

（四）全国大学生先进成图技术与产品信息建模创新大赛

1. 赛事简介

全国大学生先进成图技术与产品信息建模创新大赛是由教育部高等学校

智汇北理·创梦机械

工程图学课程教学指导委员会、中国图学学会制图技术专业委员会、中国图学学会产品信息建模专业委员会联合主办的图学类课程最高级别的国家级赛事。竞赛于每年7月下旬开展。2008年以来，先后在郑州轻工业学院、武汉大学、重庆大学、哈尔滨工程大学等大学举行，大赛吸引了上海交通大学、哈尔滨工业大学、武汉大学、华中科技大学、重庆大学、山东大学、西北工业大学、国防科学技术大学、哈尔滨工程大学、北京理工大学、华南理工大学等诸多名校纷纷参赛。全国大学生先进成图技术与产品信息建模创新大赛由于规模大、水平高、参赛人数多，被誉为"图学界的奥林匹克"，受到全国许多高校的普遍重视。

2. 获奖情况

2012年，获第五届全国大学生先进成图与产品信息建模创新大赛单项一等奖5项，单项二等奖4项；

2013年，获第六届全国大学生先进成图与产品信息建模创新大赛机械类团体一等奖1项，个人全能一等奖4项，二等奖4项，单项一等奖5项，二等奖1项；

2014年，获第七届全国大学生先进成图与产品信息建模创新大赛机械类团体一等奖1项，个人全能一等奖8项，二等奖1项，单项一等奖1项，二等奖1项；

2015年，获第八届全国大学生先进成图与产品信息建模创新大赛机械类团体一等奖1项，团体二等奖1项，个人全能一等奖3项，二等奖6项，尺规绘图一等奖1项，三维建模一等奖5项；

2016年，获第九届全国大学生先进成图与产品信息建模创新大赛机械类团体一等奖1项，个人全能一等奖6项，个人全能二等奖4项，三维建模一等奖2项；

2017年，获第十届全国大学生先进成图与产品信息建模创新大赛机械类团体一等奖2项，个人全能一等奖8项，二等奖5项，个人单项6项；

2018年，获第十一届全国大学生先进成图与产品信息建模创新大赛机械类团体一等奖1项，三维建模一等奖11项，建模二等奖3项，尺规绘图一等奖4项，二等奖6项，三等奖4项，3D打印二等奖1项，三等奖2项。

2019年，获第十二届全国大学生先进成图技术与产品信息建模创新大赛团体一等奖1项，3D打印团体一等奖1项、二等奖1项；个人一等奖5项，二等奖7项，三等奖6项，优秀指导教师4项。

第六章　创文化

——打造创新创业协同育人新生态

北京理工大学第五届汽车科技文化节活动现场

我国高等教育肩负着培养德智体美劳全面发展的社会主义建设者和接班人的历史重任，创新创业是社会进步的永恒动力，步入新时代，创新创业已经成为社会发展必不可少的一个部分。党和国家高度重视创新创业人才的培养，高校作为优质人才培养的重要基地，在推动创新创业发展战略实施、助力建设创新型国家、为国家培养高水平高素质人才方面承担着重要使命。

2016年，习近平在全国高校思想政治工作会议上指出："高校思想政治工作关系高校培养什么样的人、如何培养人以及为谁培养人这个根本问题。要坚持把立德树人作为中心环节，把思想政治工作贯穿教育教学全过程，实现全程育人、全方位育人。"这为高校思想政治工作在新的历史起点和时代方位下不断创新发展提供了根本遵循。随后，《高校思想政治工作质量提升工程实施纲要》进一步提出了要挖掘育人要素，完善育人机制，优化评价激励，强化实施保障，切实构建课程育人、科研育人、实践育人、文化育人、网络育人、心理育人、管理育人、服务育人、资助育人、组织育人"十大育人"体系，为加强和改进新时期高校思想政治工作明确了路径抓手。

2019年，教育部发布了《教育部办公厅关于做好深化创新创业教育改革示范高校 2019 年度建设工作的通知》（以下简称《通知》）。《通知》指出，要把创新创业教育贯穿人才培养全过程，深入推进创新创业教育与思想政治教育、专业教育、体育、美育、劳动教育紧密结合，打造"五育平台"，引领带动全国高校创新创业教育工作取得新成效。因此，将创新创业教育融入思想政治教育，打造创新创业协同育人新生态，不仅符合创新创业教育和思想政治教育的规律，也是把创新创业教育贯穿人才培养全过程、把思想政治教育贯穿教育教学全过程的必然要求。

北京理工大学机械与车辆学院，以教育部"三全育人"综合改革试点院系为牵引，在多年的创新创业教育工作中，牢牢把握"大思政"格局，推进创新创业教育与思想政治教育协同育人，并在创新创业教育工作中，扎实推进科研育人、实践育人、文化育人、心理育人工作落地生根，打造有学院特色的创新创业教育与思想政治教育协同育人新生态。

第一节　在创新创业教育中夯实科研育人成效

今天，高校肩负着人才培养、科学研究、社会服务、文化传承创新、国

智汇北理·创梦机械

际交流合作等重要使命,其中,人才培养是核心,高校各方面的工作,都要服务于人才培养,以达到育人的目的。近几年,在创新创业教育和人才培养综合改革的征途上,机械与车辆学院积极推进创新创业教育和科研育人工作的融合,以期在创新创业教育中夯实科研育人成效,实现创新创业教育与科研协同育人。

一、科研育人的内涵

科研育人是新时代中国特色社会主义高等教育发展的内在要求,也是新时期我国高校思想政治教育改革、发展、创新的重要手段。科研育人,指教师通过从事科学研究或科技创新相关活动来与教学育人相配合,落实高校立德树人根本任务,培育学生的思想品德、健全人格,提升科研水平,促进学生德智体美劳全面发展,以达到高校人才培养的目标。可以说,科研育人是一种教育方式,促进高校将科学研究工作与思想政治工作相结合,协同育人;科研育人是一个教育指示灯,促使高校教师提高育人意识;科研育人更是一个教育指向标,促使高校朝着提升学生创新创业能力水平的目标去努力。

科研活动是一种特殊的认识和实践活动,它对于正在学习从事这一活动的人来说,具有培育良好的思想品德的特殊功能。人的思想品德的形成和发展是一个复杂过程,受到内在外在多重因素影响,其中最主要的就是受人的实践行为的影响。科学研究的任务是探索自然界、人类社会和思维的未知领域,发现新规律,创造新成果,从而拓展人类的认识。科学研究是极艰巨的创造性劳动,需要付出艰苦的努力,要有极大的勇气和毅力克服困难,努力攻坚,才能把人类对未知领域的认识不断向前推进。研究者在科学探索的实践过程中,其思想品德与科研行为间相互作用,易于形成科学的思维习惯以及严谨求实、勤奋好学、自折不挠、诚实守信等精神品质。因而,科学研究本身就具有育人的内在动力,是天然适于人的精神品格养成的途径。科研育人的过程是在科学探索实践中实现育人的目标,因而是一项规律性与目的性相统一的教育实践。

二、高校科研育人的时代任务

中华人民共和国成立 70 年来,我国的高等教育从百废待兴、学科分布不均衡、科研成果少与科技创新水平单一落后,日益发展为科技创新全面布局、高技术领域深入突破、学术研究成果丰硕、科学研究与人才培养有机结合的极具中国特色的高等教育体系和高校科技创新体制。1949 年,我国的高校仅为205所，在校学生为116 504人，工科学生仅占学生总数的26%，毕业学生数为21 353人，专任教师数为16 059人，科技研究单位有40余个，截至1955年共设置249个学科门类。① 根据2018年教育部统计数据显示：我国的高校已有2 663所，在校学生为2 831.03万人，毕业生为753.31万人，专任教师数为167.28万人，共有科研机构235个，设置的学科门类达587个。70年的快速发展使得高校成为我国科学研究与科技人才培养的主体力量，推动着国民经济的可持续发展。培养高级专门人才、发展科学知识与提供社会服务是我国高校的主要职能，推动着高校全面参与中国特色社会主义建设，为各行各业持续输出高知识、高素质人才，在基础与高技术领域产出原始性的创新成果，与产业、政府开展高效率的合作，推广理论科研成果，并直接支撑经济社会发展②。

高校科研育人的时代任务，亦集中聚焦"培养什么样的人、如何培养人以及为谁培养人"这个根本问题。与此同时，我国高等教育还担负着培养科技创新人才后备力量、促进青年学生全方面发展、增强中华民族创新创造活力、实现中华民族伟大复兴的重要责任。高校与其他科研机构有着本质差异。凡是科研机构都要研究学术，当然在开展科研过程中也培养年轻人，但那是其衍生物，不是主要的任务。只有大学又要开展科研，又要培养人才，而且要用科研成果来培养人才。在高校所承载的人才培养、科学研究、社会服务、文化传承等主要功能中，人才培养是核心，其他各方面工作，都要服务于人才培养，并通过服务于人才培养核心任务得到加强。正如习近平总书记所强调的，科研育人、组织育人、管理育人、服务育人、全员全过程育人，体现了育人规律，必须形成合力，协同发力，相向而行。可以说，科研育人是新时代中国特色社会主义高等教育发展的内在要求，也是新时期我国高校思想政治教育改革、发展、创新的重要手段。

三、创新创业教育中的科研育人

从思想政治工作的角度来看，高校科研育人旨在通过举办科学研究活动，培养塑造学生正确的世界观、人生观和价值观。《高校思想政治工作质量提升工程实施纲要》也曾提到："发挥科研育人功能，……引导师生树立正确的政治方向、价值取向、学术导向，培养师生至诚报国的理想追求、敢为人

---

① 中华人民共和国教育部计划财务司. 中国教育成就统计资料（1949—1983）[M]. 北京：人民教育出版社，1984：56-62.
② 顾明远. 教育大辞典[M]. 上海：上海教育出版社，1998：985-986.

智汇北理·创梦机械

先的科学精神、开拓创新的进取意识和严谨求实的科研作风。"[1] 所以，我们可以得出相关结论，于思想政治工作而言，科研育人还是侧重培养学生良好的报国追求、学术修养、创新意识和科学精神。从科研技能到精神塑造，对学生综合素质实现全方位的提升，这便是科研育人的意义所在。

从创新创业教育的角度来看，高校科研育人则是通过组织学生参加各式各样的科技创新活动，提升学生的科学研究能力、开拓创新意识、培养集体责任感与荣誉感。科研育人和创新创业教育相辅相成，共同达到育人的目的。科研育人涵盖的范围较广，既包含专业知识、专业技能层面，也包含思想、精神、价值观养成层面，这和创新创业教育所涵盖的内容、教育的目标是一致的，因此，如何在创新创业教育中夯实科研育人成效，提升科研育人成果，已成为高校创新创业教育工作的重要一环。

一直以来，机械与车辆学院高度重视创新创业教育工作，结合专业教育，在各类科技创新学生社团、创新创业活动中融入科研育人元素，夯实科研育人成效。

（一）在创新创业教育中培养至诚报国的理想追求

北京理工大学作为中国共产党 1940 年在延安创办的第一所理工科大学，新中国第一所国防工业院校，学校始终传承"延安根、军工魂"，用红色基因筑牢思政工作主阵地。习近平总书记指出："科学无国界，科学家有祖国。要热爱我们伟大的祖国，热爱我们伟大的人民，热爱我们伟大的中华民族，牢固树立创新科技、服务国家、造福人民的思想，继承中华民族'先天下之忧而忧，后天下之乐而乐'的传统美德，传承老一代科学家爱国奉献、淡泊名利的优良品质，把科学论文写在祖国大地上，把科技成果应用在实现国家现代化的伟大事业中，把人生理想融入为实现中华民族伟大复兴的中国梦的奋斗中。"[2] 因此，在创新创业教育过程中，机械与车辆学院牢牢把握爱国报国主线，将中华民族几千年传承不息的对祖国的深厚情感以及中国精神的核心价值教育融入其中，教育学生在创新创业活动中自觉践行社会主义核心价值观，为实现中华民族伟大复兴的中国梦而奋斗。

同时，学院还将至诚报国的理想追求厚植于学生科技创新团队中。2012年，大学生方程式赛车队第一次代表中国出征德国参加世界级比赛，那一次，全世界数十所高校的 100 多辆赛车，北理工带来了唯一一支身披五星红旗的

---

[1] 教育部．高校思想政治工作质量提升工程实施纲要［Z］.2019.
[2] 习近平关于科技创新论述摘编［M］.北京：中央文献出版社，2016.

中国车队。虽然比赛过程中赛车受损,队员们依然选择不放弃,最后让中国赛车驰骋在世界最高舞台赛场上。赛后,队员们这样说道:"当五星红旗挥舞起来的时候,我们的眼泪哗哗往下流。我们第一次真切地理解到,什么是祖国!我们从来没有因为所获得的成绩而骄傲过,唯一值得我们骄傲的,是我们在十几二十岁的时候,能用自己的知识和奋斗为国家、为信仰而战!"这或许就是创新创业活动能给学生们留下的印记,这是一种刻在骨子里、埋在血肉里的烙印,是一种战必用我、用我必胜的血性,是一种无国焉能有家的信仰与情怀,这也是我们北理工人,代代不忘的初心与使命!2012 年大学生方程式赛车队队员在德国赛后合影如图 6-1 所示。

图 6-1 2012 年大学生方程式赛车队出征德国赛后合影

创新创业教育就像一颗颗种子,将北理工学子求学报国的坚定信仰,带到了祖国大地的各个岗位上。这是大学生方程式赛车队的故事,是所有学生科技创新团队的缩影,也是学院在"三全育人"的道路上坚守立德树人根本任务,坚持爱国主义教育贯穿创新创业教育的真实写照。将爱国主义情怀厚植于创新创业教育的各个环节,培养心有大我、至诚报国的理想追求,引导学生把爱国之情、报国之志融入中国特色社会主义建设的伟大事业之中,把青年学生个人的理想追求融入建设世界科技强国的伟大征程之中,矢志不渝为实现"两个一百年"奋斗目标、实现中华民族伟大复兴的中国梦贡献自身的智慧和力量。

（二）在创新创业教育中培养开拓创新的进取意识

"创新是一个民族进步的灵魂，是一个国家兴旺发达的不竭动力。"拥有创新精神的民族才是最具有发展力的民族。著名的教育家陶行知先生也曾说过："处处是创造之地，时时是创造之时，人人是创造之人。"回顾人类社会发展历程，创新亦是推动社会进步的根本力量，是一个国家、一个民族实现自身发展目标的重要途径。推动科学技术不断创新发展，是发展中国特色社会主义事业的必然要求。当今世界科技发展日新月异，大数据、人工智能、物联网等技术快速发展，新一轮科技革命和产业革命正在重构全球创新版图、重塑全球经济结构，给人类社会的生产生活方式乃至发展道路带来全新而深刻的变革。推进新时代的伟大事业，必须要有开拓创新、进取向上、勇于变革的精神状态。创新创造是科学的本质，勇于探索、敢为人先是人们从事科研活动的根本要求。

习近平总书记指出："抓科技创新，不能等待观望，不可亦步亦趋，当有只争朝夕的劲头。时不我待，必须增强紧迫感，及时确立发展战略，全面增强自主创新能力。要坚定创新自信，坚定敢为天下先的志向，在独创独有上下功夫，勇于挑战最前沿的科学问题，提出更多原创理论，做出更多原创发现，力争在重要科技领域实现跨越发展，跟上甚至引领世界科技发展新方向，掌握新一轮全球科技竞争的战略主动。"[①] 唯有勇于创新、敢为人先，才有可能在这波发展浪潮中实现"弯道超车"，在世界科技竞争中勇立潮头。因此，在创新创业教育的道路上，机械与车辆学院帮助大学生凝练科研方向，明确科研目标，并且给予大学生锻炼的平台，坚持培养青年学生在尊重事实、尊重规律的理性思维前提下，敢于"标新立异"，并使开拓创新内化为一种价值导向、思维方式和工作习惯。

培养学生创新意识不仅仅是讲座、论坛等理论培训，更重要的是在科研实践中进行创新培育，在实践中逐步创新，逐步磨炼创新意识。大学生方程式赛车队建队十年来，一直在攻克难关、技术突破中前进，从来没有因为一刻的优异成绩而骄傲、停止不前，一直在用先进的科学技术引领中国大学生方程式系列赛事。其中，凝聚了整个团队的创新力量，也是整个团队创新意识的集中体现，这便是学院创新创业教育所秉持的理念："新"字当头，让学生在开拓思维中成长，在创新实践中成才。

---

① 习近平. 为建设世界科技强国而奋斗——在全国科技创新大会、两院院士大会、中国科协第九次全国代表大会上的讲话[J]. 国际地震动态，2016（06）.

(三) 在创新创业教育中激发浓厚的科研兴趣

兴趣是人认识某种事物或从事某种活动的心理倾向，它是以认识和探索外界事物的需要为基础的，是推动人认识事物、探索真理的重要动机。兴趣包括人的爱好，但当人的兴趣不只是指向对某种对象的认知，而是指向某种活动的时候，人的兴趣便成为人的爱好了。兴趣和爱好都和人的积极情感相联系，培养良好的兴趣和爱好是推动人努力学习、积极工作的有效途径[1]。

激发大学生主动参与创新创业实践，兴趣是最好的老师。让学生对创新创业实践活动产生浓厚的兴趣，是学生主动从事创新创业活动的前提。因此，在创新创业教育的过程中，学院高度重视激发并尊重大学生的科研兴趣，主要体现在以下几个方面：

1. 重视创新创业实践过程管理

一方面，坚持"兴趣驱动、自主实践、重在过程"的基本原则，通过制度建设，保证学生对科学研究、创造发明、创业设计产生浓厚兴趣并在兴趣驱动下，在导师指导下，能够自主设计项目方案、自主完成项目方案、自主管理项目方案、自主完成实验过程。另一方面，强调项目实施过程中学生在创新思维和创新实践方面的收获，以"自主创意—科学指导—主动探索—定期交流—客观评价"为关键环节和内容，促进学生主动探索与教师科学指导相结合的指导模式的形成，促进学生在教师的引导下发现创新创业实践的乐趣，逐步培养兴趣，最后把创新创业实践当作一种乐趣和享受。

2. 重视完善激励政策

一方面，通过制定、完善大学生创新创业实践激励政策文件，从学分认定、成绩评定、成果奖励、思想测评、推荐免试研究生等多个方面鼓励学生积极参与创新创业实践活动；另一方面，建立相应的激励和学业评价机制，为学生创新创业活动提供政策支持和经费保障[2]。与此同时，学生在创新创业项目研究实践过程中，还需要根据项目需求，主动去学习相关理论，接触并了解本专业领域的工程实际及学术前沿，这不仅使学生在这一过程中获得知识和基本技能，更重要的是，还培养了学生严谨的科学素养和探究新事物的科研兴趣。

---

[1] 路宏. 浅谈大学英语课堂趣味性的提高 [J]. 文存阅刊, 2018 (17).
[2] 王海娥. 试析新工科背景下创新创业体系的构建——以湖南交通工程学院为例 [J]. 人才资源开发, 2017 (18).

3. 重视展示交流，营造浓郁的创新创业实践活动氛围

一方面，通过定期或不定期举办创新创业实践经验交流会、专家报告、学术沙龙等活动，开展不同层面的交流与研讨，加强教师与学生之间的交流，促进学生与学生之间的科创交流；另一方面，举办大学生创新创业实践项目的优秀成果展，以展板、实物展示、优秀作品专集和报告会等多种形式推广和宣传项目成果，拓宽大学生的科学研究视野，推动大学生创新成果的转化。再一方面，运用"互联网+"线上思政交流平台，对优秀的创新创业项目进行展示和交流，对优秀的创新创业达人进行宣传与推广，为大学生的实践能力、创新能力和团队精神搭建展示平台。

（四）在创新创业教育中培养集体责任感与荣誉感

创新创业实践活动归根结底都要落到竞赛、奖项的争夺中来，如何让团队成员在激烈的各类大学生创新创业竞赛中脱颖而出，集体责任感与荣誉感是一个很大的影响因素。在创新创业教育的过程中，学院重视培养学生科技创新团队的集体责任感与荣誉感。同时，给学生灌输一个理念：各类创新创业竞赛是一个培养集体责任感与荣誉感的良好平台。因为在创新创业竞赛项目的筹备实施过程中，个人力量有限，只有整个团队目标一致，迎难而上，才能取得优异的科研成果。尤其在"挑战杯"等综合类的学科竞赛中，鼓励项目队员跨专业、跨学科组队，此时的集体责任感与荣誉感显得更加重要。因此，学院坚持在指导学生创新创业实践活动时，要让学生明白：团队是一个整体，在活动过程中，要处理好和团队中每位成员之间的关系，包括学生和学生、学生和老师的关系。同时，还要在集体责任感与荣誉感的带动下，学会相互支持、相互鼓励，形成团队效应，完成团队的自我成长。

（五）在创新创业教育中坚守诚信严谨的科学底线

诚信是中华民族的传统美德，是社会主义核心价值观的一条重要准则。诚信是科学研究中必须遵循的道德伦理，是由探索和追求真理这一活动的性质决定的。美国著名生物学家莱科维茨曾把诚信列为除激情和创造性之外科学精神的三个方面之一。科学研究是为追求自然客观世界的本质规律，追求认识的真理性，诚信是科学研究最基本的底线，科研诚信是科技创新的基石，在科学探索中不允许有任何弄虚作假行为早已成为全世界科学界的基本共识。因此，在创新创业教育过程中，学院高度重视培养学生坚守诚信严谨的科学底线，坚持教育者先受教育的原则，首先，通过宣传、教育、培训，让学生科技创新团队指导教师率先垂范，对学生进行思想引领，带领学生自觉严守学术道德、进行科研自律；其次，要求指导教师对所指导的学生科技创新团队负有全面责任,指导教师要在创新意识、学术水平、学术道德和学风建设等方面给予学生指导,影响学生的成长成才;与此同时,指导教师要牢固树立科研育人意识,要把科研活动与学生思想品德的养成紧密结合起来,把学生科研能力的提高与思想品德的提升紧密结合起来,使学生的思想品德在科学研究过程中潜移默化地形成。

第二节 在创新创业教育中践行实践育人理念

党的十八大提出要"培养学生社会责任感、创新精神、实践能力",这对高校思想政治工作提出了更高的要求。教育部《关于进一步加强高校实践育人工作的若干意见》明确提出,"全国各高校要进一步加强和重视实践育人工作,积极调动和整合高校及社会各方面资源,逐渐形成实践育人合力,着力探索和构建实践育人长效机制,从而大幅提高高校人才培养的质量"[1]。一直以来,机械与车辆学院高度重视创新创业教育中的实践环节,积极推进创新创业教育和实践育人工作的融合,以期在创新创业教育中践行实践育人理念,实现创新创业教育与实践协同育人。

一、实践育人的内涵

实践育人是基于马克思主义实践观、教育规律和人才培养规律形成的科学教育理念,是马克思主义基本理论指导下的育人理念创新和育人实践探索,与党的教育方针、我国教育的时代任务以及人的全面发展需要紧密相关。从马克思主义基本理论的角度看,实践是人类能动地改造客观世界的物质活动,具有物质性、自觉能动性和社会历史性等基本特征。实践的基本形式包括物质生产劳动、处理社会关系和科学实验等,它不仅是主观改造客观世界的过程,也是主体意识对象化的过程;从教育学角度出发,实践是指教师和学生从事的有意识、有计划的活动,目的是促进学生的全面发展。而从思想政治工作的角度看,实践是要通过内容丰富的各类校内、校外活动,达到学生自我学习、自我完善、自我管理的育人目的,最终实现学生的德智体美劳全面发展。所以,实践与育人之间本身就有着紧密的联系。

可以说,实践育人以实践教学、军事训练、创新创业教育、社会实践活

---

[1] 教育部等. 关于进一步加强高校实践育人工作的若干意见[Z]. 2015.

动为主要形式，是新的历史条件下培养创新型人才的有效方式，又是引导学生树立正确世界观、人生观和价值观的重要途径。在创新创业教育中切实践行实践育人理念，是深化高校教育教学改革、培养创新型人才的必由之路。着力加强大学生的创新意识、创新思维与创新精神，固然是创新创业教育的重要工作范畴，但是如果离开了实践教育，学生不能把书本知识与投身的实践相融合，就会削弱学生将理论运用到实际的能力，也就不能真正实现创新型人才的培养目标。换言之，实践育人要实现专业知识与服务社会、创新创业相结合，培养具有社会责任感、创新精神和实践能力的人才。

二、高校实践育人的时代任务

新时代以来，实践育人工作已有明显成效，首先表现为国家、社会和高校对实践育人愈加重视，在政策、人员、资金等方面给予诸多支持。

为深入贯彻落实《国家中长期教育改革和发展规划纲要（2010—2020年）》精神，教育部等部门发布了《关于进一步加强高校实践育人工作的若干意见》，这不仅为高校素质教育指明了方向，也为创新型人才培养提供了实践依据。2016年新修订的《普通高等学校学生管理规定》中明确"学校应当鼓励、支持和指导学生参加社会实践、创新创业活动，可以建立创新创业档案、设置创新创业学分"[①]。2017年2月，中共中央、国务院印发的《关于加强和改进新形势下高校思想政治工作的意见》中明确指出："推进高校思想政治工作改革创新。要强化社会实践育人，提高实践教学比例，组织师生参加社会实践活动，完善科教融合、校企联合等协同育人模式，加强实践教学基地建设，开设创新创业专门课程，增强军事训练实效，建立健全学雷锋志愿服务制度。"[②] 这既是强调高校实践育人的重要性，又为新时代高校如何开展实践育人工作指明了方向。装甲车辆工程专业实践如图6-2所示。

2017年6月，教育部发布《新工科研究与实践项目指南》，系统部署新工科建设，提出"培养德学兼修、德才兼备的高素质人才，完善工科人才创意、创新、创业教育体系。提升工科学生的创新精神、创业意识和创新创业能力"。随着《中国教育现代化2035》明确了2035年的总体目标即实现教育现代化，迈入教育强国的行列，高校更应不断改革和创新教育体制，以创新创业为引领，创新教学育人形式，大力推进实践育人优势，更好更快地推进

[①] 教育部. 普通高等学校学生管理规定［Z］. 2016.
[②] 国务院. 关于加强和改进新形势下高校思想政治工作的意见［Z］. 2017.

图 6-2　装甲车辆工程专业实践

教育现代化的步伐。

（一）加强实践育人工作总体规划

实践教学、军事训练、社会实践活动是实践育人的主要形式。各高校要坚持把社会主义核心价值体系融入实践育人工作全过程，把实践育人工作摆在人才培养的重要位置，纳入学校教学计划，系统设计实践育人教育教学体系，规定相应学时学分，合理增加实践课时，确保实践育人工作全面开展。要区分不同类型实践育人形式，制定具体工作规划，深入推动实践育人工作[1]。北京理工大学立足党和国家事业发展需要，对标深入推进"双一流"建设的任务目标要求，全面实施"SPACE+X（寰宁+）"计划，把培养和激发青年学生的创新创造创业能力作为提升人才培养能力的重要任务之一，聚焦科技兴国、创新报国，打造创新人才培养"新生态"，构建培育"时代新人"新格局。构建了创新创业教育与德智体美劳全面培育相互渗透、相互融合的立德树人"大平台"和高水平创新创业人才培养体系，努力将学校科技创新优势转化为学生创新创业能力培养优势。

（二）加强实践育人基础建设

实践育人基地是开展实践育人工作的重要载体。要加强实验室、实习实训基地、实践教学共享平台建设，依托现有资源，重点建设一批国家级实验教学示范中心、国家级大学生校外实践教育基地和高职实训基地。要依托高新技术产业开发区、大学科技园或其他园区，设立学生科技创业实习基地。

---

[1]　教育部，等. 关于进一步加强高校实践育人工作的若干意见［Z］.2012.

要积极联系爱国主义教育基地和国防教育基地、城市社区、农村乡镇、工矿企业、驻军部队、社会服务机构等，建立多种形式的社会实践活动基地，力争每个学校、每个院系、每个专业都有相对固定的基地。北京理工大学始终重视实践育人工作，对标双一流建设，不断加强实践育人基地建设。2019年，北京理工大学学生创新创业实践基地在良乡高教园区正式投入使用。基地设有路演交流区、创客空间、创新工作坊等功能区，可同时开展办公、业务洽谈、项目路演、创新实践等活动，搭建了开放兼容的创新创业交流平台，为学生开展创新创业实践提供舒适的空间，同时也体现了北京理工大学重视培养实践人才，进一步做实实践育人工作的决心。

（三）着力加强实践育人队伍建设

所有高校教师都负有实践育人的重要责任。各高校要制定完善教师实践育人的规定和政策，加大教师培训力度，不断提高教师实践育人水平；要主动聘用具有丰富实践经验的专业人才；要鼓励教师增加实践经历，参与产业化科研项目，积极选派相关专业教师到社会各部门进行挂职锻炼；要配齐配强实验室人员，提升实验教学水平；要统筹安排教师指导和参加学生社会实践活动。积极组织思想政治理论课教师、辅导员和团干部参加社会实践、挂职锻炼、学习考察等活动。教师承担实践育人工作要计算工作量，并纳入年度考核内容[①]。

（四）加强实践育人红色基因传承

红色文化是高校社会主义核心价值观培育和践行先进文化的坚实根基。高校的办学历程和办学实践，本身就是一种特有的文化资源，更是教育教学实践活动的载体[②]。北京理工大学在实践育人工作中，始终重视传承"延安根、军工魂"，在祖国各处红色革命圣地，每年都会有北京理工大学社会实践团的身影。2017年，北京理工大学党委学生工作部组织学生党员实践团到安徽省金寨县，开展主题教育实践活动，为北理工建立的学生党员红色实践教育基地揭牌，不仅为高校学生党员红色实践教育活动开了先河，还结合党史、校史以及学校发展需求，进一步引导学生理解并弘扬"延安根、军工魂"为精神动力和文化内核的北理工文化，引导师生在实践中深刻领悟"坚贞忠诚、牺牲奉献、万众一心、永跟党走"的大别山精神，为革命老区的建设贡献力量。

---

① 教育部，等. 关于进一步加强高校实践育人工作的若干意见［Z］. 2012.
② 徐韵韵，郑焱. 红色文化资源育人功能与教育实践——以北京理工大学为例［J］. 中国校外教育（下旬），2016（12）：13－14.

（五）推动实践育人共同体建设

针对高校实践育人存在的主体间协同作用难发挥、难以形成有效机制等问题，2014年教育部首次提出"建设高校实践育人共同体"的目标。教育部、共青团中央提出实施"高校实践育人共同体建设计划"，这对实践育人提出了新的要求。高校实践育人共同体是"围绕高校加强和改革实践教学、有效提升大学生社会责任感和实践能力所形成的各方面力量共同参与、共同发挥作用的结合体，是政府、高校、企业、社会各方面力量按照'目标共同、机制共建、资源共享、责任共担'原则建立的实践育人载体"。简单来说，就是建立一个高校、政府、社会、企业等各方面力量共同参与实践育人、发挥协同作用的结合体，以达到"1+1＞2"的效果。构建实践育人共同体，需要各参与主体间形成共同体意识，明确共同目标和任务，在此基础上逐渐形成共同体的运行体系，积极探索实践育人共同体建设的活动方式，应时代要求实现创新式发展。实践育人共同体实施的重点是成立一批校外实践基地，建立校内与校外相衔接、教学与实践相融合、校内教师与校外德育导师互动的新格局，从而增加实践指导者的数量，扩展实践地点和实践范围，延长实践时间，切实提高实践育人的实效性。此外，还需特别注意对实践基地的管理，提高其利用率，避免成为"摆设"，使其持续发挥育人效果[①]。

（六）以人为本，因材施教，促进实践育人工作个性化

当代"95后""00后"大学生既有反映时代特征的群体特征，也有作为个体的鲜明特点，因此，实践育人工作还需结合时代特征、学生特点，以人为本，因材施教，以学生为出发点，开展形式多样的实践活动。要根据大学生的特点和差异，设计与学生实际相符、可以发挥学生特长的实践内容和形式，促进实践育人工作个性化开展，培养大学生对实践参与的兴趣，提升参与度，让每一名大学生都能从实践活动中找到自身的价值，从而提升育人效果。在学生实践团队中，要注重团队整体作用的发挥，培养学生的团队意识和合作意识，增强集体意识。通过个性化设计，让"一个都不能少"成为现实，推动实践育人覆盖到每一名大学生，促进大学生的成长和成才。

实践育人作为高校思想政治工作的重要组成部分和有效途径，各高校应紧扣时代脉搏，不断扩展实践育人的深度和广度，积极探索实践育人的新形

---

① 刘宏达，许亨洪. 我国高校实践育人共同体建设的内涵、问题及对策研究［J］. 华中师范大学学报（人文社会科学版），2016（05）.

式、新内涵，不断探索与工科专业培养的融合与创新，不断顺应高等教育发展和改革的趋势，推动大学生思想政治教育落到实处。

三、创新创业教育中的实践育人

从思想政治工作的角度来看，打通实践育人"最后一公里"，需要把理论教育与实践相结合，调动多方面育人资源，创新育人载体和方式，精心建设一批机制完善、效果突出的典型基地，构建多种形式的协同育人体系，推动形成全员全过程全方位的实践育人模式。

从创新创业教育的角度来看，实践育人需要结合学科专业背景打造特色创新创业实践团队，引导学生立足本专业，发现问题、思考问题、解决问题，并将专业理论知识运用到具体的创新创业实践中。

一直以来，机械与车辆学院高度重视创新创业教育工作，结合专业教育，在各类科技创新学生社团、创新创业活动中融入实践育人元素，夯实实践育人成效。

（一）加强实践平台建设，打造一流创新创业环境

机械与车辆学院致力于加强创新创业实践平台建设，集合学院各方面资源，建成大学生机械创新创业实践中心，以期通过平台和载体建设的方式为大学生提供创新精神营造、实践技能培养及创新心理准备。多年来，依托大学生机械创新创业中心，学院实践育人硕果累累，品牌效应初步显现。2011—2012 年，连续两年获得中国大学生（燃油）方程式大赛冠军；2014—2015 年，连续两年获得中国大学生电动方程式大赛总分第一名；2016 年，研发出世界上首辆大学生无人方程式赛车；2017—2018 年，连续两年获得中国大学生（无人驾驶）方程式大赛冠军；2018 年，博士生倪俊团队获得第四届中国"互联网+"创新创业大赛冠军；2019 年，博士生阮本帅团队获得第五届中国"互联网+"创新创业大赛银奖、北京市创意组第一名；智能车队获得全国赛一等奖，沙漠之鹰巴哈赛车队获得巴哈越野大赛一等奖，无人驾驶方程式赛车队获得直线加速单项冠军、8 字绕环单项冠军；等等。学院科技创新学生社团多次代表中国赴国际赛场，并凭借出色的成绩得到央视新闻、北京电视台、人民网、北京青年报等多家媒体的报道。

2018 年，学院发挥多方合力优势，创新实践平台建设，立足大学生创新创业能力培养，融合时代元素，大力打造新型大学生创新创业实践基地——BIT 创谷。BIT 创谷继承大学生机械创新创业实践中心优良传统，立足于立德树人根本任务，立足于人才培养综合改革，探索出一套行之有效的"六个协同"实践育人体系：一是推动多个学科背景创新创业导师的协同指导，二是推动不同学院、不同专业学生的协同实践，三是推动学院与教务部、学工部、校团委、大学生创新创业实践中心等多个部门的协同发力，四是推动学院和企业在人才培养工作中的协同合作，五是推动学生科技创新场地和平台的协同使用，六是推动高校思政教育和创业教育的协同共进。倾力于构建实践育人新生态，推动人才培养综合改革落到实处，服务学校"双一流"建设目标。

（二）传承红色基因，深化创新创业的责任担当

北京理工大学作为中国共产党建立的第一所理工科院校，学校始终与时代同步、与祖国同行，一代又一代的北理工学子在建设现代化强国的道路上奋发图强，为祖国富强、民族复兴贡献力量。国家的发展、民族的进步离不开科技创新，军工科技的发展更是在一代代军工人积极探索、勇敢创新、勇于突破核心难关的道路上不断进步。弘扬军工文化的创新精神和科学精神，对于改变当代大学生科学精神迷失、科学真理淡化现象具有重要意义，因此，机械与车辆学院在创新创业教育的征途上，始终教育引导学生铭记延河情，牢记延安根，严守军工魂。

2016年，大学生（无人驾驶）方程式赛车队为备战中国军方无人车挑战赛，需要在100天的时间里，设计、制造、调试一辆具有技术前瞻性的军用无人车——地面航母。有人认为这是一项不可能完成的任务。可是在那100天里，队员们自觉昼夜两班倒，互相扶持、互相支撑，终于，造出了首辆地面航母无人车。随后，为了保证将地面航母无人车安全运送到塔河，赛车队队员租了一辆商务车，亲自运送几百公斤的地面航母无人车高压电池，往返6 000多公里，将近6天6夜。在路上，一名队员开着车，一名队员手里拿着灭火器，盯着大电池。出山海关，过东三省，最后还要穿越大兴安岭山区，一直到塔河。就这样，队员们安全地将地面航母无人车护送到了塔河。最终，地面航母无人车受到了陆军领导的检阅。大学生（无人驾驶）方程式赛车队，也成为第一支参加中国军方无人车挑战赛的学生科技创新团队。

（三）立足人才培养，锻造创新创业时代新人

一种价值观要真正发挥作用，必须融入社会生活，在实践中感知、领悟。当前，创新创业是时代的主题，创新创业教育是高校神圣的历史使命。2014年，李克强总理指出，"大众创业、万众创新"是中国经济新的发动机。由此可知，中国的发展将源源不断地为创新创业提供机遇。

智汇北理·创梦机械

"崇尚英雄才会产生英雄,争做英雄才能英雄辈出",这句话是2019年9月29日中共中央总书记、国家主席、中央军委主席习近平在国家勋章和国家荣誉称号颁授仪式上讲话时提到的。一直以来,机械与车辆学院支持并重视大学生创新创业教育,打造创新创业平台,提供创新创业条件,培养了许多优秀的时代新人。这里就不得不提到"北京市青年五四奖章"的获得者倪俊,如图6-3所示。

图6-3 倪俊在第四届中国"互联网+"大学生创新创业大赛闭幕式上发言

2012年,倪俊成为方程式赛车队队长,他带领车队前往德国参赛,成为第一支代表中国出征国际赛场的学生科技创新团队。2013年,倪俊获得第八届中国青少年科技创新奖。在读博士期间,倪俊成为唯一入选国家级人才计划的在读学生。尽管如此,他和他的团队依然在"汽车"这条科研道路上不断开拓、不断创新。2018年10月,倪俊团队凭借"中云智车"项目从64万支参赛队伍中脱颖而出,夺得第四届中国"互联网+"大学生创新创业大赛总决赛冠军。在倪俊看来,这份荣誉属于这些年来帮助过他们团队的每一位老师、每一位并肩奋斗过的战友。如今,倪俊已留校任教,继续从事无人车的科研工作,他坚持要为学校无人车领域的产学研一体化发展,乃至中国的智能汽车产业发展，贡献毕生的力量。

（四）加强校企合作，共谱创新创业新篇章

校企合作是基于创新创业热潮下的"共享双赢"模式，不仅能促进人才培养与企业发展同进步，促进理论研究与实战操作齐发展，促进学校与企业技术前沿共分享，还能进一步促进在校学生与市场接轨，了解社会需求，深化创新创业意识，培养创新创业能力，自觉接受创新创业领域的新思潮、新形势，从而内化为创新创业的主动力，促进创新创业事业的长足发展，夯实创新创业教育成果。

2019年，机械与车辆学院与北京宝沃汽车有限公司签订战略合作协议（如图6-4所示），双方承诺将发挥各自资源优势，共建车辆工程实践教育基地，促进创新型汽车人才培养。通过校企合作科技创新平台，双方将深入研究汽车智能网联、自动驾驶、智慧交通等先进技术，推动科研成果落地。双方共建的实践教育内容涵盖生产实习、认知实习、拆装实习、企业管理实习等创新实践环节以及课程综合设计、毕业设计、创新创业教育等优质教学科研课题。以实践教育基地为依托，双方将进一步促成创新创业的常态化发展，在协商的基础上，共建一体化创新创业人才培养方案，为我国的汽车行业源源不断输送高质量的创新创业领军领导人才，开辟创新创业校企合作新模式，共享创新创业研究成果，共谱创新创业新的华章。

图6-4　学院与北京宝沃汽车有限公司签订战略合作协议

第三节 在创新创业教育中打造文化育人品牌

习近平总书记曾说道:"文化是一个国家、一个民族的灵魂。文化兴国运兴,文化强民族强。没有高度的文化自信,没有文化的繁荣兴盛,就没有中华民族伟大复兴。"对外,文化是一个民族、一个国家的标志性名片;对内,文化则是一个民族、一个国家的灵魂所在。坚持文化自信,打造文化强国是新时代的新使命。坚持文化育人,亦是思政工作的重中之重。近十年来,机械与车辆学院高度重视在创新创业教育中践行"以文化人,以文育人",积极推进创新创业教育和文化育人工作的融合,以期打造创新创业教育文化品牌,实现创新创业教育与文化建设协同育人。

一、文化育人的内涵

文化育人的内涵随着社会的进步而不断丰富,在不同的时代背景下也不尽相同。最早可追溯至古希腊城邦时期的"人文主义教育"及"自由教育";到了19世纪,美国提出了"通识教育"。而后,我国也提出了"文化育人"的观念,希望学生能提升文化素养,获得全方位的教育和全方面的发展。

所谓文化育人,即在注重文化传承、文化创新的同时,也要注重对学生个体综合素质、综合能力的培养和提升,将为人处世的方法、积极的精神状态渗入人才培养的进程中,内化于心,外显于行。新时代背景下,我们更加强调文化的独特价值,这里所说的"文化"主要包括中华优秀传统文化、革命文化和社会主义先进文化。中华优秀传统文化蕴含着丰富的道德理念、人文精神。例如:"老吾老以及人之老,幼吾幼以及人之幼"的仁爱精神、"君子和而不同"的和合文化、"天下兴亡、匹夫有责"的爱国情怀、"言必信,行必果"的诚信品质、"人生自古谁无死,留取丹心照汗青"的慷慨正气,"富贵不能淫,贫贱不能移,威武不能屈"的人格信仰,激励了一代代中国科技创新人才奋勇向前。在革命及社会主义建设的伟大历程中,中华民族又形成了井冈山精神、长征精神、抗洪救灾精神、载人航天精神等新的精神文化财富。可以说,中华优秀传统文化、革命文化、社会主义先进文化中丰富的哲学思想、人文精神、道德理念、价值观念可以渗透青年人的成长过程,浸润人生，启迪智慧，塑造品德。而与时俱进的中华优秀文化，有着穿越时空的恒久生命力，不断为中华民族提供着持续的精神动力和丰富的文化滋养。在当前特定的历史时期，社会主义先进文化为中国的发展提供了坚实基础和精神保障。

文化育人作为一种隐性教育，将思想政治工作的各个元素渗透到学生日常学习生活环境之中，通过"润物细无声"潜移默化地达到"立德树人"的目的。思想政治工作视野下的文化育人，笔者认为可以这么理解：文化是中介、载体，是对大学生进行思想政治教育和思想引领的基本内容与方法；育人是目的，大学生通过参与文化建设、接受文化教育和践行文化理念，自觉将先进的政治文化、道德文化、法治文化等内容内化于心、外显于行，将立德树人的根本任务落到实处，实现思想政治工作的育人目的。

二、高校文化育人的时代任务

习近平总书记强调："高校思想政治工作要更加注重以文化人，以文育人，广泛开展形式多样、健康向上、格调高雅的校园文化活动。"高校作为人才培养、科学研究和文化传承创新的重要基地，校园文化建设关系到是否突出社会主义大学的政治属性，关系到人才培养质量，决定着学校发展趋势和特色。因此，高校必须积极主动传承中华优秀传统文化，弘扬社会主义先进文化，加深历史积淀，明确文化定位，深化文化内涵，优化文化育人氛围，深化内涵建设，进一步培育和提升可持续发展的文化品质，促进文化传承创新，服务学生成人成才，实现文化育人价值的必然要求[①]。

文教向来不分家，不容否认，高等教育是文化育人的重要抓手。高校必须充分认识到文化的重要育人价值，让广大青年学生从中华优秀传统文化中得到滋养，从革命文化中增强底气，从社会主义先进文化中坚定文化自信，成为社会主义事业的合格建设者与可靠接班人。步入新时代，高校应大力推进"以文化人，以文育人"理念的落实，确保高校文化育人工作不断取得新进展、新成效。

高校文化育人要重视文化感染力。必须正视中华优秀传统文化、革命文化、社会主义先进文化传递出来的精神内核，并将无声的精神内涵渗透于思想政治工作的方方面面，扩大文化育人的影响力。同时，还要处理好

---

① 许琰．高校思想政治工作要把握好六个着力点［EB/OL］．（2017-03-08）［2019-06-06］http://www.cssn.cn/dzyx/dzyx_llsj/201703/t20170308_3444144_1.shtml.

传承与发展的关系。历史的经验告诉我们，要传承文化经典、传承良好家风、传承中华民族伟大的精神财富。高校文化育人亦要重视文化感染力，取文化之精华，提炼文化之价值，实现有高度、有内涵、有深度的文化素质教育。

高校文化育人要重视与时俱进。而今，"00后"已进入大学生群体，相关研究表明，"00后"大学生已呈现出以下群体特点：个性化的价值追求、自主化的学习方式、网络化的娱乐生活、理性化的处世哲学和务实化的人生理想[1]。高校文化育人若想取得实效，还要充分考虑青年学生的群体特点，在传承中华优秀传统文化的基础上，与时俱进，创新文化育人途径，拓展文化育人方式，丰富文化育人载体，开展青年学生喜闻乐见的文化育人实践活动，提升活动质量。与此同时，要紧扣时代脉搏，发时代新声，为高校文化育人工作注入新势力、新动力，使其展现出青春活力，实现高校文化育人的根本目的。

高校文化育人要重视服务于国家发展大局。高校在传播先进文化，传承优秀文化精神内涵，推进文化创新发展的同时，也要立足于当代中国社会主义建设事业的发展。因此，高校应时刻关注国家发展战略需求，关注国家文化发展导向，关注社会文化动态，使得文化育人工作与国家、社会发展相融合。坚守时代风向标，不负时代使命，勇立时代潮头，使得高校文化育人工作成为服务国家发展的软实力。

高校文化育人要重视推动创新创业。2018年，一档文化创新类节目《上新了·故宫》吸引了无数人的眼球，节目以真人秀的形式让看似晦涩难懂的历史零距离走入群众视线，而这个节目最让人称赞的还属那一份份承载着故宫文化背景的文创产品，可以说引领带动了整个年度的"文创热"，这无疑为文化领域的创新创业提供了新思路、新资源、新发展，推动了文化事业领域的创新创业。高校文化育人也要重视引导青年学生关注文化品牌效应，关注文化发展中的创新创业价值，鼓励学生积极投身于文化创新创业事业中。

三、创新创业教育中的文化育人

从创新创业教育的角度来看，一种价值观要真正发挥作用，必须融入社

---

[1] "00后"大学生的群体特点与思想政治教育策略［EB/OL］.（2019－05－27）［2019－06－06］http://ex.cssn.cn/sxzzjypd/sxzzjypd_glgzyj/201905/t20190527_4906313.shtml.

会生活，在实践中感知、领悟。在"大众创业、万众创新"的大背景下，创新创业文化作为高校文化的重要组成部分已普遍得到认可。创新创业文化顺应社会经济发展和高等教育发展趋势应运而生，有利于不断激发学生的创新创业意识、培育创新创业精神、提高创新创业能力、推进创新创业活动、形成师生普遍认同的与创新创业有关的思想意识、价值取向、心理状态、文化氛围、管理制度和行为方式。在创新创业教育中植入文化育人元素，有助于提升人才培养质量，构建创新型人才培养的良好文化生态环境，实现创新创业与文化协同育人效果。

一直以来，机械与车辆学院高度重视传播和发展高校创新创业文化，在一系列创新创业实践活动中融入文化育人元素，夯实文化育人成效。

（一）弘扬军工文化，促进创新创业为军工服务

军工文化是指在中国共产党领导下，随着我国军工国防事业的蓬勃发展而形成的独特的文化，是中国特色社会主义文化的重要组成部分。军工文化主要体现在"两弹一星"精神、载人航天精神和"国家利益至上"的核心价值观等方面，是军工企业长期文化积淀的成果，在每一个历史时期都有其独特的文化精神特征，体现了强烈的爱国主义情感、崇高的集体主义观念和传统革命英雄主义思想。步入新时代，军工文化拥有了不同的历史使命，爱国主义和创新精神成为军工文化的核心价值，这为新时代军工行业的发展提供了动力源泉，引领推动国防科技现代化事业不断前进。

在高校弘扬军工文化，有助于引导大学生树立正确理性的价值观，有助于培养大学生的科技创新能力。国家的发展、民族的进步离不开科技创新，军工科技的发展更是靠一代代军工人勇于探索、敢于创新、志于突破核心难关，推动国防科技事业不断向前发展。在高校弘扬军工文化，还有助于培育大学生的科学精神、创新精神，对于改变当代大学生科学精神迷失、科学真理淡化现象具有重要意义，同时可以鼓励大学生树立自主创新、自力更生意识，自觉投身于科技创新行列。

北京理工大学诞生于延安，作为"国防七子"中的一员，其始终站在国家发展的高度、时代发展的前沿，服务国家重大战略需求，培养了一批又一批杰出的"国防工程师"。近年来，以"中国预警机之父"王小谟、中国第一艘核潜艇总设计师彭士禄、雷达技术专家毛二可、通信与信息系统专家王越等院士为代表的北理工人为我国国防建设事业默默奉献，影响了一代又一代的北理工学子在新时代背景下继往开来，不断奋进。

机械与车辆学院，秉承着"初心不忘延安根，矢志不渝军工魂"的理

智汇北理·创梦机械

念，1943年建院以来，为我国国民经济和国防工业输送了大批杰出人才，培养了我国第二代坦克总设计师方慰先、155自行火炮总设计师苏哲子、雄狮坦克总设计师毛明、原总装备部副部长邱明、中国兵器工业集团军用动力首席科学家王增全等杰出人才。

在创新创业的道路上，机械与车辆学院的学子们也纷纷将先进的科学技术与国家战略发展需求相结合，涌现出了一批优质的创新创业军工项目。2012年起，学院牵头创办了北理工特种无人车辆创新基地，创造了诸多具有世界级影响力的成果；2017年，创造出世界上第一辆军用全线控超级无人车，并且打破了吉尼斯世界纪录。如今，孙逢春院士积极响应国家战略号召，在新能源汽车、电动车辆领域创新研究成果，为我国在新能源汽车领域开辟了自主创新、引领时代潮流的发展道路；倪俊团队看到了无人车在未来陆军装备研究领域的重要应用价值，并结合未来商用的行业价值，带领"中云智车"项目服务于军用和民用无人车领域；阮本帅团队为打破高端镜片严重依赖进口的困境，维护国防安全，促进国防事业的发展，在周天丰教授的带领下积极开展科研攻关，率先突破国外技术垄断，实现了玻璃模压成形机的国产化，并带领"高端玻璃光学镜片制造技术领跑者"项目服务于军用和民用行业，促进了创新创业为军工服务。

（二）凝练赛车团队精神，深化创新创业文化内涵

2009年，北京理工大学方程式赛车队成立。建队10年来，创新创业成绩突出，硕果累累，558名队员在团队中得到锻炼和成长。方程式赛车队也日益重视团队文化建设，以方程式赛车工作室（燃油+电动）、节能车俱乐部、智能车俱乐部、沙漠之鹰巴哈赛车工作室、无人方程式赛车工作室为依托，通过新车发布会、企业代表座谈会、汽车科技文化节、科技知识宣讲、荣誉展示墙、队员退役仪式等方式注入文化育人元素。2018年无人方程式赛车队蝉联总冠军，如图6-5所示。2019年，在校团委的鼓励带动下，学院学生工作组牵头统筹，梳理方程式赛车队十载春秋历程，凝练出"爱国担当，坚韧图强，协作专注，驱动梦想"的方程式赛车队精神。这不仅是建队10年来的科创精神总结，亦是未来方程式赛车队需要传承和践行的精神文化；不仅是十载风雨历程的写照，亦是学院创新创业教育征途上浓墨重彩的一笔。透过16字的方程式赛车队精神，我们可以看到机械与车辆学院正在积极深化创新创业文化内涵，走出一条创新创业教育道路上的文化协同育人之路。

图 6-5　2018 年无人方程式赛车队蝉联总冠军

（三）依托精品活动，打造创新创业文化品牌

2010 年 11 月 20 日，机械与车辆学院组织策划的北京理工大学首届"汽车科技文化节"在良乡校区隆重开幕，作为首届汽车科技文化节开幕式最吸引人眼球的元素，主办者对长安 CX20、长安奔奔、我校自主研制的节能车和智能车先后进行了动态展示，让学生们近距离领略了长安汽车的魅力和我校自主创新的水平。除此之外，汽车科技文化节还设有专业知识讲座、汽车知识竞赛和汽车摄影大赛等环节。2015 年校庆 75 周年之际，良乡校区新置一辆装甲车，成为校园新地标。为了满足学生们对装甲车的好奇心，自 2015 年起，每年的"汽车科技文化节"又增加了一个环节，即参观装甲车，并安排专业人员进行讲解，让学生们在了解装甲车内部构造、工作机理的基础上，进一步巩固课程教学成果。之后，每一届"汽车科技文化节"的活动内容与形式都会在前期成果的基础上有所创新。例如，2018 年，以第六届"汽车科技文化节"暨"汽车嘉年华"为契机，学院组织策划、设计出品了一套"机械与车辆学院创新创业"主题创意明信片，这套明信片将作为学院创新创业的宣传标识，为师生们言说现在，寄语未来。

如今已近十载，"汽车科技文化节"（如图 6-6 所示）作为机械与车辆学院的品牌活动，构建了北京理工大学的汽车文化新生态，已成为我校特色文化育人活动之一。在不断的实践创新中，"汽车科技文化节"的活动内容不断丰富，活动形式更加多元化，吸引了广大师生的广泛关注。以"汽车科

智汇北理·创梦机械

技文化节"为依托，学院在科技创新方面打造了具有专业特色的活动品牌，极大地发挥了文化育人作用，为培养"胸怀壮志，明德精工，创新包容，时代担当"的领军领导人才搭建平台、贡献力量。

图6-6 第六届"汽车文化节·梦想嘉年华"

（四）推进BIT创谷文化空间建设，营造创新创业文化氛围

自2018年BIT创谷进驻良乡校区以来，机械与车辆学院积极推进BIT创谷文化空间（如图6-7所示）建设工作，立足于学校和学院发展特色，以期通过富有科技感、先进感、时代感、活力感、认同感的设计格局，富有感染力、吸引力、生命力的设计理念，进一步规划文化空间的场地建设与使用。2019年，学院进一步推进了BIT创谷的场地设计与升级，并于12月开始升级布置，为5个赛车队和1个科技协会提供场地设计，设立了公共区域、方程式展示区、文化展示区、演讲投影区、荣誉展示区。同时，BIT创谷设立了专门的投影屏幕，会持续播放创新创业团队录制的科技宣讲视频。2020年3月，BIT创谷文化空间初步完成场地升级。2020年春季学期，升级后的BIT创谷文化空间正式投入使用，学院将结合定期的小型创新创业分享沙龙，发挥线上线下合力作用，为大学生创新创业提供良好的文化环境，营造良好的文化氛围，为创新创业协同育人提供开放包容的文化支持。

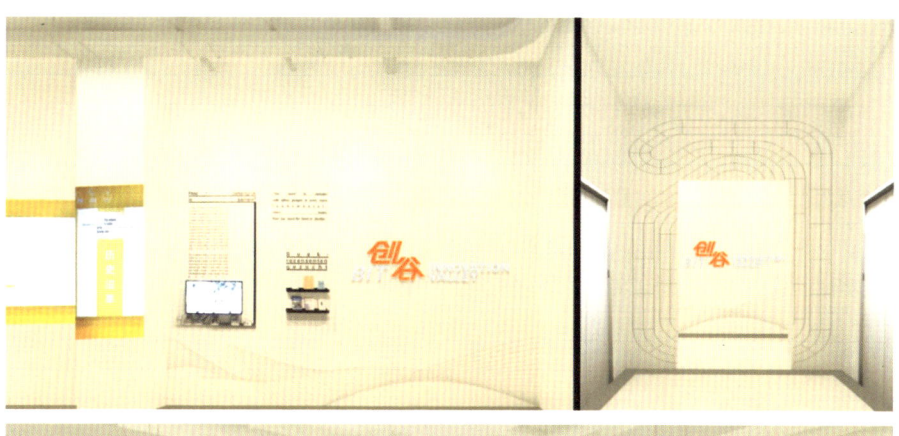

图 6-7　BIT 创谷文化空间

(五) 打造文艺精品，树立创新创业文化标签

一所高校从建校到发展的历程从来就不是一帆风顺的，这个过程本身就是一部创业史。一所高校创新创业的文化内涵、文化形态最突出的标识，也要建立在这部创业史之上。因此，高校应从本校校史、校训、校歌、学校精神等入手，从中挖掘艰苦奋斗的创业精神、严谨求实的治学精神和勇于拼搏的奉献精神，在此基础上构建校本特色的创新创业文化[1]。

2018 年，北京理工大学全面实施"SPACE + X（寰宇 +）"育人计划，打造创新人才培养"新生态"，构建培育"时代新人"新格局。机械与车辆学院以中华人民共和国成立 70 周年、五四运动 100 周年、北京理工大学建校 80 年为契机，积极响应学校号召，精心打造了我校第一部科技创新创业题材的舞蹈作品——《追梦寰宇》（如图 6 - 8 所示）。这部舞蹈作品立足我校"胸怀壮志、明德精工、创新包容、时代担当"的育人目标，深度融合学校"寰宇 +"育人计划，将北理工学子为科技梦想不懈追求、努力奋斗的画面演绎得淋漓尽致。在"正青春·我的祖国我奋斗"——北京理工大学第三届五四校园舞蹈展演现场，机械与车辆学院的学子们用精湛的舞蹈技艺与昂扬

图 6 - 8　舞蹈《追梦寰宇》

---

[1]　黄滨. 文化自信背景下高校创新创业文化建设研究 [J]. 福州大学学报（哲学社会科学版），2018（2）.

向上的精神风貌，用优美灵动的肢体语言与对科技创新的满腔热忱，演绎了新时代北理工学子在科技创新奋斗历程中，展现出来的"为梦想奋斗、与祖国共奋进"的精神面貌，展现出了我校青春、健康、团结、向上的科技文化氛围。《追梦寰宇》也因此获得了我校舞蹈展演第一名的好成绩，为学校、学院的科技创新创业工作树立了文化标签。

第四节　在创新创业教育中增强心理育人内涵

国际21世纪教育委员会向联合国教科文组织提交的报告《教育——财富蕴藏其中》提出了现代教育四大支柱：学会做人、学会学习、学会做事、学会共处（"Learning to be、Learning to know、Learning to do、Learning to live"）。可见，现代社会对人的综合素质尤其是心理素质提出了更高要求。进入新时代，党和国家日益重视心理健康教育工作，心理育人已然成为高校思想政治工作"十大育人"体系中不可或缺的组成部分。2018年7月，教育部党组颁发了《高等学校学生心理健康教育指导纲要》（以下简称《纲要》）。《纲要》指出，要"坚持育心与育德相统一，加强人文关怀和心理疏导，规范发展心理健康教育与咨询服务，更好地适应和满足学生心理健康教育服务需求，引导学生正确认识义和利、群和己、成和败、得和失，培育学生自尊自信、理性平和、积极向上的健康心态，促进学生心理健康素质与思想道德素质、科学文化素质协调发展"。近年来，机械与车辆学院始终坚持立德树人根本任务，深度把握"三全育人"视域下的大思政工作全局，高度重视将心理健康教育融入思想政治工作的各个环节，积极探索新形势下高校心理育人工作的有效途径和方法，全力打造"思育·塑心"心理育人品牌，形成了具有自身特色的"三全育人"视域下的"125"心理育人模式。与此同时，学院充分发挥人才培养优势，积极推进创新创业教育与心理育人工作的融合，以期在创新创业教育中夯实心理育人成效，实现创新创业教育与心理协同育人。

一、心理育人的内涵

心理育人是提升高校思想政治工作质量的重要环节。党的十九大报告明确指出要"培养担当民族复兴大任的时代新人"，这是我国高校教育的根本目标，也是高校心理育人工作的指导方向。心理育人，广义上讲，运用心学相关素材、仪器设备，通过心理辅导、心理咨询等相关活动达到育人目的的教育活动，均可称为心理育人。狭义上讲，则指育人者立足于学生的身心发展实际、身心发展规律和身心发展特点，采用专业科学与受育者喜闻乐见相结合的教育方式，有目的、有计划地对受育者进行积极的心理引导[1]。除此之外，育人者还要遵从学生基本成长规律和高等教育基本原则，通过多种教育手段来实施高校学生心理健康教育，开发其潜能，完善其人格，提升其效能感，养成其积极心理品质，以达到积极引导、排解困惑、开发潜能、提升素质之目的，以达到培养有理想、有本领、有担当的新时代新青年之目的。

与此同时，心理育人要对标新时代培育时代新人的要求，在服务高校人才培养综合改革工作过程中实现全过程、全方位地提升学生心理素质，提升学生适应能力，帮助学生完善人格，引导学生自我悦纳，等等。

总之，心理育人是一种全员参与、全过程进行、全方位进行的育人活动。心理育人中的育人者既包括高校全体教职员工、又包括学生家长、亲朋好友、社会教育力量、各类学生社团以及受育者本人。心理育人，简言之便是育人心理。当前不可否认，在高校、家庭、社会及学生共同组成的"四位一体"的心理育人力量中，高校心理健康教育在心理育人工作中占据主导地位，加上近年来积极心理学新思潮的影响，高校更加重视在受育者中培育积极心理品质，提升积极心理力量。高校心理育人工作者普遍认为，当受育者在高校专业的心理健康教育工作者的教育引导下，养成积极心理品质后，其自身就成为一种重要的育人力量参与到自身的心理健康教育活动之中，这种自我的心理育人力量比其他任何一种育人力量发挥的作用都要大，而且这种力量一旦形成，便不容易被摧毁。但前提是，受育者必须在高校专业的心理健康教育工作者的指导下，自身的育人力量才能发挥最大的自育功效。

二、高校心理育人的时代任务

我国高校心理健康教育伴随着改革开放，起步于 20 世纪 80 年代中期，并且日益受到党和国家的高度重视。人的心理主要由认知、情感、意志等心理过程和个性心理构成，因此，高校心理育人工作要想实现培养有理想、有本领、有担当的新时代新青年之目的，就要完成培养学生形成正确的认知、积极的情感、坚强的意志以及健全的人格之任务。

---

[1] 贾林祥. 心理育人的内涵、机制与实施路径［J］. 陕西行政学院学报，2019（3）.

（一）培养学生形成正确的认知观

当今社会是一个信息网络化和价值多元化的时代，各种信息言论充斥着网络，影响着大学生的认知和思考，大学生尚处于人生观、价值观、世界观尚未定型的关键阶段，尚未能对当今局势和各方言论做出正确的是非价值判断和选择，加之大学生多怀有好奇心理，若不加以引导，容易被人加以利用和诱导，因此，高校要通过心理育人工作，用专业的心理学理念，培养大学生形成正确的认知观。

（二）培养学生形成积极的情感

当学生形成了正确的认知观、能够科学辩证地看待各种信息言论后，高校还需要引导学生形成积极的情感体验，使心理育人成效更进一步。情感是人们对客观事物是否符合自己主观需要的态度体验，包括积极的情感体验、消极的情感体验。无论是否符合个体的需要，均会产生两种内在的情感体验。因此，高校要在心理育人的过程中，引导大学生将当前需要与长远发展结合起来，明白当下的不能满足，是为了将来获得更大的满足①；引导学生把消极情感体验转化为积极情感体验，从而产生一种持续性的积极情感。同时，还要引导学生形成对国家的积极情感体验（以爱国主义为核心的自豪感、认同感）、对学校和党团班集体的积极情感体验（归属感、荣誉感）、对个人的积极情感体验（成就感、责任感、使命感）等。当然，更重要的是引导学生在学习、生活和社会实践中发现生命的价值和意义，进而形成积极的生命意义感。

（三）引导学生形成坚强的意志品质

心理学相关研究表明，一个人成功与否，与其坚持、自制、果断和独立的意志品质相关。一个人能否抓住机遇做某一件事，遇到挫折也不放弃并坚持独立完成，也是由其意志决定的。当代大学生肩负着完成新时代中国特色社会主义现代化建设的重要使命，培养形成良好的意志品质对其极为重要②。加之当代大学生多为"95后""00后"独生子女，成长过程中遇到的困难多数时候也都由父母家人出面帮助解决。由此看来，引导大学生形成坚强的意志品质就显得更加重要。因此，高校要结合心理育人工作的方式方法，不断激励大学生培养积极的自我效能感，面对偶然间的"习得性无助"也要勇于克服，帮助其形成坚强的意志品质。

---

① 贾林祥.心理育人的内涵、机制与实施路径 [J].陕西行政学院学报，2019（3）.

② 同上。

(四) 培养学生形成健全的人格

人格健全是人心理健康的重要标志，培养大学生形成健全的人格既是人的全面发展的必然要求，也是高校心理育人工作的根本追求[①]。大学生正处于人格发展和形成的关键阶段，如果缺乏正确的教育引导，就极易形成扭曲的人格，影响正确认知观、积极情感体验和良好意志品质的形成，当然也会影响到良好人际关系的形成，影响正常的工作、学习和生活，严重者甚至会形成反社会人格，成为影响社会稳定和谐的隐患。因此，高校必须重视通过心理育人来培养大学生形成健全的人格。一旦大学生形成了健全人格，便也就拥有了强大的心理免疫系统，成为自己成长道路上的心理健康教育导师，无论遇到什么困境，都能以积极健康的心态去应对、解决、适应和调节。

三、创新创业教育中的心理育人

基于积极心理学理念的创新创业教育是以积极心理学、成功教育、养成教育等理论为基础，以唤醒学生的内在动力、激发成长潜能、培养提升心理品质为重点的有效的育心过程，目的是深层次推动创新创业人才培养，助力学生成长成才。一直以来，机械与车辆学院高度重视创新创业教育工作，以立德树人为根本任务，结合积极心理学相关理念，建成以人才培养为核心的创新创业教育与心理健康教育协同育人平台，优化创新创业教育中的心理育人途径，优化创新创业中的心理育人协同环境，在各类科技创新学生社团、创新创业活动中融入积极心理育人元素，形成创新创业教育和心理育人融合互进、科学运行的格局，增强心理育人成效。

(一) 加强思想引领，引导培育正确认知观

区分一个人的人格是否健康、心理是否成熟，首先要看其有无明确而坚定的价值观。党的十八大报告指出，要注重人文关怀和心理疏导，强调建立大学生心理健康教育体系。党的十九大又提出，要引导全社会培育积极向上、理性平和、自尊自信的健康心态。由于正确的认知观与心理健康息息相关，基于人的知、情、意发展过程，开展高校心理育人工作，首先涉及的便是认知观问题。在新的时代背景下，习近平总书记基于马克思主义青年观的科学理论视野，在加强青年价值观教育中，开展了富有成效的理论创造和实践探索工作，他对中国青年本质特征和重要地位进行了科学定位，对青年在中国特色社会主义事业中的价值定位和角色要求进行了科学阐释，对青年使命担

---

① 贾林祥. 心理育人的内涵、机制与实施路径 [J]. 陕西行政学院学报，2019 (3).

当和责任进行了科学说明，逐步形成博大精深、独具特色的青年价值观教育思想。这些积极的政策引导和先进的理论指导，明确了高校心理育人工作的政治方向和价值取向。从实现大学生全面发展的目标来看，高校心理育人工作是分层次的，不仅要实现帮助学生疏导不良情绪、减轻心理问题困扰和治疗疾病的第一层次基本性目标，还要达成教育引导学生培养良好心理素质的第二层次发展性目标，更要追求帮助引导学生树立正确的世界观、人生观、价值观等认知观的第三层次最高目标。因此，在创新创业教育的过程中，要积极关注思想引领，通过科学、正确的认知观引领，使得创新创业教育活动趋于理性、文明，符合时代新人的培育要求，实现大学生的知、情、意、行协调统一发展。

近十年来，机械与车辆学院注重在科技创新学生社团、创新创业活动中加强思想引领，主动融入心理育人元素，提升学生的积极心理能量，引导培养学生的积极心理品质。第一，重视形成正确的心理认知，加强价值观教育。要求科技创新学生社团结合学校主题教育要求，在团队例会、小组例会及各类分享会上，开展主题明确、积极向上的思想大学习、成长路径大讨论、"时代新人说"大讲述等教育活动，通过精心设计、主题明确、内容丰富、形式多样、吸引力强的教育活动，营造正确认知形成的良好氛围，引导学生树立正确的世界观、人生观和价值观。第二，重视加强创新创业教育中的"三心三力"心理品质教育，即感恩之心、仁爱之心、责任之心，创造力、意志力、领导力，希望以积极向上的教育力量影响学生，促进学生形成良好的思想道德和行为习惯，更意在培养健康向上、意志品质坚定的创新型人才。第三，重视在创新创业教育过程中紧密联系学生，开展经常性的谈心谈话，帮助学生加强基本认知。在创新创业活动开展过程中，学生容易产生理想虚无、忽略学习过程、单纯追求成绩、过于物质功利、缺乏责任担当等意念，针对以上情况，以学院领导为核心的心理育人工作小组，通过一对一心理谈话，教育引导学生树立正确向上的心理观念，帮助学生在创新创业活动中收获心理成长。第四，重视开展创新创业先进事迹宣传工作，润物无声传递正能量。通过在科技创新学生团队中宣传向上向善的创新创业时代新人、创先争优的团队事迹，引导学生成为"有理想、有道德、勤学习、勤创新、讲实干、讲奉献"的优秀新时代青年，以身边榜样为模范力量，将正能量、正确的世界观、人生观、价值观渗透在创新创业教育的每个角落。

（二）加强学生社团建设，形成潜移默化的心理育人环境

基于积极心理学理念加强科技创新学生社团建设，它的着力点是学生社

智汇北理·创梦机械

团建设，但价值指向是培育学生积极心理品质，即育心，就是从学生生命成长和心理发展规律入手，通过开展多种形式的创新创业主题的学生社团活动，充分开发学生心智潜能；通过活动、体验、感悟、反思等认识过程，进行情感、态度、行为、习惯的培养，帮助学生形成积极心理品质，产生崇善、向上、乐观的积极心态，从而期待学生的积极行为。育人先育心是当前高校思想政治工作的必然趋势，也是实现学生全面发展、成长成才的客观需求。科技创新学生社团是学生根据共同的科技创新创业兴趣爱好组成的专业型学生团体，参与社团活动的学生在兴趣、年龄、特长等方面都有相似点。这种相似点会让学生之间产生相互吸引、相互关心和相互支持的亲密感，这种亲密感有助于形成一个平等的、集体决策的、互相支持和共同奋斗的集体。学生在活动过程中，自主管理、积极负责、相互尊重、乐于交际，不良情绪也得到消弭，积极心理品质得到强化。因此，学生社团是育心的天然载体，是实现心理健康教育朋辈引领、朋辈指导的纽带与桥梁，尤其是在培育积极的心理品质方面，有着天然肥沃的培育土壤，其优势与作用是其他教育活动所不可替代的。

机械与车辆学院关注并重视科技创新学生社团在心理育人工作中的重要作用，在加强科技创新学生社团执行力、凝聚力、文化力、创新力等方面予以指导和支持，极力促进科技创新学生社团的组织力建设，在增强团队情感合力、培育积极心理品质的基础上，在科技创新学生社团中营造良好的心理成长氛围，打造潜移默化的心理育人环境。多年来的努力，也让科技创新学生社团的育人成果初见成效。在2018年"5·25"大学生心理健康节的阳光笑脸征集活动中，学院心理指导中心收到了来自方程式赛车队队员李昊旻的阳光笑脸及笑脸背后的心理成长故事，他这样说道："这是2017年赛季黑鲨Ⅷ赛车，凝聚了全体队员一年的心血，不论成绩如何，都是一段美好珍贵的回忆。因为，这一年，我们，在这里，收获的不仅仅是技术水平上的提高，还有整个团队满满的集体凝聚力和我们个人的心理大成长！"这不是个例，当我们采访已经毕业离校的科技创新学生社团老队员时，大多数人也纷纷表示："在整个大学求学时光中，最让人难忘的，便是在车队和战友们奋战的日子，那充斥着汽油味的日夜，那为了攻克难关废寝忘食的日夜，教会了我什么是坚持不懈、什么是团队最高信仰，教会了我成长，让我在求职、工作的道路上，不论遇到什么事情，都能用最坚强的意志、最坚定的理想信念扛过来，走下去！"

（三）鼓励指导教师言传身教，促进心理育人规范化指导

指导教师作为大学生创新创业教育的管理者、引导者，要把握大学生心

理模仿期，开展个性化引导，帮助引导学生在科技创新学生社团、各项创新创业活动中坚定理想信念、加强实干精神，教育引导学生成长成才。机械与车辆学院高度重视创新创业指导工作，为每一个科技创新学生社团都配备了德才兼备的指导教师。学院始终与指导教师保持良好的沟通，要求指导教师善于利用与学生交流最多、关系最为亲密的特殊身份和优势，通过言传身教，对所在社团学生加以心理健康教育规范化指导。学院明确指导教师作为科技创新学生社团科研育人、心理育人工作第一责任人，以指导教师队伍建设为先导，做好指导教师的心理危机预防与干预培训工作，建成全员育心的制度体系和文化氛围，将关注学生心理状态与关心呵护每一位学生的心理成长融入创新创业教育工作日常，充分发挥创新创业指导教师在心理育人中的主导力量，提倡教师以积极向上的人格魅力和学识魅力教育感染学生，做学生健康成长成才的指导者和引路人。

（四）重视竞赛过程，引导培育积极心理品质

在创新创业教育过程中，各级别各类型竞赛是重要的实践育人平台。从心理学的角度来看，创新创业竞赛作为专业性、创造性、趣味性并存的比赛，可以极大地激发学生的学习动力、成长动力。因为在创新创业竞赛中取得名次，可以给学生带来极大的荣誉感和自我认同感，增强自信心，学生也会因此而收获积极向上的生活态度。但是，竞赛本身也是一把双刃剑，有积极的情感体验，也会有消极的情感体验，当学生没能在创新创业竞赛中取得名次时，其自身可能会产生挫败感，严重者还会自我否定，从此失去生活、学习的动力，这就需要高校在创新创业教育的过程中，引导学生正确看待竞赛成绩，理性看待每一次荣誉与挫折。

优秀的竞赛成绩，离不开知识水平、实践能力的支撑，也离不开过硬的心理素质。一般来说，心理素质与先天的基因有关，但更多靠的是后天的培养。大学生正处于各项心理能力形成的关键时期，心理素质若能在各项创新创业竞赛中得以锻炼和提升，对其一生具有重要影响。一直以来，机械与车辆学院高度重视在创新创业竞赛中引导学生养成良好的心理素质，通过教师引导、朋辈教育、多平台多场次锻炼，让学生在参赛时抱有平常心：荣誉意味着肯定，也意味着激励，要带着荣誉不断向前探索；挫折不代表否定，真正的智者会在挫折中总结与成长，带着思考继续奋发努力。让学生在遇到困难时抱有勇于应对之心，教育引导学生遇到困难不畏惧，懂得充分调动团队的积极力量，用沉着、冷静的心态去应对。就像方程式赛车队队员王书琳说到的那样："我第一次跟着车队参加全国赛时，压力与紧张不自觉地影响了

我。第二次参赛,知识能力和心理素质较第一次都有了提升。感谢我的团队,感谢我们的指导教师,让我们在一次又一次的竞赛中成长,让我们在一次又一次的输赢中找到竞赛的意义,让我们在一次又一次的比拼中收获强大的心理力量。"

(五)加强学生社团网格化管理,巩固心理育人工作成果

新时代高校心理育人工作面临着新形势、新要求、新挑战,网格化管理作为高校学生管理领域的新模式,能及时发现学生管理工作过程中存在的问题,能准确掌握和了解学生的需求和诉求,保证沟通交流平台的顺畅。随着网格化管理的日益成熟,当前,高校已普遍重视将网格化管理应用到心理育人工作当中,以期通过畅通的网格化管理(交流)平台,及时回应学生情感、人际、职业生涯规划等众多心理成长问题,实现心理健康教育的科学化、精细化、人本化和全面化。

机械与车辆学院历来提倡"网格化管理,组团式服务"心理育人理念,为提升心理危机干预实效,学院出台了《机械与车辆学院大学生心理危机预防与干预工作方案》,完善了心理危机预防与干预体系建设,其中,就有提到"加强各类(含创新创业)学生社团的网格化管理工作"。因此,在科技创新学生社团的建设过程中,学院重视全面覆盖网格化管理。在制度上,构建社团、部门、小组三级心理育人网络,设立网格员。以期通过纵向的网格化管理格局及时发现学生心理困境,分析原因,准确解决学生心理问题。同时,通过网格化帮扶制度,具体影响到每一位学生的创新创业学习与实践。科技创新学生社团拥有着心理学中团体辅导的天然优势,学院通过网格化管理,回应学生在不同发展阶段的具体问题,增强团队凝聚力,增强团队归属感,帮助学生在科技创新学生社团中建立更好的社会支持系统。

除此之外,学院还注重提升全体科技创新学生社团成员的心理危机干预工作能力,通过专业讲座、小型分享会等方式,开展积极心理取向的教育服务,普及心理健康知识,提升社团成员的心理健康水平,引导其关注心理保健,提升心理能量,必要时学会积极寻求帮助。在每周学生工作例会上,加入科技创新学生社团心理健康工作研讨环节,将网格化管理过程中学生遇到的心理问题、网格员反映的问题进行归类整理讨论,提高心理危机干预实效。结合心理育人实际工作,进一步丰富专业培训内容,并从科技创新学生社团的实际发展需要出发,就团队适应、自我认知、学业帮辅、人际交往、情绪疏导、导学关系、生涯发展等方面予以针对性的指导,提升心理教育全过程效果,巩固心理育人工作成果。

第七章 创榜样

——创新创业教育育人实效

2016 年中国汽车工程学会巴哈大赛参赛合影

高校开展创新创业教育，积极鼓励高校学生自主创业，是践行"提高自主创新能力，建设创新型国家"和"促进以创业带动就业"发展战略的重要举措。大学生是最具创新、创业潜力的群体之一，在高校大力开展创新创业教育，对于促进高等教育科学发展，深化教育教学改革，提高人才培养质量具有重大的现实意义和长远的战略意义。创新创业教育要面向全体学生，融入人才培养全过程；要在专业教育基础上，以转变教育思想、更新教育观念为先导，以提升学生的社会责任感、创新精神、创业意识和创业能力为核心，以改革人才培养模式和课程体系为重点，大力推进高等学校创新创业教育工作，不断提高人才培养质量，持续加强创新创业育人实效。

2015年，国务院办公厅印发《关于深化高等学校创新创业教育改革的实施意见》（以下简称《意见》），全面部署并深化了高校创新创业教育改革工作。《意见》指出，深化高等学校创新创业教育改革，是国家实施创新驱动发展战略、促进经济提质增效升级的迫切需要，是推进高等教育综合改革、促进高校毕业生更高质量创业就业的重要举措。各地区、各高校要落实立德树人的根本任务，主动适应经济发展新常态，以推进素质教育为主题，以提高人才培养质量为核心，以完善条件和政策保障为支撑，促进高等教育与科技、经济、社会紧密结合，加快培养规模宏大、富有创新精神、勇于投身实践的创新创业人才队伍。由此可知，随着创新创业教育的普及、孕育、发展，党和国家高度重视高校创新创业教育工作。

十几年来，北京理工大学机械与车辆学院立足人才培养综合改革工作，聚焦创新创业教育发展格局，以良好的育人成效、优秀的创新创业教育成果获得了广泛的社会关注。与此同时，学院注重在创新创业教育工作中培养德才兼备的创新型人才，在学院创新创业教育体系的指导下，在各类创新创业活动、创新创业社团中，也涌现出一批创新创业榜样。本章将结合学院创新创业工作推进实际及取得的成果，讲述学院创新创业达人、创新创业团队、创新创业社团成员的故事，在故事中感受成长，总结凝练学院创新创业育人实效，进一步推进创新创业教育可持续发展。

第一节　创新创业教育结出硕果累累

基于成熟的创新创业教育体系，学院先后培育出各类竞赛冠军及创新团队数个，培养创新创业优秀个人数名，并先后在国际国内相关赛事中捧杯。

智汇北理·创梦机械

与此同时，创新创业项目与个人多次受到党和国家领导人亲切会见，并被《人民日报》、《中国青年报》、《中国科学报》、北京电视台、新华网、中国财富网等多家主流媒体争相报道，创新创业教育社会反响热烈。以下将迄今为止学院创新创业教育的主要社会影响叙述如下：

一、中国"互联网+"大学生创新创业大赛勇夺冠军

2018年10月13日至15日，第四届中国"互联网+"大学生创新创业大赛总决赛在厦门大学举办，北京理工大学机械与车辆学院的"中云智车——未来商用无人车行业定义者"项目勇夺全国冠军。同时，学院"'飞天工兵'智能空中作业机器人"项目也获得金奖（全国季军），北京理工大学获得此次大赛高校先进集体奖。这是继2017年在"互联网+"大赛实现了金奖零的突破后，北京理工大学成为第一个在一届大赛上同时获得冠军、季军的高校，刷新该项赛事的纪录。机械与车辆学院的获奖项目及团队也得到了媒体的广泛关注，《中国青年报》对冠军项目及团队进行了大篇幅报道。

二、近年来在国际国内系列赛事中摘金夺银

2013年，荣获全国大学生创新创业年会"我最喜爱的项目"第一名、"最佳创意项目"第三名；中国大学生方程式汽车大赛市场营销第一名、高速避障第二名、赛车设计第五名、成本分析第六名，中国节能竞技大赛锂电池组高校第三名；"飞思卡尔"大学生智能车竞赛全国一等奖1项、华北一等奖2项、华北二等奖3项；"挑战杯"课外学术科技作品大赛全国一等奖1项（参与）、全国二等奖1项（参与）、北京市一等奖1项（牵头）、北京市三等奖1项（牵头）；北京市交通科技大赛二等奖1项、三等奖2项、优秀奖2项；工程训练综合能力竞赛全国一等奖1项、北京市一等奖1项、北京市二等奖2项；全国大学生先进成图技术与产品信息建模创新大赛一等奖9项。本科生倪俊荣获中国青少年科技创新奖。

2014年全年参与科技创新活动的学生达到600人以上，获国家级竞赛二等奖以上的作品共计43项、167人次，获国家级竞赛三等奖和省级竞赛一等奖的作品共计14项、55人次，获省级竞赛二、三等奖的作品共计6项、29人次。本科生发表学术论文10余篇，申请专利（受理）19项。特别是在大学生机械创新设计大赛中，获得全国一等奖、二等奖各5项，在所有参赛高校中成绩最佳；在中国大学生方程式汽车大赛中，两个组别均获得中国赛第二名（其中一项为国内高校第一名），再次重返该项赛事之巅；在

中国节能竞技大赛中获得纯电动组高校第一名，为2009年后再次获得该项赛事冠军；在"挑战杯"创业计划竞赛中，共有2项作品被推荐至校外评审，其中1项获得了北京市铜奖、1项获得了全国银奖（全校共3项作品获得全国奖）。少数在校生开始尝试创业实践，共计有4个项目创办了企业开始进行孵化推广。

2015年全年共培育各类创新创业项目136项；其中，新增项目36项，结项验收项目42项，学校重点培育项目6项；学院在2015年学校"世纪杯"科技学术作品竞赛中，总积分位列全校第一，首次捧得"世纪杯"。此外，大学生机械创新创业实践中心圆满完成了学校研究生创新基地验收、校友返校参观、面向中小学科技创新普及宣讲、"北京学院"暑期科技创新夏令营等多项任务。由学生科协牵头举办的科技创新品牌"科技梦工厂"系列创新实践活动顺利开展。在良乡校区举办了学生科技创新讲堂、科技创新成果展览、机械创新项目推介会等学生科技创新巡礼活动。全年参与科技创新活动的学生达到600人次以上，获国家级竞赛二等奖以上的作品共计44项、170人次，获国家级竞赛三等奖和省级竞赛一等奖的作品共计14项、57人次，获省级竞赛二、三等奖的作品共计6项、31人次。本科生发表学术论文10余篇，申请专利（受理）10余项。在中国大学生方程式汽车大赛中，纯电动方程式赛车获得八项总分全国第一名，蝉联该项赛事总分第一名，同时取得了4个单项前三名的成绩。在中国节能竞技大赛中再次获得纯电动组高校前三名，并在2016年代表中国出国参加国外比赛。由学生科协发起、在各班级科协专员和在校创新创业爱好者的共同努力下，"机械星创客"学院创客空间正式成立，一方面引导学生接触创新创业活动、学习创新创业常识、培养创新创业意识，能够紧跟社会发展趋势；同时，基于创新成果发展创业培育，利用创业理念指导创新立项，完善学院对学生科技创新的"创意－创新－创业"培育体系。当年在校生创业企业稳定运行，新增3个企业项目开始进行孵化推广。

2016年全年参与各类科技创新团队、创新创业赛事的学生达到900人次以上，获国家级竞赛二等奖以上的作品共计36项、181人次，获国家级竞赛三等奖和省级竞赛一等奖的作品共计24项、89人次，获省级竞赛二、三等奖的作品共计15项、46人次。本科生发表学术论文6篇，申请专利（受理）2项。在中国大学生方程式汽车大赛（内燃机组）中获得总成绩第6名（全国一等奖），较上年度取得了较大进步。在纯电动方程式汽车大赛中获得静态总分全国第2名，我校第一台无人驾驶方程式赛车也在该赛事中面向公众

智汇北理·创梦机械

进行了动态跑动表演。3月，在菲律宾举行的"壳牌亚洲节能汽车马拉松赛"中获得亚洲第二名。此外，学院着力推动"汽车品牌"校园科技文化氛围与实践育人环境建设，精心策划"汽车科技文化节"，举办了"汽车科技梦想体验嘉年华"学生科技作品巡展、汽车科技大讲堂，开展赴宝马集团、奥迪集团汽车科技体验之旅等，参与师生近千人次。学院车类俱乐部团队在共青团系统五四评优"青年盛典"中获评"五年特别贡献奖"。"科研创新榜样"刘迪获评第十一届中国大学生年度人物，并被《人民日报》出彩"90后"栏目撰文专题报道。全年共培育各类项目136项；国家级、校级大学生创新创业训练计划结项验收项目10项。学院在2016年学校"世纪杯"中获得科技学术类作品特等奖2项，总积分位列全校第2名，捧得"优胜杯"。荣获2016年全国大学生机械创新设计大赛一等奖及慧鱼组全国一等奖。为着力提升学生创新创业项目质量，经多方筹措全年共计投入学生科技创新创业专项资金240余万元。创业实践成果频现，在学校"世纪杯"创业计划竞赛中获得金奖1项、银奖2项，并按照第12届、13届"世纪杯"创业赛成绩选送首都"创青春"大赛作品5项。研究生创业团队"博翼动力"排名第一荣获北京市优秀创业团队一等奖。大学生巴哈赛车队完成了我校第一台小型越野赛车，并在全国赛事中取得了高校组第五名（全国二等奖）。学院发布了世界第一台无人驾驶大学生方程式赛车，创新建立了"研究生从事科学研究及成果提炼、本科生从事工程设计并参加赛事"的运行模式，二者互补、共同促进。同时利用平台及衍生技术凝练课题，参加"挑战杯"等综合类大赛，并反哺其他车类科技创新项目，从而发挥无人平台多领域、跨学科的科技创新引领、指导作用。在此模式的推动下，各团队开始尝试将科学研究方式与方法融入创新实践活动中，引导学生探讨科学精神、激发科研兴趣、启迪科研思维，为梯队式培养拔尖创新型人才提供了攀登学术高峰的途径。

2017年全年参与各类科技创新团队、创新创业赛事的学生达到900人次以上，获国家级竞赛二等奖以上的作品共计37项、120人次，获国家级竞赛三等奖和省级竞赛一等奖的作品共计21项、89人次，获省级竞赛二、三等奖的作品共计16项、19人次。本科生发表学术论文6篇，申请专利（受理）5项。我校的第一台无人驾驶方程式赛车在2017年首届中国大学生无人驾驶方程式大赛中包揽所有单项第一名并获得总冠军。3月，在新加坡举行的壳牌亚洲节能汽车马拉松赛中获得原型车纯电动亚洲亚军。此外，学院着力策划赴北京现代、长安汽车科技体验之旅等活动，参与师生近千人次。全年共培育各级大学生创新创业项目68项；校级大学生创新创业训练计划结项验收项目 20 项；学院在 2017 年学校"世纪杯"中获得科技学术类作品特等奖 1 项，一等奖 8 项，以团体总分第四名获得"优胜杯"。2018 年全国大学生机械创新设计大赛第一阶段培养任务圆满完成。经多方筹措，全年共计投入学生科技创新创业专项资金 240 余万元。创业实践成果频现，在北京理工大学工信创新创业奖学金评选中荣获创新奖学金一等奖 2 项并被推荐特等奖评选，二等奖 2 项，三等奖 2 项；创业奖学金一等奖 1 项，二等奖 2 项，三等奖 1 项。

2018 年，学院项目及团队除获得第四届中国"互联网+"大学生创新创业大赛冠军及季军之外，还获得了"创青春"浙大双创杯全国大学生创业大赛全国总决赛金奖 2 项，银奖 1 项（学校共 3 金 2 银 1 铜）。2018 中国大学生无人驾驶方程式大赛，北京理工大学无人驾驶方程式车队获得总冠军，成功卫冕。全年共培育各级大学生创新创业项目 68 项；校级大学生创新创业训练计划结项验收项目 20 项。学院在学校"世纪杯"竞赛中，课外科技学术作品获奖项目共 104 个，其中校级特等奖 3 个，一等奖 16 个，二等奖 33 个，校级三等奖 52 个；创业计划竞赛获奖项目 10 个，其中校级金奖 1 个，银奖 4 个，铜奖 5 个；创意竞赛获奖项目 7 个，其中校级一等奖 1 个，二等奖 1 个，三等奖 5 个。学院获得了"世纪杯"奖杯和"优秀组织奖"。

第二节 勇敢踏出这一步
——创新创业达人们的故事

一、刘迪：从方程式赛车队员到国际汽联 FE 唯一中国工程师

至今，刘迪还清楚地记得与方程式赛车的第一次相遇。"那是大一的时候，有一天下午，我正走在去自习室的路上，隐约听到远处传来一阵阵引擎声。寻声来到操场边一条空旷的马路上，只见一辆造型很酷的小赛车正在桩桶之间飞快地穿梭。几个学长在一旁端着电脑，分析各种数据。"刘迪说："那辆小赛车发动时动人的轰鸣声、入弯出弯时完美的转身、在跑道上炫酷的奔驰，让我一下子知道了自己想成为什么样的人。"从此，刘迪便与方程式赛车结下了不解之缘。

大三那年，刘迪正式加入了北京理工大学方程式赛车工作室，开始了与赛车朝夕相伴的日子。刚进车队时，刘迪被分在了发动机电控组。刘迪不是

智汇北理·创梦机械

发动机专业的学生,组里接触到的东西对他来说都是陌生的。但是他喜欢解决问题、挑战自我。刘迪说:"如何让发动机喷油、点火、转动起来,如何释放出它的全部能量、保持最佳性能,这些问题令我着迷。那段时间,我走路吃饭,甚至连睡觉都在想问题。发动机是赛车的心脏,我必须把这颗心调试到最好状态。"图 7-1 为刘迪在大学生机械创新创业实践中心工作。

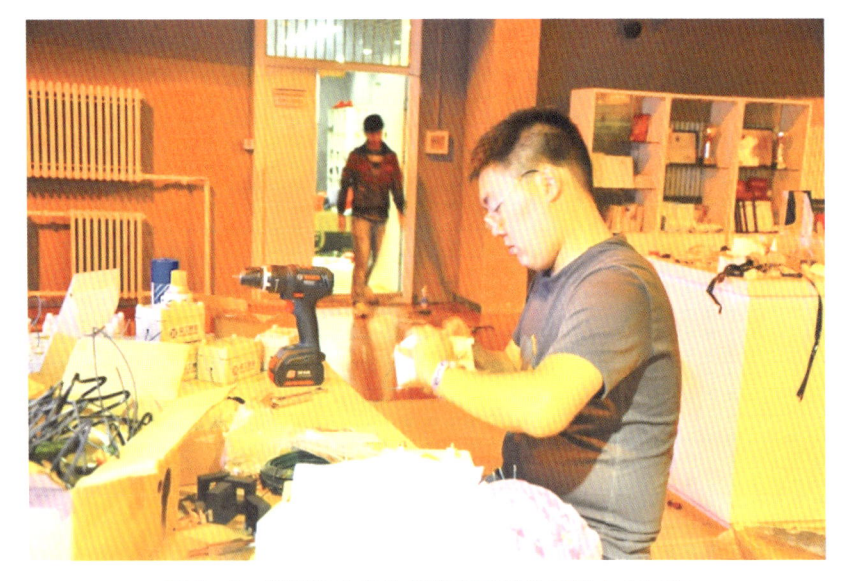

图 7-1 刘迪在大学生机械创新创业实践中心工作

刘迪把赛车工作比作"给一堆冰冷的钢铁赋予灵魂,再把它变成一只凶猛的野兽"。在接触方程式赛车的 7 年里,从一无所知的新手,到学校车队的负责人,再到世界顶级车队的工程师,刘迪已经记不清度过了多少个不眠之夜。尤其是每到赛前,连续三五天地调试程序、维修故障更是家常便饭。"那种生活状态就是,醒着就工作,累了就眯一下。但我感到充实。"

2014 年,一封来自中国国家赛车队的邮件,让本想退队后安心搞科研的刘迪再一次激动起来。"对方邀请我加入中国国家赛车队,参加国际汽联电动方程式赛车锦标赛。这简直是个天大的好消息!"刘迪自豪地说:"要知道,作为顶级赛事,能够参与其中的工程师可都是汽车技术界的世界级高手。"

2014 年 9 月 13 日,世界首场国际汽联电动方程式世锦赛™(FIA Formula E™ Championship,以下简称"FE")在北京盛大开幕。国家奥林匹克公园内人山人海,同时围绕"鸟巢"与"水立方"搭建的国际汽联标准 U 形赛道上,来自中、美、德、英、法、日等国的 10 支车队的电动方程式赛车呼啸飞驰。刘迪与首次参与国际汽联顶级赛事的中国"战车"合影如图7-2所示。

图7-2　刘迪与首次参与国际汽联顶级赛事的中国"战车"合影

　　FE赛事作为顶级方程式汽车竞赛，绝不单单是赛道上一辆赛车的较量，更是这辆赛车背后核心技术团队实力的比拼，所以能够参与其中的赛车工程师全部都是汽车技术界的"世界高手"。而在北京举办的FE大赛中，刘迪是唯一的中国工程师。刘迪接受北京电视台新闻频道采访如图7-3所示。

　　之后，刘迪继续服务于中国国家赛车队，他一面要参加在世界各地举办的车赛，一面要完成自己的学业。"参与各种赛事，我还是希望能将赛车经历和科研结合起来。因为想要得到更长远的发展，实现技术性的突破，必须有坚实的理论知识作为基石。"刘迪说："就拿我在中国车队的经验来说，我在团队中的不可替代性就表现在我扎实的基本功上，善于运用公式、用精准的数字，对需要的零部件进行设计。那些曾经被认为'枯燥无味'的课程，如今都是我引以为傲的资本。"

　　除了征战国际赛场，刘迪还创办了北京京工赛业科技发展有限公司，研发纯电动赛车能量监测设备和赛道车辆识别与车载计时模块，为国内的汽车赛事及相关车队提供自主开发的产品及服务。"我有两个梦想。"刘迪说："小梦想是希望自己的公司能够更好地发展；大梦想是希望在未来的10年内，

智汇北理·创梦机械

图7-3 刘迪接受北京电视台新闻频道采访

在国际汽联电动方程式赛车锦标赛中，中国队能够完全实现'中国制造'，打造出一支由中国车手和中国技术人员组成的百分之百的中国队。"刘迪创业研发的产品如图7-4所示。

图7-4 刘迪创业研发的产品

二、倪俊：一个"90后"博士生的"汽车科研梦"

2018年10月14日晚上，厦门大学的上弦场座无虚席，当主持人念到"第四届中国'互联网'大学生创新创业大赛的全国总冠军是北京理工大学项目'中云智车——未来商用无人车行业定义者'"时，倪俊长舒了一口气。而对于场下的近万名观众而言，这个年轻人的谈吐成熟，带来的项目无懈可击，得到冠军并不令人意外。倪俊在第四届中国"互联网+"大学生创新创业大赛冠军争夺赛现场如图 7-5 所示。

图 7-5 倪俊在第四届中国"互联网+"大学生创新创业大赛冠军争夺赛现场

和其他团队不同,作为团队负责人,倪俊只"安排"了自己一人到厦门参加比赛。按他的话说,团队成员都太忙了,不仅要忙于学业,还要忙于 11 月的中国大学生无人驾驶方程式赛车比赛。比赛结束当天,倪俊匆匆地与厦门市谈妥了项目落地及投资引进的事宜,第二天就踏上了返京路。

生于 1992 年的倪俊总透着和同龄人不一样的成熟,和人交谈总是"严丝合缝",不让自己有半点含糊或"不得体";他对团队成员要求严格,因为自己作为负责人"要对这些学生负责";当然有时候,他那些"不破不立"的做法还是能让人看到年轻的冲劲儿。

(一)"90 后"男孩的汽车梦

在厦门的几场比赛中,倪俊每每介绍自己的简历,都会引起台下一阵阵的赞叹声。2018 年,作为北京理工大学的在读博士,他已经出版了两部专著,发表了 SCI/EI 论文数 10 篇,拥有发明专利近 30 项,作为唯一的"90 后"入选中国科协青年人才托举工程及中国汽车工程学会青年人才托举工程,获得了中国青少年科技创新奖、北京市青年五四奖章(如图 7-6 所示)。这一系列的光环,源于这个"90 后"男孩的汽车梦。

智汇北理·创梦机械

图7-6 倪俊获得北京市青年五四奖章

"我从小就喜欢汽车，和很多小男孩一样。"2009年，刚参加完高考的倪俊估分填报志愿，便填上了北京理工大学的车辆工程系。神奇的是，他的高考分数和预估的一样，他如愿以偿地来到北京理工大学机械与车辆学院继续他的汽车梦。

当时，方程式赛车刚刚引入我国不久，和北理工平行的很多重点工科院校都投入对方程式赛车的研发之中。一个很偶然的机会，倪俊接触到了学校的方程式赛车队，随即对方程式赛车的研究产生了浓厚的兴趣。2011年，倪俊进入了人才济济的方程式赛车工作室，而且至今服务于北京理工大学无人驾驶方程式赛车队。当时，无人驾驶的研究在国内刚刚开辟，还远没有形成完整的理论体系，一时间倪俊和队友们陷入了深深的迷茫之中。"就像是老师给你留作业，却没有公式告诉你。"为了建构一个适用于方程式赛车队的理论体系，倪俊开始了为期一年半的苦读生涯。早上五六点钟起床，夜里一两点钟睡觉。不论寒暑，没有假期。就在那时，倪俊利用课余时间自学了本专业本科到博士的所有课程，还阅读了大量国内外汽车动力学领域的著作及文献。

之后，倪俊和团队的成果越来越多，大学生机械创新创业中心在扩建，但他的作息一直没变。

（二）"这不仅是北理工的事情，这是中国汽车人的使命"

按倪俊的话说："年轻人嘛，会为了梦想而冲动。"看着十分沉稳的倪俊，冲动起来也做了不少"破天荒"的事情。

2012年、2016年及2017年，倪俊3次随队携中国第一辆燃油方程式赛车、中国第一辆电动方程式赛车、中国第一辆无人驾驶方程式赛车赴德国参赛，分别实现了中国燃油赛车、电动赛车、无人驾驶赛车在世界最高舞台的首次亮相。2017年，倪俊率队研发世界首辆无人驾驶方程式赛车，并作为规则主要制定者及赛事运营者，配合中国汽车工程学会创办了"中国大学生无人驾驶方程式汽车大赛"。

按他的话说，年轻人总会对"第一"有一种执念。

"2016年，我们正在研发无人驾驶方程式赛车，当时听说有的国家也在做这件事，我们就一定要争个'第一'，让世界第一辆无人驾驶方程式赛车是由我们中国人研发的。于是没日没夜地熬了很多天，终于，我们研发出了世界第一辆无人驾驶方程式赛车。"倪俊与方程式赛车队员合影如图7-7所示。

图7-7 倪俊（中）与方程式赛车队员合影

年轻，对于倪俊来说，就是有信仰与冲劲，就是要在20多岁的时候做一些有血有肉、顶天立地的事情。"但使龙城飞将在，不教胡马度阴山"，倪俊总是这样激励着他的队员们。

213

有一次,倪俊要赴黑龙江漠河,将他和团队自行研发的军用无人车"地面航母"展示给陆军领导,并参加"跨越险阻"军方无人车比赛。大雾弥漫,能见度只有几米,倪俊驾车在大兴安岭的原始森林里艰难穿行,为的是将一块峰值功率300kW、40C超高放电倍率的钴酸锂电池送达现场。

"这个电池危险性很高,我不敢把它交给任何一个运输机构转运。所以,我自己租了一辆商务车,把后座卸了,装着这300公斤的'炸弹',从北京往返漠河7 000公里,开了6天6夜,完成了任务。"倪俊这样说到。

(三)"但行好事,不问前程"

在倪俊看来,将自己的科研成果实现产业化并真正服务于国民经济发展是十分必要和值得的。"学术往往存在于论文,但我想要让学术成果实现产业应用,真正对国民经济发展做出贡献。同时,我想把北理工学生科技创新的格局再往前推进一步,从创新到创业,在国家'双创'的大潮中实现科技成果转化。"倪俊如是说。

三、孙嘉伟:创业途上的点滴成长

孙嘉伟,机械与车辆学院2017级硕士研究生,北京升发科技文化有限公司创始人。他的创业故事是一部青春奋斗史。在创业的4年多时间里,困难和压力常常相伴,但斗志和热情从未减少。他也深刻地体会到了"青年服务国家,为社会创造价值"不是一句空话,而是青年人的使命。

(一)通过需求分析和技术驱动,优化创业项目的选择

2015年,孙嘉伟开始创业。2016年,公司扩大规模,自营场地数量达到4家,并逐渐提升服务质量,扩展配套业务。2017年,公司开发在线场地管理系统,推出了行业通用的标准化运营方案,自营场地试点达到预期效果,与5个场地主达成合作意向。同时,在业务拓展方面,联合北京欢乐谷、晴天旅行、北理工小助手、北理福利吧以及芝兰基金会达成合作协议,共同推广旅游业务,为北理工学生创业实践打通渠道。2018年,公司作为学生创业公司首批入驻中关村国防科技园。孙嘉伟在北航-北理工全球创新创业大赛粤港澳大湾区总决赛现场如图7-8所示。

孙嘉伟在创业中发现,需求决定市场空间。要服务于需求,服务于市场,所有的创业者都要懂得识别机会。在他看来,识别机会可以来源于以下几点:第一点来源于生活中的观察。通过这个方法,创业者会发现本人所在的工业领域有很多关于数据的分析和采集问题。第二点来自对行业主流公司的业务分析,相当于做行业调研。第三点来源于对战略的选择。战略的选择要差异

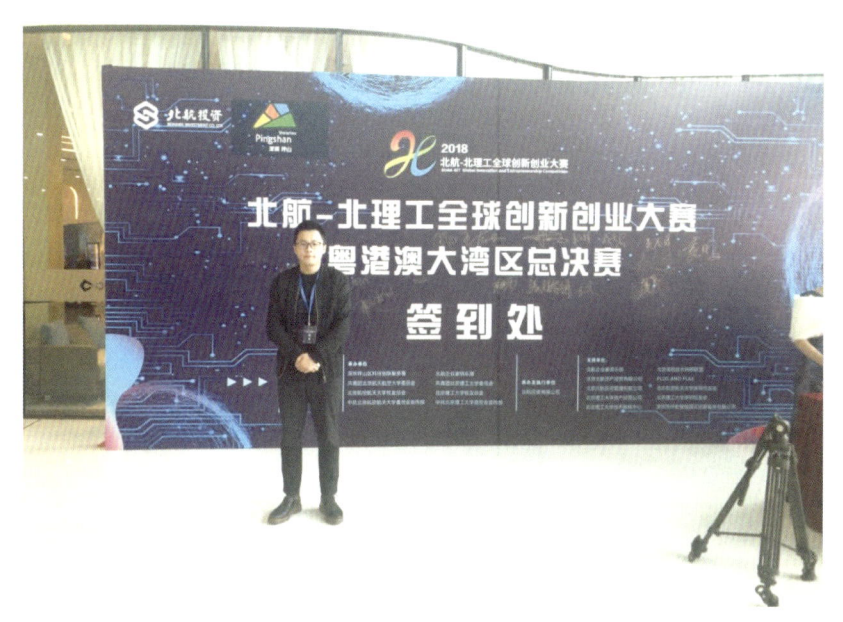

图 7-8　孙嘉伟在北航-北理工全球创新创业大赛粤港澳大湾区总决赛现场

化,创业者要善于发现差异化场景里的机会。简单来说,就是观察一个应用场景是否具备独特性和差异性需求。他所在的创业团队,正是通过需求分析和技术驱动,选择了两个重点创业项目,使得公司取得了良好的成长和发展。

第一个项目是一站式团体聚会解决方案。基于自主研发的聚会服务平台,可以沉淀大量用户数据,并提供增值服务。该项目从 2017 年积累 2018 年,孙嘉伟作为团队的运营负责人,与财务出资人一起探索新一代聚会服务模式。实现了年营收突破 100 万,服务用户超过 8 000 人,同时该平台涵盖了北京 20 多家线下聚会场馆,10 多家第三方服务商。

第二个项目是数据可视化与智能决策解决方案,主要场景是智慧政务、智慧院所、智慧工厂。该项目致力于为政府、大型企业提供数字化转型软件交付和长期数据运维服务。自 2018 年起,孙嘉伟作为团队的创始人,全面负责项目运营。目前,他的公司已是中关村高新企业、新四板挂牌企业、贯标体系认定企业,同时还是张家口、浙江乌镇数字经济的战略合作伙伴,服务于国家数字经济战略。公司核心是为用户交付整套数据可视化和汇聚方案,让数据从找不到、不会用、无价值到可视化、智能化和资产化的转变,帮助企业实现数字化转型。项目经过 1 年多的发展,深耕用户需求,积累客户的周期非常长。与此同时,公司也为每个客户提供全生命周期的服务。2019 年下半年,公司签订了接近 200 万元的订单,在全国 5 个地区有业务布局,在浙江、北京分别建立了公司，成立了示范试点项目，将长期服务于数字冬奥建设、国家数字经济建设。孙嘉伟及创业团队在北京四板市场企业登陆仪式现场如图7-9所示。

图7-9　孙嘉伟及创业团队在北京四板市场企业登陆仪式现场

（二）提升客户服务能力，注重企业经营管理

服务客户，为客户创造价值，这是创新创业项目生存的根本。孙嘉伟认为，企业应始终秉承"客户至上、勇于担当"的理念，以客户的需求为先。

优化服务能力必须注重企业经营管理，在这方面，孙嘉伟很有心得。他们把自己定位成技术产品驱动公司，所以人员主要以技术人员为主，同时匹配了优秀的市场化运营团队。对于初创团队，人不多但以核心技术产品为主线是最正确的选择。同时，初创企业的发展，孙嘉伟认为要靠统一的价值观去支撑。因为只有价值观统一了，成员对企业才有归属感，价值观和文化建设是支撑企业基业长青的根本。

（三）时刻牢记创业责任感，主动运用科技产品抗击疫情

在2020年初抗击疫情的斗争中，孙嘉伟作为"90后"学生党员，虽无法奔赴前线，但毫不犹豫地加入社区战"疫"的队伍中，用所学知识提升社区防控水平。同时，作为一名青年科技创业者，孙嘉伟带领他的创业团队日夜奋战，自主研发科技防控产品、捐赠防控物资，牢记"青年堪当时代大任"的使命与嘱托。

随着全国疫情逐步稳定，复工复产工作逐步开展，孙嘉伟所在的创业团

队发挥青年大学生的技术创新能力，依托团队在智慧城市、智慧政务领域的业务经验，迅速开发了园区/社区复工防控精细化管理平台，平台为园区/社区的人员提供动态身份认证码、机构认证唯一码，确保所有数据可追溯、可记录、可绑定，实现了无接触通关、体温追踪、实时构建风险可视化地图。平台推出后，应用在3个社区、2个园区，服务于数千人复工复产登记、风险大数据分析场景。孙嘉伟创业团队在疫情期间研制社区复工管理平台如图7-10所示。

图7-10 孙嘉伟创业团队在疫情期间研制社区复工管理平台

孙嘉伟带领的大学生创业团队，运用科技力量帮助社区抗击疫情，得到居民的一致赞誉。他相信，在党和国家的领导下，中国一定能够打赢这场疫情防控阻击战，一定能够再次凝聚和彰显中华民族"万众一心、不怕困难、勇敢前行"的民族精神。

第三节 我们相遇去创业

——创客团队的故事

一、住宿运营服务商 TTG：辅导员创客团队

金海鑫（如图7-11所示），住宿运营服务商 TTG 创始人兼 CEO，曾于2012—2018年在北京理工大学机械与车辆学院担任辅导员、学院就业指导中心主任。多次创业，2019年入选《2019胡润 Under30s 创业领袖》。作为创始人，曾带领团队在教育咨询领域创办 metall 教育咨询，并在生活服务旅宿运营领域创办 TTG 青年旅舍。

在北京理工大学学习期间，金海鑫在一些公益组织承担部分工作。工作

智汇北理·创梦机械

图 7-11 金海鑫

中,她发现许多 NGO(非政府组织)有着对建筑设计的需求,但由于预算的限制,这些组织的设计需求并不能得到很好的满足。于是,她联络建筑设计类专业的学生,让他们尝试为这些组织提供设计方案。2011 年,金海鑫与两个小伙伴成立"TeatreeGroup"设计工作室,为 NGO 和设计专业学生做需求匹配。TeatreeGroup 也成为 TTG 项目名字的来源。

2014 年,金海鑫团队开始尝试城市青年住宿空间项目,在魏公村一栋民商两用楼里开了第一家自营民宿。两室一厅的房子被打通隔断墙,7 成的面积被重新设计成公共空间,配上了门帘隔开的影音放映室,拉开门帘移开桌椅,还有足够大的空间来开派对。

开店一段时间后,金海鑫团队把房子上线到 Airbnb,让更多的住客了解到这间别致的民宿小店。开店两个月后,"Teatree"热度逐渐上升,本来设计成最多 6 人住宿的小店,需要征用沙发和地铺,来让新老客人都有安枕之处。民宿小店项目成功后,TTG 陆续在中关村附近开了两家店,并在这几家店中不断尝试新的创意,并提炼标准化的服务。在 TTG 的发展过程中,金海鑫和团队一直明确,想要做出每家店都不一样的精品民宿,让住客住进自己喜欢的空间里。

2016 年 11 月,TTG 获得了 300 万元人民币天使轮融资。2017 年,金海鑫创办新一代青年旅舍品牌"一起一起 together hostel"。"一起一起"希望创造青年旅舍在中国的新标准，提供高性价比、富有设计感的住宿环境，提升年轻人城市旅宿体验，鼓励启程探索、当地体验和旅行社交。

2017年，TTG在北京成立第一家城市青年旅舍，首年入住就已超过15 000人次。第二年，TTG青年旅舍迎来了高速发展的黄金时期。先是完成了千万元的Pre-A轮融资，还接连在苏州、成都开了两家城市化特色分店。从进入市场开始，TTG青年旅舍的发展就十分顺利，高速的发展也让它成了青年旅舍行业的新星。

目前，TTG直营和代运营的住宿项目已超过25家，床位数达到219个，复购率为44%，项目主要在北京、成都、杭州、大连等地。"一起一起"已经开业8家门店，覆盖北京、苏州、成都、重庆、太原、上海6个城市，床位超过1 000个，并计划今年进驻南京、杭州、西安等地。

TTG旅宿能够实现飞速发展，既是时势造英雄，也有自身实力作为后盾。在旅宿空间方面，TTG从前期筹建、收益管理，到服务体系、内部管理、构建生态，已经形成了标准化的管理模式；在"住+X"方面，TTG孵化了"拉杆箱市集""住进不一样""旅行漫游展"三个标准化的IP活动产品，以及完成了"住+咖啡""住+音乐节露营地"等消费场景的延伸。如今，"住+X"已经发展为模块化的产品，活动及内容输出已经能够单独创造营收，2019年这部分营收过百万。此外，咖啡品牌也已经进入其他跨界空间。

值得一提的是，TTG旅宿先后获得2017美国室内设计杂志年度最佳奖（Best of Year Awards）BUDGET类别、2017美国建筑奖（American Architecture Prize）年度室内设计/酒店类别、2018 Booking缤客年度好评住宿奖、2019携程最佳互联网营销酒店、2019 Architizer A+ Awards概念类建筑+城市改造类特别提名奖。

2019年9月27日，胡润百富在深圳发布了《2019胡润Under30s创业领袖》（Hurun China Under 30s To Watch 2019）。这是胡润百富连续三年发布Under30s创业领袖榜。今年共有来自十大行业343家企业的380位青年才俊荣登榜单，平均年龄28岁，男女占比为82%和18%，他们是"全中国最优秀的年轻创业者，是一群敏锐、睿智、充满激情的人，在各自的领域快速成长，成为行业颠覆者"。

金海鑫以TTG旅宿创始人兼CEO的身份入选了《2019胡润Under 30s创业领袖》。同年，TTG旅宿获魔量资本千万元A轮融资，打造"住+X"年轻人旅宿社区，并提出"主人、客人、空间、物品、服务"的都市旅宿日常五元素，入选了"场景实验室"2019"商业新物种"之一，可以说，TTG用全新的商业模式重新定义了在西方已发展了 100 多年的鼓励年轻人从事户外活动及文化交流的青旅形式。

二、中云智车：未来商用无人车行业定义者

中云智车团队主要由 CEO 关超云、首席科学家倪俊带领研发项目。该团队的引领者及主要核心成员，都来自北京理工大学机械与车辆学院。

迄今为止，中云智车是国际上第一个真正的车规级无人车研发者。自 2012 年组建核心团队以来，团队创造了诸多具有世界级影响力的成果。其中，最有代表性的便是：2016 年，团队先于德国，创造了世界上第一辆无人驾驶赛车。这就是中云智车团队的精神：勇立潮头，敢为人先。2017 年，该辆赛车有幸代表亚洲，亮相世界赛场舞台。这也是无人驾驶领域，中国人第一次有机会站在世界之巅。其后，2017 年，团队创造了世界上第一辆军用全线控超级无人车，并且打破了吉尼斯世界纪录。2018 年 2 月，中云智车团队依托北京理工大学特种无人车辆创新基地筹划成立了北京中云智车科技有限公司，致力于研制系列化多功能军用及民用无人车，产品在作战、打击、巡逻、物流、运输、接驳等军用及民用领域具有广泛应用前景，对我国新一代陆军装备发展与智能汽车产业发展具有重要意义。团队研发成果如图 7 – 12 所示。

图 7 – 12　中云智车团队研发成果

中云智车团队的愿景是在民用领域定义未来无人车的主机场，在军用领域做中国的未来的洛克·希德马丁。当大多数人认为无人车还只是个梦想的时候，团队已经开始了量产和小规模的交付。

在民用领域，团队第一个整车产品是无人运营货车，2018年起已经在国家很多大型工业园区开始试运营。在军用领域，团队研发了国内唯一个由民营企业研发的军用超级无人车"中云智·战"。团队目前的合作伙伴和订单基本上实现了无人车场景的全覆盖。2018年，团队销售收入约为800万元，2019年则达到了4000万元。

中云智车团队的队服袖标上，曾无数次地印上五星红旗。"战必用我，用我必胜"是北京理工大学刻在骨子里的军工基因。汽车作为工业之王，在过去的100年时间里，它的理论、技术和产业链格局没有一样是中国人定义的。如今，无人车是国家汽车工业实现弯道超车的最好机会。这是一个全新的历史机遇，让汽车由中国人所定义——这是中云智车团队的梦想，更是中国汽车人的梦想。

可以说，中云智车团队准确地抓住了时代的需求，敢为人先、攻坚克难，开拓与转变创新思维，受到了行业各界的好评价与高期待。

第四节　我们在这里成长

——科技创新学生社团三维成图空间的故事

北京理工大学三维成图空间（BIT3D - creator）成立于2013年1月15日，创立社团的想法来自杨薇老师与2011级本科生张飞凯。杨薇老师来自机械制图教研室，同时还担任着制图国赛的指导教师。2012年，杨薇老师带领北京理工大学代表队首次征战制图国赛，并取得了不错的成绩。返京途中，杨薇老师与参赛学生张飞凯不约而同地想到了：创建一个社团，更早地进行制图国赛的培训。就这样，创办三维成图空间的种子悄然埋下。新学期伊始，杨薇老师与骨干成员便开始了创建社团的准备，社团的开创者们将"乐于创意、敢于创新、勇于创造"定为社团的宗旨，并且希望三维成图空间做的不仅仅是制图国赛的培训，甚至不仅仅是各类比赛的培训，而是一种"创新"精神的传承；希望社团可以作为星星火种，将"创新"精神发扬光大，成燎原之势。可以说，三维成图空间是为了制图国赛而生的，但却并不止于此。

2013年，初生的三维成图空间犹如刚刚学会走路的孩童，创立者们要花

智汇北理·创梦机械

费大量的精力去建设，但好在他们有着一腔热血，取得的成绩也不负众望。经过第一届管理团的悉心培养、苦心经营，社团成员在第六届制图国赛中取得佳绩：共4人获得个人全能一等奖，3人获得个人全能二等奖，3人获得尺规绘图奖项，3人获得三维建模奖项。一年的时间里，社团逐步走向发展正轨。第一届管理者载誉"退役"后，社团的接力棒传到了2012级本科生姜义的手上。

姜义将社团比作"小麻雀"。可是麻雀虽小，五脏俱全。三维成图空间下设会长团、技术部、外联部、宣传部、办公室，分别负责社团各项事务。杨薇老师说："三维是优秀学生的孵化器"。这里所说的"优秀"，不仅仅体现在成绩上，更体现在"创新思想"上。也正是因为社团里这种积极向上的大环境，三维人慢慢变得优秀。通过社团骨干的培养，在第七届制图国赛中，社团成员共8人获得个人全能一等奖，1人获得个人全能二等奖。

2013级本科生李蓝天巩固了社团自成立以来打下的基础，坚持创办各类科技创新特色活动，如建模软件培训、社团内部分组建模、制图校赛等，扩大了三维成图空间的知名度和影响力。社团每周一次的建模软件培训如图7-13所示。

图7-13 三维成图空间举办每周一次的建模软件培训

2014级本科生李小松利用社团前期的积累，带领社团实现了飞跃式成长。在他的带领下，社团开始面向学校大规模招新，社团成员人数达到了310人。社团建立了自己的学术交流群，为被建模、制图等问题困扰的同学们提供了交流的平台。同时，三维成图空间被评选为校级"十佳社团"。社团成员在第九届制图国赛中也取得了优异的成绩：共6人获得个人全能一等奖，4人获得个人全能二等奖，2人获得三维建模奖项。同时，北京理工大学获得团体一等奖。

2015级本科生曾洺锴为了更好地激发社团成员的创造性思维，帮助同学们了解先进制造技术，创办了首届"3D北理创e设计大赛"，并在决赛中邀请到杨薇老师、工程训练中心老师、机械与车辆学院辅导员作为评审团对参赛作品进行了专业的点评。在第十届制图国赛中，社团代表北京理工大学获得团体一等奖，3D打印项目一等奖；社团成员中，有8人获得个人全能一等奖，5人获得个人全能二等奖，3人获得尺规绘图奖项，3人获得三维建模奖项。

2016级本科生赵恒平带领社团获得机械与车辆学院"团体之星"。社团成员在第十一届制图国赛中再创佳绩：4人获得尺规绘图一等奖，5人获得尺规绘图二等奖，5人获得尺规绘图三等奖，11人获得三维建模一等奖，3人获得三维建模二等奖。同时社团代表北京理工大学获得团体一等奖，3D打印项目二等奖。

2017级本科生王华轩，带领社团成功举办了第三届"3D北理"创意设计大赛。大赛历时一个多月，吸引了来自精工书院、机械与车辆学院、机电学院、信息与电子学院、材料学院、自动化学院等共计11个书院/学院的32支队伍参加了比赛。该大赛激发了学生参与创新活动的热情，提高了学生的三维建模、团队协作及动手实操等多方面的能力，为广大学生提供了了解先进加工制造技术的机会，为优秀创新人才提供了交流平台，更让社团的影响力在全校范围内得到了较大的提升。此外，三维成图空间还举办了第七届北京理工大学工程制图技能大赛，选拔了制图国赛的参赛选手，并以竞赛成果为支撑，社团内部10人组成创新创业团队，参与评选工信部创新创业奖学金，最终获得三等奖学金，成了年龄最小的一组获奖团队。

在三维成图空间成长的过程中，社团一直坚持管理、培训与教学三位一体的运营管理模式，找到了一套适合社团发展的特色培养体系，将三维成图空间专注的诸多竞赛（制图国赛、数字化赛、机械赛等）与工科学生的一系列专业基础课（机械制图、机械原理、机械设计等）相结合，并辅以社团提供的专业培训、小组合作，依托机械制图教研室提供的参观实践，达到以学促练、以练促学的教学目的，帮助学生们更扎实地掌握工科基础知识。在社团特色培养体系的支撑下，三维成图空间已成为培养优秀科创人才的摇篮，

智汇北理·创梦机械

更是名副其实的优秀学生孵化器。

不忘初心,方得始终。曾洺锴在回忆中说道:"所有的历史拐点都是因缘际会,唯有安身立命的本事不能忘,社团的宗旨不能忘。汪曾祺在《泡茶馆》中曾说到泡茶馆对联大学生的影响:可以养浩然之气。作为曾经的会长,我曾定下一个宏大的目标——想让三维成图空间之于北理,就如茶馆之于西南联大。不仅让三维成图空间的成员们拥有高超的建模技术,更让大家在未来的生活中,保持创新的灵魂。"

如今,三维成图空间在一代又一代"三维人"的用心经营下,愈发熠熠生辉、光芒万丈。正因如此,"三维人"永远感怀自己是"三维人","三维"也得以随着"三维人"的成长而愈发枝繁叶茂。

第八章　创时代

——创新创业教育的归宿

2019 年大学生方程式系列赛事车队大合影

当今，中国特色社会主义已进入新时代，深化供给侧结构性改革、实现高质量发展前所未有地呼唤创新创业。新时代中国青年应当在创新创业上有所作为，而且应大有作为，以创新向落后宣战，以创业向享乐宣战，用真情投入体现家国情怀和人文关怀。新时代是一个改革创新的时代，是一个融合新科技、新产业，具有鲜明时代特征的历史阶段。我们必须把"创新创业促发展"的理念树立起来，充分释放创新创业应有的能量，使创新创业真正成为新时代中国青年下意识的行动、实实在在的行为。同时，也将新时代中国青年的活力、激情、好奇心、想象力、创造力赋予创新创业教育工作中，拓宽创新创业教育发展思维，更新创新创业教育发展观念，激活创新创业教育发展格局，促进创新创业教育长足发展，推动创新创业教育在与时代同行中成就新的时代篇章。

高校将创新创业教育融入高等教育体系是积极响应国家发展需要，推动普及创新创业教育知识和成果的重要举措。同时，高校要坚持立德树人根本任务，将育人的理念嵌入创新创业教育始终，以实现高质量的人才培养综合改革为基本点，构建全方位、立体化的创新创业教育模式。总之，高校创新创业教育要符合时代发展潮流，与当下释放改革发展活力实践相统一，结合高校人才培养目标，激发创新创业教育的时代意义。

机械与车辆学院在深度理解创新创业教育内涵、创新创业教育发展历程、创新创业教育体系、创新创业教育发展平台的基础上，结合学校、学院人才培养目标，在多年的创新创业教育工作中，坚持成果导向，推进创新创业教育有所归宿——实现高质量人才培养目标。明确创新创业教育要实现创新创业教育视野下的多元学科融合的长效育人机制、大思政格局下的长效育人机制、青年服务国家的长效育人机制及新时代领军领导人才培养目标，以此来推动高校创新创业教育紧跟教育步伐，紧跟育人目标，紧跟时代节奏。

第一节　实现多元学科融合的长效育人机制

在新的时代背景下，单一学科型人才培养已难以满足高校创新创业教育人才培养达成度，亦难以满足社会对于创新型人才的需求。多元学科交叉融合能发挥学科优势，提升高校整体创新力和竞争力，为高校创新创业人才培养提供有力支撑。《中华人民共和国国民经济和社会发展第十三个五年规划纲要》就曾提出，要"优化创新组织体系，推进科教融合发展，促进高等学校、职业院校和科研院所全面参与国家创新体系建设，支持一批高水平大学和科研院所组建跨学科、综合交叉的科研团队"。2015年5月国务院办公厅颁布的《关于深化高等学校创新创业教育改革的实施意见》强调，高校要探索建立跨院系、跨学科、跨专业交叉培养创新创业人才的新机制。可见，国家对推进学科交叉与融合非常重视，希望以此全面提升高校的创新能力。当前，很多高校都在积极推进学科融合建设，如哈佛大学、斯坦福大学、麻省理工学院等世界一流高校已纷纷设立跨学科研究基金、拟定跨学科研究计划、建立跨学科研究平台，旨在促进多元学科交叉与融合，培养世界顶尖级创新创业人才。

近年来，高校创新创业教育活动日益呈现出综合性、系统性、跨学科性等特点，这就使得各个高校不得不重视创新创业教育中的多元学科融合。一直以来，机械与车辆学院以各项创新创业实践平台为依托，聚焦创新创业活动特点，在创新创业人才培养的过程中，促进了多元学科融合与交流，使学生奠定了更加坚实的理论基础，帮助引导学生从多学科角度、运用多样化的科学思维分析和解决问题，促进了创新型成果的产出，形成了具有自身特色的创新创业多元学科融合长效育人机制。

一、多元学科融合的内涵

多元学科融合，指的是在承认学科差异的基础上，不断打破学科边界，促进学科间相互渗透、交叉的活动。多元学科融合既是学科发展的趋势，也是产生创新性成果的重要途径。如今，多元学科融合已然成为高校教育教学改革发展之大势，是培养学生运用多元学科思维认识和改造世界的重要方式，也是培养创新思维的重要途径。克莱恩指出："学科知识融合是指受教育者从不同学科维度对中心相关知识进行建构的过程，其中心点主要是主题，从而形成对主题多角度重构的复杂的心理过程。"我国学者陆启威指出："学科融合是多门学科的参与和介入，但不是简单的跨学科教育。学科融合虽然涉及不同学科元素的参与，但却不是几个学科的大杂烩。要抓住核心科目的本质和特点，拓展合一、总分有序地进行学科相融。"

因此，我们可以得出这样的结论，多元学科融合不是简单的 $1+1+1=3$，而是 $1+1+1>3$。多元学科融合既是学科发展的必然，也是高校创新创业教育发展的必然。在创新创业教育的征途上，高校要看到这种必然，并且积极推动多元学科融合与交流，提高学生创新能力，提升高校创新创业教育工作实效。

二、多元学科融合的意义

（一）多重学科取长补短，优势互补

从创新创业教育的角度来看，一个创新项目往往需要多个学科知识，项目团队为了保证项目的科学性、专业性，更容易以开放的姿态，与不同学院、不同专业的队友进行学科融合性、交叉性、多角度的探讨和交流，在专业知识方面彼此支持、取长补短，开阔团队视野，汲取创意营养。在此基础上，项目团队以项目课题为共同目标，来自不同学院、不同专业的队员努力发挥各自学科优势，一起攻克主要难关。当然，在此过程中，来自不同学院、不同专业的队员之间亦存有不融合性，因为不同学院、不同的专业背景，解决问题的途径与方法也不尽相同，这就需要项目团队要有大局意识，围绕着创新创业项目，在团队整体氛围的带动熏陶下，不断磨合、互相影响，发挥各自学科优势，促进团队整体和团队内部各个成员之间的优势互补，实现多元学科融合与创新。以学院所指导的北京理工大学 ARCFOX 纯电动方程式赛车队为例，该团队共 90 人，成员专业包括了车辆工程、机械工程、微电子科学与工程、经济学、市场营销、法学、电磁场与无线技术、电子信息与技术、自动化等，涉及多学科知识。团队成员在多元学科知识渗透的氛围中，彼此相互影响、相互作用，面对不同的知识难题，共同研讨、相互协作、优势互补，共同拟定解决问题的有效方法，形成团队最优作用力。因此，创新创业教育要朝着多元学科融合的方向去努力、去发展，并以创新的魅力，汇聚学科力量，将不同学院、不同专业学科的学生联合起来，鼓励引导他们发挥各自学科优势，共同朝着一个目标任务去努力，促进多元学科优势互补，实现创新创业教育崭新的发展势头。

（二）专业技能分工明确，目标精准

一个优秀创新创业项目的产生，凝聚了团队的集体智慧。从创新创业的角度来看，多元学科融合在优势互补的基础上，可以促成团队内部人员分工明确，专业的人做专业的事，让每个学生的能力、学科优势都能够得到充分发挥。同时，明确的分工带动任务的分配，可以使得学生在各自的任务中明确努力的方向、奋斗的目标。这也要求创新创业团队的指导教师或项目负责人要充分发挥组织协调能力，深入了解团队内部成员的学科背景、专业特长，分别把他们放到合适的位置上，明确分工，明确任务分配，让每位成员都承担相应的责任和义务。在任务分配上，可以按照整体到部分再到整体的原则；

在这个过程中，"部分"与"部分"之间、成员与成员之间，要注意任务的衔接，注意相互协作沟通，要始终围绕一个清晰的核心进行，切勿各自为政，所有的任务分工，都是为了目标精准，都是为了实现项目的最佳效果。以学院获得"互联网+"大学生创新创业大赛（北京赛区）第一名的项目"高端玻璃光学镜片制造技术领跑者"为例，该团队共12人，包括了产品研发组、产品设计组、市场营销组、财务会计组等。在这个创新团队里实现了多学科的融合，产生了协同创新效应：产品研发组为高端玻璃光学镜片提供技术支持，产品设计组为高端玻璃光学镜片的整体视觉呈现提供了最佳方案——优美的外观设计和轻便的内部结构设计，市场营销组为项目提供了营销策略与方案、财务会计组为项目提供了成本预算和财务发展方案。由此可见，多元学科融合，能让创新创业项目团队因专业技能而分工明确、统筹协调，促进目标精准，实现创新创业项目团队科学、专业、可持续发展。

（三）学科互联互通，构建多元学科合作平台

众所周知，科技创新需要具备跨学科的综合性思维及多元学科融合的知识框架，多元学科的合作与融合成为当下高校培养创新型人才与获取知识创新优势的重要策略。2015年，北京理工大学前沿交叉科学研究院正式成立，主要从事交叉学科、前沿科学的研究工作，是一个跨学科、跨领域的研究院。目前，研究院已有包括具有"长江学者""杰青""优青"等称号的36名高端人才，将为高端人才提供一个科学研究、学术交流的平台，为国家科学技术的发展、北京理工大学的"双一流"建设做出贡献。2016年，北京理工大学第一期"交叉科学论坛"顺利举行，以常态化形式在学校搭建学术交流平台，营造开放、活跃、争鸣的学术氛围；促进学术交流碰撞和多学科交叉融合；特别是帮助青年教师快速了解和融入学校，熟悉学校的行业特色背景和优势发展领域，开拓学术视野，促进学术交流，助推学术合作。这种跨学科联合的多元学科融合与合作平台，打破了"壁垒式"人才培养格局，增进了各学科之间的互动交流，开发了师生的创新思维，为新时代创新型人才的培养聚力凝心。

（四）数据互联互通，提升团队的科研能力

随着大数据时代的到来，创新创业项目的研发、维护、产出都需要数据的支持。就目前的情况来看，创新创业项目研发所需要的数据主要有前期网络大数据、项目团队自身研发数据和团队共享的数据等。首先，大数据是科技研究和科技创新的重要资源，它需要创新创业团队的成员充分利用互联网，从海量的结构化、非结构化数据中挖掘出有价值的信息，构架团队内部的数

据信息。其次，便是项目团队自身的研发数据，这需要团队全体成员的参与，不同学科背景的学生，在各自的研发任务中，构建团队"云环境"，使得不同学院、不同学科背景的学生成为团队数据的创造者和使用者，实现数据互联互通，提升团队研发数据的可靠性。再次，则是团队共享的数据，这些数据可以来自其他创新创业团队，也可以来自团队内部不同学科学生之间，不同学科背景的学生，在其求学、参与学科研究的过程中，或多或少都会接触到自身学科的研究数据，当团队内部为了共同的研究目标去努力的时候，不同学科学生的数据将展现出其应有的优势，使得团队的数据库得以充实，团队的科研创新能力得以迅速提升。

三、在创新创业教育中实现多元融合的长效育人机制

关于多元学科融合的人才培养模式，美国在1950年前后，特别是从北极星计划、阿波罗登月计划开始，便已经逐步意识到一些复杂的工程问题，需要多元学科的知识融合才能得以解决。近年来，学科间的界限不断被打破，交叉学科开始大量涌现，诺贝尔自然科学类交叉学科成果更是占到了总获奖成果的66.7%。知名大学也开始积极促进多元学科交叉融合：常春藤大学顶层的学科组织设置有一条重要的原则——就是体现了学科的综合性与包容性，不刻意去划分专业院系，促进了基层学术组织的学科融合；英国古典大学的学院制对学科组织的分裂起到了平衡作用；我国本科教育机构和研究生教育机构的分设，有利于建立各种形式的交叉学科组织，能直接有效地推进多元学科融合，培养更多掌握多元学科知识的学者。

不可否认，多元学科融合在夯实学生专业理论基础、融合专业相关知识、激发专业学习兴趣等方面取得了良好的效果，可以显著提高学生的创新和应用能力，对培养具有高素质的专业人才起到了积极作用。因此，机械与车辆学院结合自身的创新创业教育，积极探索多元学科融合的合作机制，探索多元学科融合的创新创业人才培养长效育人机制。

（一）梳理专业相关的多元学科组织结构

根据目前机械与车辆学院创新创业项目的学科知识特点，主要涉及车辆工程、机械工程、经济管理、计算机科学与技术、土木工程、法学、地理信息等专业知识。在多元学科融合的背景下，需要整合资源、强化学科联系，培养复合型创新人才。

此外，北京理工大学正在系统推进世界一流大学、世界一流学科建设，各个学科一直活跃在全国该学科领域的前沿，在国内外都有非常大的影响。

如何将最前沿的学科知识交叉互融，提升创新创业教育水平、创新创业活动质量；如何系统地将系统科学、运筹学与车辆类、机械类专业知识相融合，将文科类学科优势与工科类学科优势相融合，实现创新创业团队升级优化、创新创业成果价值最大化，是所有创新创业教育工作者需要思考的问题。

根据学校车辆工程、计算机科学与技术、自动化等相关专业在不同学院的设置分布情况，结合近几年来创新创业项目的学科知识需求，机械与车辆学院统一部署，依托所管理的科技创新学生社团，设置了多元学科组织结构，分为主导学科、专业协助学科、公共管理学科三部分。主导学科主要依托在本学院，以车辆类、机械类学科知识为主；专业协助学科和公共管理学科依托于其他学院，以其他学科知识为主。

（二）制定科学可行的多元学科人才培养标准

多元学科融合背景下的创新创业人才培养有着高校人才培养的一般性，同时又具有专业性和复杂性的特点，加上在创新创业人才培养中重视多元学科融合是一个较新的研究课题，因此要制定科学可行的多元学科人才培养标准，做到有章可循、有规可依。

对于高等院校人才培养的通用标准而言，首先要强调人才的政治标准，始终要把培养新时代中国特色社会主义建设者和接班人放在第一位；其次便是人才的综合素质能力、综合创新能力，培养引导学生的综合创新能力是新工科要求的基本目标之一，特别是学生的自主学习、知识更新、知识管理、知识创新与融会贯通能力、综合表达能力等。

对于多元学科融合背景下的创新创业人才培养标准，应强调宽口径、厚基础和多学科三个特点，应以创新型人才培养为基本定位，不仅让学生掌握本专业学科知识，还应引导学生接触、学习与自身专业相关的、与创新创业项目相关的其他学科知识，让学生在"学科交叉融合"中认识、选择、汲取，最后吸收养分。与此同时，学生在宽口径、厚基础、多学科的培养模式下成长，可以让学生在更广泛的学科交叉与融合中交流、互动、学习，打好知识基础，适应多元学科背景下的科研合作、商务合作、国际合作等，适应社会对复合型人才、创新型人才的要求，符合社会转型发展对多元学科背景下创新创业人才的要求。

（三）建立目标清晰的多元学科人才培养评价体系

有了培养标准，还应该有配套的监控评价体系，以便检验人才培养质量。依据创新创业教育活动、创新创业项目的标准要求，结合多元学科人才培养的能力要求，可以从学科理念、指导教师队伍建设、团队建设、学科交叉融合建设、实践教学、素质教育、赛事评价等七方面建立目标清晰的多元学科背景下的创新创业人才培养评价体系，以此实现对创新创业人才培养的质量过程进行监控。

对于评价体系中各个指标的权重，可以根据创新创业教育的过程和成果来进行赋值，并在创新创业人才培养的过程中不断更新。与此同时，创新创业团队、科技创新学生社团要基于评价体系的导向，通过调研与实践，不断动态调整多元学科交叉互融的比重和多元学科背景下创新创业人才培养的人力、物力、财力投入。

此外，对于人才培养质量的过程控制，可以引入传统质量控制中的质量特性要因分析法，对于出现的问题，逐层深入排查，并通过创新创业团队整体协商和小组讨论的方法，集思广益，共同分析，寻找相关对策。总的来说，对于多元学科背景下的创新创业人才培养的评价标准和质量监控，既需要考虑各学科交叉互融、协同创新、实现学科优势最大化的特点，又要考虑多学科融合时不同学科间评价标准不一致的特点。同时，创新创业人才培养在一定程度上更偏向创新性，因此，要避免人才培养过程中的书本教条化。目前来看，探索学科知识与实践相结合，引入创新创业人才在创新创业项目实施和具体问题解决过程中的角色和作用作为评价标准，是为比较合理的方案。

（四）加强多元学科背景的指导教师队伍建设

对于科技创新学生社团来说，指导教师的教育引导十分重要。从指导教师的角度来看，基于创新创业项目本身的整体性、多元性和复杂性，应该引入不同专业背景、具有多元学科知识储备、具有丰富创新创业工作经验的专业人才作为指导教师，并要求指导教师在教育引导学生的过程中，尊重不同学科学生之间的思维差异、动手实践差异，采用平等交流、探讨启发、讨论协商的引领方式，促进不同学院、不同专业学生之间的交流互助、优势互补。

此外，不同学科的指导教师之间也要注重交流与探讨，在为学生提供知识养分的同时，也要善于提前发现问题，不论是创新创业项目的学科技术问题还是团队的发展问题，指导教师要善于发掘问题，然后与学生一道探讨解决的思路与方法，并在必要的时候进行方向性的引导，促进学生知识面的宽口径、厚基础、多学科化。

总之，在新的发展背景下，高校应该更加注重创新创业人才培养中的多元学科交叉融合、协同创新，突破单一学科人才培养的局限，拓宽创新型人才培养的教育空间，使其能够善于打破学科壁垒，进行快速的知识融合与更新，实现最优化的多元学科背景下的创新创业人才培养。通过梳理多元学科组织结构、制定多元学科人才培养标准、建立多元学科人才培养评价体系、加强多元学科背景的指导教师队伍建设等途径，实现多元学科背景下创新型人才综合素质的培养和创新创业能力的提升。

第二节　实现大思政格局下的长效育人机制

创新创业教育关乎国家发展、民族复兴和社会进步。长期以来，党和国家高度重视大学生创新创业教育工作，高校的创新创业教育探索不断推进，但仍存在重要性认识不足、体系不健全、辐射面不广、实效性不明显等普遍痛点。现如今，在党的正确领导下，创新创业教育体系继续深化改革，以立德树人为根本任务，高校积极构建"大思政"工作格局，逐步探索将思想政治教育融入创新创业教育，力求实现大思政格局下的创新创业教育长效育人机制。

一、大思政格局的内涵

构建大思政格局是习近平总书记在全国高校思想政治工作会议上强调的重要思想，是会议的主要精神。随后，习近平总书记在多次会议中频繁强调，高校思想政治工作要牢牢把握培养何种人、如何培养、为谁培养这些关键问题。

构建大思政格局一直以来都是思想政治工作的重要课题。改革开放以来，我们党始终强调思想政治工作要"扩大覆盖面""建立新格局"，但在具体实践中，推进效果尚未达到预期，还需要进一步强化。十九大以来，党和国家进一步强调思想政治教育的重要性，进一步明确构建大思政格局是落实立德树人根本任务、打造"三全育人"体系、培养德智体美劳全面发展的社会主义建设者和接班人的必由之路。从社会学理论和高校资源理论来看，做好思想政治工作，不能光说理论不去做，也不是简单地开设几门相关的课程就可以。从高校的角度出发，高校要积极完善大思政格局，这是实现思想政治工作科学化、育人机制体系化的必要方法和正确途径。在这样的大背景下，各地高校纷纷探索路径和方法，力求通过实践，不断探索高校思想政治工作的规律，使思想政治工作质量得以提升，并通过机制建设、队伍建设、网络建设等途径构建大思政格局。

机械与车辆学院积极构建"三全育人"视域下的大思政工作格局，逐步形成了以思政工作队伍为支撑，以"多维互动的理想信念教育体系（以青马工程、时事论坛、主题党日等为主要内容）""突出创新的综合素质培养体系（以汽车科技文化节、车类创新创业实践等为主要内容）""学以致用的企业社会实践体系（以企业实践基地、国防军工社会实践等为主要内容）""丰富多彩的文化教育活动体系（以"青春飞扬季节"品牌文化活动为主要内容）""灵活多样的争先创优活动体系（以国家奖助学金、学院个性化奖助学金体系为主要内容）"为载体，以德育和智育互为协调发展的"三全育人"工作系统。"三全育人"视域下的大思政工作格局如图8-1所示。

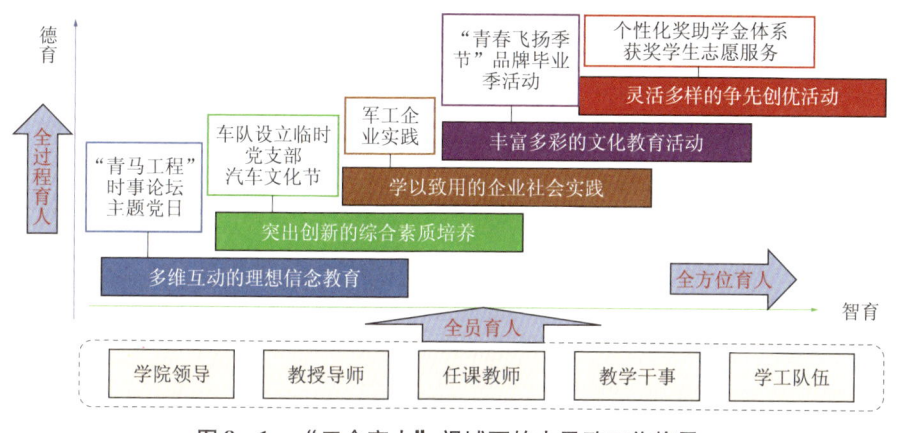

图8-1 "三全育人"视域下的大思政工作格局

二、大思政格局下的创新创业教育

创新创业教育力求实现学生的全面发展，力求引导学生养成积极的创新创业精神，形成敏锐的创新创业意识，掌握扎实的创新和创业能力。党的十九大报告指出："创新是引领发展的第一动力，要坚定不移实施创新驱动发展战略。"因此，高校要坚定中国特色社会主义办学方向，做党的决定的"贯彻者"、育人育才的"领导者"，构建大思政格局，将思想政治教育贯穿于高校各项工作之中。思想政治教育与创新创业教育的结合是必然趋势，是新时代背景下高校人才培养工作的必然使命，也是大学生成长成才的必然要求。对于高校而言，思想政治教育应始终为创新创业教育引领方向。

（一）思想政治教育与创新创业教育相融合的基础

思想政治教育与创新创业教育相融合，是基于二者具有同一的教育目的、互通的教育内容决定的。首先，思想政治教育与创新创业教育都以育人为目的，以追求学生的全面发展为目标。思想政治教育可以在诸多层面引导学生树立理想信念、培育爱国主义精神、养成正确的人生态度，从而达到素质教育的基本要求。同样的，创新创业教育也立足于素质教育的基本要求，以国家的发展和社会对人才的需求为落脚点，力求培养出具有创新创业思维与技能的人才。由此来看，思想政治教育与创新创业教育相融合可以更好地培育出全面发展的人才，达到社会对人才的要求。其次，思想政治教育与创新创业教育在价值功能上存在高度的契合，在培养学生的学习积极性、自主性等方面都具有重要意义。思想政治教育紧紧围绕高校应该培养什么样的人、如何培养人以及为谁培养人这一根本性问题，为创新创业教育的开展提供了新的思路与思考。在传统教育背景下，思想政治教育主要集中于理论知识的学习，教育教学方法单一，难以吸引学生主动学习与思考，更难以得到学生主动的思想反馈。创新创业教育重视实践促学，具有较强的创新活力，能为传统教育带来新的方式方法，能有效弥补思想政治教育实践性不足的问题，进一步推动思想政治教育的改革与创新。总的来看，思想政治教育与创新创业教育关联性较强，具有坚定的融合基础，二者可以相互依存、彼此促进，共同推动创新创业教育朝着更加优质的方向发展。

（二）思想政治教育与创新创业教育相融合的意义

1. 打造一流育人环境，提升人才培养质量

创新创业教育归根到底是以人才培养为目的的教育。创新驱动亦是人才驱动，对大学生开展创新创业教育是高校肩负的使命，为社会培养高素质创新型人才是高等教育人才培养工作的必然要求，也为我国建设创新型国家提供了人才保障，在国家实施"创新驱动发展"战略过程中占据重要地位。大学生是创新发展的主力军和先导者，大学生的成长成才关乎创新创业的实践、推动与发展。因此，高校要积极推动思想政治教育与创新创业教育相融合，帮助学生树立创新创业信念，拥有创新创业能力，永葆创新创业热情，激发创新创业动力，为大学生输入正确的创新创业观念，打造一流育人环境，提升人才培养质量。新时代呼唤新人才，如今，国家更需要高质量创新型人才的源源输出。在这种情况下，高校更应该注重思想政治教育与创新创业教育相融合，提升大学生的社会责任感，使他们充分意识到社会与个人紧密相连；加强创新精神培养，使大学生形成创新思想、创新理念、创新习惯等；增强大学生的实践能力培养，帮助大学生完成理论到实践的转化，做到学以致用。总之，在高校创新创业教育的新征途上，深化教育教学改革，促进思想政治教育与创新创业教育相融合，是新时代人才培养工作赋予的新使命，更是国

家繁荣发展、社会与时俱进所赋予的新要求。

2. 夯实协同育人成效，帮助学生成长成才

当前，大学生正处于人生的重要阶段——"拔节孕穗期"。我国高等教育肩负着培养社会主义建设者和接班人的重大任务，因此，高校要扎实开展思想政治教育，将思政元素融入素质教育全过程。2018年，教育部在《教育部关于做好2018届全国普通高等学校毕业生就业创业工作的通知》中指出，各地各高校要落实全国高校思想政治工作会议精神，把思想政治工作融入高校毕业生就业创业工作全过程，坚持立德树人，引导毕业生树立科学的就业观和成才观。在这样的背景下，高校更应该积极构建大思政格局，促进思想政治教育与创新创业教育协同育人，帮助学生成长成才。

一方面，高校思想政治教育贯穿学生成长全过程，能在日常学习、生活中给予学生熏陶，帮助学生提升道德修养。在创新创业过程中，学生可能会面临个人利益与道德底线相冲突的情况，充足的思想政治教育，能教育引导学生爱岗敬业、恪尽职守，维护社会公德，遵守道德法规，不触碰道德底线，在大是大非面前做出正确的抉择。另一方面，思想政治教育还能教育引导学生树立正确的创新创业价值观，为学生带来信念的支撑，为创新创业提供永恒的精神动力。价值观一旦形成，将进一步指导创新创业行为。如果学生在创新创业过程中出现倦怠期，正确的价值观所带来的使命感、责任感以及实现个人抱负的信念感会成为他们坚持下去的动力。再者，思想政治教育能引导学生形成积极向上的心理品质，这在创新创业过程中至关重要。积极向上的心理品质体现在：在一些新兴的领域积极进取，敢于尝试，大胆探索；在遇到困难时不退缩、不气馁，迎难而上，锲而不舍；在创新创业过程中脚踏实地，努力付出，撸起袖子加油干；同时也具有未雨绸缪的风险意识，提前预知风险，努力规避或积极应对。

总的来看，思想政治教育与创新创业教育二者的融合能为学生的成长成才提供有利环境。当下，高校应牢牢把握大思政格局，立足创新创业教育的新要求，不断丰富思想政治教育的时代内涵，打造思想政治教育与创新创业教育协同育人机制，为大学生成长成才提供有力保障，这也是大思政格局下实现创新创业教育长效育人机制的必然要求。

（三）思想政治教育与创新创业教育融合的途径

在大思政格局下推进创新创业教育，构建思想政治教育与创新创业教育的协同育人机制，需要思考二者的融合问题。机械与车辆学院积极推进思想政治教育与创新创业教育相融合，遵照学生个人成长成才与社会发展相统一、

教育规律与彰显主流价值观相统一、解决思想问题与解决实际问题相统一的原则，落实"德才兼备""德育为先""学生为本"基本理念，完善顶层设计，深化教学改革，加强师资队伍建设，优化文化环境。

1. 完善顶层设计，建立思想政治教育与创新创业教育协同育人长效机制

构建思想政治教育与创新创业教育协同育人格局，需要从顶层设计上着手，建立起大思政、创新创业教育格局，从全局的视野出发，进行自上而下的改革。作为人才培养的主体，高校应认真贯彻落实关于创新创业教育和思想政治教育方面的方针政策，把握好高校创新创业教育人才培养大方向，把创新创业教育落到实处。同时，高校应着力于建立一套完善的制度体系，为构建思想政治教育与创新创业教育协同育人长效机制提供制度保障；积极做好思想政治教育与创新创业教育协同育人的理论研究工作，转变高校创新创业教育中思想政治教育理论研究的思维方式，制定加强理论研究的鼓励政策，营造浓厚的科研氛围，增强师生们的科研热情，为促进理论研究成果输出打下坚定基础。除此之外，还应完善配套的保障机制，在创新创业人才培养方案、评价、监督、奖励机制、资源配置、平台建设等方面做好顶层设计与支撑服务，为培养思想政治素质高、创新创业能力强、符合国家和社会经济发展需要的新时代创新型人才提供全方位保障。

2. 深化教学改革，构建思想政治教育与创新创业教育协同育人课程体系

构建思想政治教育与创新创业教育协同育人格局，应在教育教学上下功夫，积极拓展教育内容及教学途径，打造课堂教学、实践教学、网络教学相融合的综合发展课程框架。课堂教学是第一课堂也是高等教育的主渠道，在高等教育实施过程中起到了重要的主导作用。开展思想政治教育与创新创业教育协同育人，应不断深化教学改革，抓好课堂教学，丰富课堂内容，增强丰富的创新创业课堂体验，精心打造一批思想政治教育与创新创业教育协同育人精品课程。实践教学是第二课堂。在思想政治教育中，实践是不可或缺的重要部分。同时，在创新创业教育中，实践也是重要的育人过程。面对社会发展的日新月异，大学生在创新创业过程中面临着更多的压力与挑战，这也对大学生的综合能力及道德素质提出了更高的要求。构建思想政治教育与创新创业教育协同育人格局，需要帮助指导学生完成从书本知识到实践能力的转化。首先，可以在实践教学上下功夫，以增加学生情感体验、增强创新创业能力为目标，让学生在实践中获得丰富体验，发现自身问题，锻炼自我能力。其次，可以组织丰富多彩的课外实践活动，以校企合作为平台，充分利用社会资源与企业资源为学生提供实习实践机会。再次，可以通过多种多

样的实践活动使学生对理论知识有更深层次的掌握，使学生的综合素质和总体能力得到提升。网络教学是第三课堂。进入互联网时代，网络已经渗透到大学生生活的方方面面，已经成为他们获取信息与沟通学习的重要媒介。互联网技术增强了人们生活的方便性和快捷性，我们要利用好它的优点，优化教学设备和应用平台，使其与教学内容、教育途径相结合，助力高校思想政治教育与创新创业教育进入一个崭新的时代。最后，我们还要善于运用互联网上丰富多样的教学资源，取其精华，去其糟粕，对创新创业教育内容进行扩展和补充，使创新创业教育的针对性与时效性得到提高。因此，我们要顺应时代潮流，使得创新创业教育跟上互联网时代的节拍，占领网络课堂高地，开创思想政治教育和创新创业教育相融合的网络育人新模式。

3. 加强师资队伍建设，夯实思想政治教育与创新创业教育协同育人基础

构建思想政治教育与创新创业教育协同育人格局，应加强师资队伍建设，发挥师资人才优势，为创新型人才培养打下基础。在日常学习生活中，与大学生们接触最密切、最频繁的当属教师。在创新创业教育过程中，教师发挥着思想政治教育、价值观引导、发掘学生潜质等重要作用。为夯实思想政治教育与创新创业教育协同育人基础，高校需加强师资队伍建设，组建一支思想道德高尚、知识功底扎实、有创新创业实践经验的师资队伍。在师资队伍选拔上，高校要健全创新创业教育教师选拔制度，除了选拔符合要求的教师，还要充分利用校外社会资源，聘用专业人才组建兼职教师队伍，邀请创新创业兼职教师进校园分享实践经验，以补充专职教师在实践经验上的不足。在师资队伍培养上，高校应不断强化专业化师资队伍培训，加深理论与实践学习，配合教师队伍考核机制，督促教师及时跟随时代步伐，及时更新教育理念与方法，不断整合丰富教育内容，提高教学质量。在师资队伍考核上，将教师的教学质量考核与创新创业教育工作挂钩，让创新创业教育真正得到高度重视。

4. 优化文化环境，提高思想政治教育与创新创业教育协同育人实效

校园文化环境，对大学生的思想观念、行为习惯、处事方式有着潜移默化的影响。良好的校园文化环境可以激发大学生的积极思维，引领大学生的价值取向，培养大学生的进取精神。构建思想政治教育与创新创业教育协同育人机制，高校应把创新创业教育作为重要内容，举办以创新创业为主题的专题讲座，积极开展大学生创新创业活动。另外，还应运用校园社团资源或公众平台等载体，在学生群体中普及创新创业相关理念，渗透创新创业相关知识，营造校园创新创业主流文化，切实提高思想政治教育与创新创业教育

协同育人实效。

第三节 实现青年服务国家的长效育人机制

陈独秀在《敬告青年》中写道:"青年如初春,如朝日,如百卉之萌动,如利刃之新发于硎,人生最可宝贵之时期也。"习近平同志也曾寄语年青一代,"青年兴则国家兴,青年强则国家强。青年一代有理想、有本领、有担当,国家就有前途,民族就有希望。中国梦是历史的、现实的,也是未来的;是我们这一代的,更是青年一代的。"一个强大兴盛的国家,必须依靠优秀的青年人建功立业。一个生生不息的民族,必须依靠朝气蓬勃的青年人奋斗。

2016年,共青团北京市委员会第一次提出"青年服务国家"大学生暑期社会实践主题活动。随后,"青年服务国家"便成为大学生暑期社会实践的品牌,不断得到重视与发展。一直以来,机械与车辆学院高度重视在创新创业教育中坚持国家站位,鼓励学生将个人理想融入创新创业实践中,在创新创业教育中践行"青年服务国家"。

一、青年服务国家的内涵

大学生社会实践,是高等教育阶段一个重要的环节,对于学生提前融入社会有着极为重要且关键的意义。自2016年提出"青年服务国家"大学生暑期社会实践主题教育活动以来,各大高校紧密围绕国家"十三五"规划和京津冀协同发展全局,立足首都,面向全国,年均派出1万余支社会实践团队,共计12万余名青年奔赴社会实践大课堂。经过4年的发展,"青年服务国家"的足迹已经覆盖全国各省市区,乃至海外多个国家。

在具体的实践中,大学生以中国精神学习宣讲行动、聚焦农村精准扶贫行动为重点,围绕理论宣讲、社会实践调查研究、公益志愿服务、"三下乡"实践活动、城乡区域经济协调发展、精准扶贫与攻坚、科技创新、创新创业实践、医疗卫生服务、生态环境治理与保护、先进文化传播、对外开放与交流等主要内容深入开展专题社会实践行动,力求在实践中接受教育、增长才干,用自己的实际行动践行"青年服务国家",展现青年立志奉献社会的崭新精神面貌。

机械与车辆学院高度重视"青年服务国家"大学生暑期社会实践活动,

每年均成立社会实践工作领导小组，认真部署，精准指导，确保每个学生团支部扎实开展活动，并在活动过程中涌现出一批优秀社会实践团队、个人与成果。

二、践行青年服务国家的意义

（一）在实践中树牢理想信念，勇担社会责任

"青年服务国家"——对于每一位大学生来讲无疑都是一次新的号召，一个新的座右铭，一句新的嘱托。"青年服务国家"是一次伟大的号召，它正在激励着千千万万个青年学生走出小我的视野，用更宽广的胸怀去了解和拥抱伟大的祖国，用更高的国际视角去观察和了解祖国的发展和变化，用一腔热血积极投入中华民族伟大复兴的建设事业中。这样的国家号召无疑是有力量的，千千万万个青年学生将以它为信念，写下一句崭新的座右铭。自2016年起，中国共青团一直坚持组织开展一系列"青年服务国家"大学生暑期社会实践活动，在活动中教育引导广大青年学生不忘初心，树牢理想信念，勇担社会责任，时刻铭记用实际行动服务于国家、社会和人民。经过几年的努力，"青年服务国家"——这一座右铭已深深地烙刻在广大青年学生的心里，并作为行动指南指导广大青年学生的一言一行。与此同时，"青年服务国家"也是一句嘱托，是党和国家对青年学生的希冀，对青年学生寄予的厚望。所有的实践行动，只有坚定国家站位，服务国家发展大局，才更有灵魂、更有意义。

（二）在实践中实现社会价值与个人价值相统一

服务国家、服务人民是每一位青年学生都应树立的思想准则，要让学生时刻牢记自己是国家的一分子，应在国家发展中贡献自己的力量、在社会建设中实现自己的价值。"青年服务国家"中蕴含了社会价值与个人价值相统一的内容。学生参加实践活动，可以提升建设国家的热情，提高建设国家的能力，塑造建设国家的责任和意识，为日后走向社会、建设国家打下良好的实践基础。作为社会主义建设者和接班人，广大青年学生首先要树立为国家、为社会服务的远大理想，在实践活动中认真学习知识，虚心接受锻炼，不仅要在实践中实现个人价值，还要将自己的实践行为提升到国家的站位高度，让个人价值融于社会价值，在实现社会价值与个人价值相统一中创造新的价值，为国家的发展做贡献。

（三）在实践中培养担当民族复兴大任的时代新人

青年一代的价值取向决定未来整个社会的价值取向，决定中华民族长久

竞争力，关系到中国特色社会主义事业是否后继有人。教育要培养的是社会主义建设者和接班人，而不是旁观者，更不是反对派和掘墓人。要深刻地认识到，没有什么比培养建设者和接班人更重要，也没有什么比这个方面出问题更危险。因此，高校要坚定政治定位，引导广大青年学生坚定国家立场，牢固树立"四个意识"，坚定"四个自信"，做到"两个维护"，教育引导青年学生积极参与到"两个一百年"奋斗目标的历史进程中，把广大青年学生培养为实现中华民族伟大复兴的重要生力军和中坚力量。"青年服务国家"，能在实践的过程中教育引导广大青年学生把个人理想和国家的前途命运紧密联系在一起，让广大青年学生在拓宽视野、丰富知识、实操实练中强化国家认同，增强民族自豪感，自觉践行"爱国、励志、求真、力行"的要求，在实践中成长为担当民族复兴大任的时代新人。

三、在创新创业教育中实现"青年服务国家"的长效育人机制

2016年5月19日，中共中央、国务院印发了《国家创新驱动发展战略纲要》（以下简称《纲要》），《纲要》指出，创新能力是一个国家和民族核心竞争力的重要标志。创新发展是我国发展的形势所迫、大势所趋、国运所系和我国科技创新的必然选择，创新是引领发展的第一动力。确保创新驱动发展战略顺利实施的战略部署之一就是推动教育创新，改革人才培养模式，把科学精神、创新思维、创造能力和社会责任感的培养贯穿于教育全过程。刘延东也指出："适应经济发展新常态、应对激烈国际竞争、建设高等教育强国，迫切需要高校全面提升创新能力。"2015年7月22日至23日，在教育部直属高校工作咨询委员会第25次全体会议上，全体与会代表指出："大学不仅要服务国家创新驱动战略，还要在服务国家的过程中实现自身发展模式的创新。"全面提升高校创新能力，尤其要着力推进教学改革，培养学生的创新能力，要加快创新人才培养，加强创新创业教育，服务于"中国制造2025""互联网+""大众创新、万众创业"等国家重大战略需求。故而，陈骏指出，"双创"能否成为国家创新驱动发展的重要支撑力量，关键在于能否推进创新创业教育，培养出既具备科学知识、技术技能，又有创新精神、创业能力的"双创"人才[1]。因此，高校在创新创业教育的推进过程中，要强化"青年服务国家"，力求创新创业成果服务于国家各项建设事业。

---

[1] 王银泉. 服务国家战略的融合型外语人才创新能力与全球化素养培养探究[J]. 当代外语研究，2018（2）.

(一) 对接国家战略，实现特色发展

国家战略是国家发展的蓝图，为创新创业教育的发展提供了前所未有的机遇。高校创新创业教育只有抓住这一机遇，才能实现服务国家的初心与使命。因此，高校创新创业教育要以更宽广、更长远的眼光思考和把握国家未来发展面临的一系列重大战略问题，加强对国家重大战略的研究，并根据国家重大战略需求制定创新创业人才培养目标、创新创业教育教学计划、培育创新创业项目，力求在服务国家重大战略的过程中提升创新创业教育水平。在创新创业教育的过程中，机械与车辆学院积极响应"创新驱动发展"战略，结合学院自身发展优势，经过多年来的努力，在创新创业人才培养、创新创业项目培育中积极融入国家发展元素，为党和国家培养了多位优秀的创新型人才，促进创新创业成果以服务国家建设为优先，教育引导广大青年学生立足国家、社会需求开展创新创业实践活动。纵观近几年来学院学生科技创新成果，80%以上的项目均以服务军工产业、国家建设事业为研发目标，将"青年服务国家"镌刻在每一次创新创业活动中、每一位青年学生的科创梦想中。

(二) 对接国家需求，建立人才培养体系

国家需求是创新创业教育主动服务的着力点，是高校创新创业教育目标定位、专业建设、人才培养和师资队伍建设的重要依据。高校应主动作为、积极行动，将创新创业人才培养、科技创新和技术服务等核心职能与国家发展目标积极对接、双向互动。例如，建立"高校创新+孵化器+人才培养"的创新创业教育模式，积极响应"一带一路""中国制造2025"等国家重大战略。除此之外，高校还应积极构建"创业教育—创业实践—创业孵化—成果转化"的创新创业培养体系，发挥学校专业优势，做大做强创新创业教育培训，为创新创业人才培养做好智力支持，依托重大科研项目做好服务国家和高层次拔尖人才培养工作。

(三) 对接国家发展，统筹育人资源

在创新创业教育中实现青年服务国家的长效育人机制是一项系统工程，因此，高校必须注重人才培养工作的复杂性和创新创业教育资源分布的广泛性，加强对教育主体和资源的统筹，做到有机统一，突出优势。首先，高校要认真研究国家战略与国家需求，立足国家发展趋势、国家发展重点全局把握创新型人才培养工作，统筹创新创业教育资源，使得二者互相补充、互相促进。其次，国家重大战略需求的技术型人才需要通过科技创新改革获得，高校要积极推进科学技术改革，促进技术型人才产出，为国家发展提供技术

服务，引领专业领域的技术改革，从而推动整个行业乃至生产力的发展，实现青年人才服务国家、推动国家发展的伟大愿景。与此同时，高校还可以通过各项创新创业研究项目，满足青年服务国家的技术技能要求，培养创新创业研究型、实践型、创新型人才，还应根据科技创新项目的进展情况，灵活调整专业设置与人才培养方案，精准服务国家创新需要。

第四节 实现新时代领军领导人才培养目标

自进入新时代以来，以习近平同志为核心的党中央高度重视高等教育和高校人才培养工作。习近平总书记的一系列讲话，为新时代高素质人才培养工作给出新理念、新思想、新战略。而党和国家出台的一系列重大方针政策，为推进新时代高素质人才培养工作提供了强大的思想武器和行动指南。基于此，高校要坚决贯彻执行党的教育方针和政策，确保我国高等教育坚持社会主义办学方向的政治原则，坚持为人民服务、为中国共产党治国理政服务的鲜明特色，深化人才培养综合改革，从根本上满足中国社会经济发展对高素质人才的迫切需求。

高素质人才是新时代中国实现由"富起来"走向"强起来"的精神动力和智力支持。而高校，正是人才培养与输出的主阵地。习近平总书记指出建设教育强国是中华民族伟大复兴的基础工程，必须把教育事业放在优先位置，办好人民满意的教育。高校不仅应主动地为国家重大战略提供人才储备，还要充分发挥人才的优势，力争在加强基础研究、改革创新和突破关键核心技术方面取得进展；要积极发掘和利用校内外的各种现有教学资源，提高学生创新实践能力，达到高素质人才的培养要求。与此同时，高校应教育、引导、鼓励越来越多的青年学生争做德智体美劳全面发展的社会主义建设者和接班人，教育引导广大青年学生热爱和拥护中国共产党，听党指挥，与党同行，立志扎根人民，为人民服务，奉献国家，以此切实有效地发挥高校作为新时代人才培养主阵地的积极作用。

作为中国共产党创办的第一所理工科大学，北京理工大学一直秉持着"延安根、军工魂"的红色基因，传承徐特立教育思想，强化军工报国实践育人体系，坚定学习贯彻全国教育大会精神，牢牢把握立德树人根本任务，以人才培养为中心，聚焦培养敢于担当民族复兴大任的时代新人，同时注重学生综合素质和创新创业能力的培养，力争造就"胸怀壮志、明德精工、创新包容、时代担当"的新时代领军领导人才。

一、新时代领军领导人才的内涵

（一）做"胸怀壮志、明德精工"的北理学子

2019年，恰逢中华人民共和国成立70周年。这70年，是中华民族改变前途命运、不断创造伟大奇迹的建设史，也是北京理工大学发扬光荣革命传统、践行红色使命担当的奋斗史。早在1940年，中国共产党人就怀着"为中国人民谋幸福、为中华民族谋复兴"的初心使命，创办了延安自然科学院。自那时起，"延安根、军工魂"的红色基因已镌刻进北理工的文化内核，打不破也灭不了；"胸怀壮志、军工报国、不忘初心、砥砺奋斗"的信念已流淌进北理工学子的血脉之中，去不掉也割不断；热爱伟大祖国，服务国家需求，一直是北理工学子独特的精神气质。无论走到哪里，北理工学子都不会忘记来时的路——以报国志为己任，胸怀壮志。

历次阅兵场上装备方阵威武通过检阅，苍茫宇宙里"神舟"与"天宫"精准对接，遥远深空中"嫦娥"探测器绕月飞行，"北理工1号"卫星发射成功……这些耀眼的科技成就，蕴藏着学校服务国家重大战略的精彩笔触，更饱含着一代代北理工学子的心血智慧。持之以恒，方可探索真知；追求极致，才能精深学术。唯有坚守恒心，明德精工，追求卓越，探索真学识，掌握真本领，敢于逆流而上，不畏艰难险阻，才能在追寻真理的道路上奋楫笃行！

（二）做"创新包容、时代担当"的北理工人

创新始终是推动一个国家、一个民族向前发展的重要力量，是引领发展的第一动力。"抓创新就是抓发展，谋创新就是谋未来。"对于新时代领军领导人才来说，这不是一个口号，而是实实在在的行动。现在，世界正处于新一轮科技革命同我国发展方式转变的历史性交汇期，高校所培养的新时代领军领导人才，更应该时刻走在创新创造前列，努力突破，不畏艰难，在前沿交叉领域乘势而上、奋勇争先，做新时代科技创新的排头兵！做砥砺奋进的创新者！北理工学子，更要有创新包容、开拓进取的勇气。

担当时代重任，是北理工学子的特质，在不同时期有不一样的"北理表达"。在战火熊熊的革命时期，北理工自力更生，培养抗战建国技术人才；在一穷二白的建设时期，北理工学子白手起家，创造了若干个新中国"第一"；在社会主义强国的建设征程中，北理工学子科技立功，在探月工程、

北斗二代导航、电动汽车等领域做出卓越贡献。北理工学子的时代担当，不仅体现在科技前沿，还体现在常怀家国情怀，肩负历史使命，投身国家建设，做有干劲儿的德智体美劳全面发展的社会主义建设者和接班人！

二、新时代领军领导人才的四个领导力

新时代领军领导人才应是既具有杰出性又具有引领性的创新型人才，其杰出性表现在必须是本专业、本研究领域公认的专家和杰出人才，其引领性表现在必须能够带领一个创新团队不断攀登新的高峰。

随着社会分工水平和专业化程度的不断提高，创新团队要想多出创新成果，就要集成大量的不同方面的信息和专业技术知识，并对信息和知识进行深度处理加工，进而协作创新。这个时候，创新团队往往需要一个主心骨，把握创新方向，凝聚团队力量。也就是说，创新团队中的领军领导人才不单单是科研骨干，也不单单是行政领导，必须是专家角色与领导者角色的叠加，是一个创新团队的核心和灵魂。从技术带动能力上看，领军领导人才作为学术和技术带头人，其对于创新的理解和判断要与创新团队成员分享，并且要为团队成员提供有效的指导和帮助；从个人影响力上看，其创新影响力和人格魅力必须能辐射到整个创新链条。而这一切，高度依赖领军领导人才的四个领导力，即前瞻力、影响力、决断力、控制力。

前瞻力，指领军领导人才能够洞察和把握专业技术领域和宏观环境的发展态势，指明团队的发展方向和愿景；注重对后备人才的发掘和培养，打造结构合理的人才梯队。

影响力，指领军领导人才能通过不断提升和完善自己的思想素质、道德情操、行为规范和综合素质来吸引和引领团队成员为团队目标而奋斗；通过健全相关体制机制，充分调动团队成员的创新积极性和创造性。

决断力，指领军领导人才能够通过正确决策，确保团队战略的实施和战略目标的实现；在遵循科学发展规律的前提下，敢于创新、勇往直前。

控制力，指领军领导人才能够驾驭组织、控制战略方向和战略实施过程、控制团队成员的期望与行为，激发巨大的团队协同效应。

新时代领军领导人才的领导力并不是与生俱来的，而是在实践中锻炼出来的。因此，高校应深入实施科教兴国战略，建立比较完善、科学合理的体制机制和考核评价制度，营造有利于新时代领军领导人才脱颖而出、发挥潜能的宽松、平等的创新创业环境，在创新实践中发现人才，在创新活动中培育人才，在创新事业中凝聚人才。

三、"SPACE + X"中的创新创业教育

2018 年，北京理工大学聚焦人才培养中心工作，构建创新人才培养"新生态"，全面实施大类招生、大类培养和大类管理人才培养改革，加快推进专业体系顶层设计改革、人才培养模式改革、课程改革、创新创业实践改革、教与学激励机制改革以及由此带来的管理体制机制改革为核心的"SPACE + X（寰宇 +）"教育教学改革计划，推行书院制培养和管理，构建"价值塑造、知识养成、实践能力"三位一体的高水平人才培养体系，构建"素质教育 + 大类专业基础 + 专业 + X"的多路径人才培养模式，开展专业体系顶层设计改革（Specialty）、人才培养模式改革（Pattern）、创新创业能力提升改革（Ability）、课程改革（Course）、教与学激励机制改革（Excitation）以及由此带来的管理体制机制改革（+ X）。2019 年，在持续深化"SPACE + X"人才培养改革的过程中，学校打造"全链条、多协同、凸特色、大平台"一体化贯通式创新创业教育体系，构建开放式"双创"活动交流平台；加强学生批判性、颠覆性和创新性"三种思维"培养，打造卓越而有灵魂的人才教育新模式；实施"一减三增——减课时，增实践、增思辨、增国际"计划，实现高层次创新人才培养精准发力，让学生们拥有实实在在的获得感。在人才培养中心工作的大局中，北京理工大学始终对标国家需求，教育引导青年学生把个人理想自觉融入中华民族伟大复兴的事业中，教育引导青年学生树立追求真理、勇于创新、严谨求真的科学态度，教育引导青年学生怀抱崇尚合作、真诚包容、团结奉献的人文情怀。

四、在创新创业教育中培养新时代领军领导人才

当今世界的科技创新领域，大国间的竞争态势日趋激烈，各国在基因编辑、量子、人工智能等颠覆性技术领域和信息、能源、先进制造等基础性科技领域均纷纷加强战略性和针对性布局，只有确保紧跟新科技革命浪潮，把握发展先机，才能形成非对称的战略优势。2018 年，全球经济缓慢复苏，科技创新空前活跃，各国纷纷加大科技研发投入力度，力求在新一轮科技革命和产业变革中争得先机。同时，全球创新重点突出，创新成果层出不穷，大国竞争态势进一步严峻。在这样的背景下，大国之间的竞争实质上已经演变成人才储备的竞争，新时代领军领导人才的培养与发掘，成为各国人才战略的核心。

（一）构建人才培养机制，促进新时代领军领导人才产出

新时代领军领导人才的培养，离不开高校的创新创业教育与实践。习近平总书记在两院院士大会上的讲话中指出，科学的人才培养机制是造就人才

成长的沃土，是催生人才辈出的动力，也是调动各类人才充分发挥作用的根本。因此，高校要加快构建创新创业人才培养机制。首先，要建立学校教育和实践锻炼相结合、国内培养和国际交流合作相衔接的开放式培养体系，探索推行创新型教育教学方式方法，突出培养学生的科学精神、创造性思维和创新能力；要依托国家重大科研项目、国际学术交流合作项目和重大工程，依托重点学科和重点科研基地，建设一批高层次创新型人才培养实践基地，加强领军领导人才、核心技术研发人才培养和创新团队建设，形成科研人才和科研辅助人才衔接有序、梯次配备的合理结构，提高自主创新能力；其次，实践长才干，历练出人才，除高校和科研机构外，基层也是培养人才的沃土，要大力营造有利于人才在基层发展的工作和生活环境，让人才在基层一线安心工作、锤炼意志、发挥作用；最后，要着力优化实践环境，采取政策扶持、经济鼓励等措施，引导青年学生在基层一线大胆实践、勇于创新，同时又宽容失误和失败，让青年学生尽情地发挥聪明才智。

（二）深化人才培养综合改革，提升新时代领军领导人才培养质量

创新创业教育不仅要实现当下的全过程、全覆盖、全链条，还要实现面向未来。因此，高校在实施创新创业教育过程中，要遵循"个性化人才理念""应用型人才理念""创新型人才理念""国际视野人才培养理念"，把握好创新创业教育与学科教育、素质教育、就业教育的内在联系，教育引导全体师生牢固树立创新创业教育责任观，提升人才培养质量。

为了适应国家发展和社会进步的新要求，在创新创业教育的推进过程中，北京理工大学立足于"价值塑造、知识养成、实践能力"三位一体的培养模式，力求在创新创业教育中培养造就一大批创新能力强、适应经济社会发展需要的高素质创新型人才，力求为国家走新型工业化发展道路、建设创新型国家和人才强国战略服务，促进高等教育面向社会需求培养人才，全面提升人才培养质量，做出了许多实践探索。在培养模式改革方面，进行了"本硕博一体""大类培养""书院制"等方面的尝试。"本硕博一体"指本硕博一体化贯通培养，主要内容包括培养方案一体化、培养模式一体化、国际交流一体化、科技创新能力一体化、奖助体系一体化、素质能力培养一体化、质量监督一体化以及信息管理一体化。"大类培养"主要指招生时按照专业大类招收学生，不具体划分小专业。2018年，进行了"书院制"改革尝试。目前，所有传统工科专业全部实现了跨学院、跨学科、跨专业培养，以满足一带一路、两化融合、战略性新兴产业、制造强国的战略需求，以满足社会对于创新型人才的需求，以满足新时代领军领导人才的培养目标。

参考文献

[1] 党的十九大报告学习辅导百问 [M]. 北京：党建读物出版社，2017.

[2] 杜博奇. 明创优品没有秘密 [M]. 北京：中信出版社，2017.

[3] 张志宏，关成华，等. 中国创业孵化发展报告2017 [M]. 北京：科学技术文献出版社，2017.

[4] 连玉明. DT时代——从互联网到大数据 [M]. 北京：中信出版集团，2015：14.

[5] 刘晓棠，范彬，等. 传统创业课程对提升学生创业意向的作用研究 [J]. 当代继续教育，2015，33（183）：85.

[6] [日] 伊贺泰代. 麦肯锡用人标准——未来的人才标杆 [M]. 朱悦伟，译. 北京：北京时代华文书局，2015：42.

[7] 黄卫伟，殷志峰等. 以奋斗者为本——华为公司人力资源管理纲要 [M]. 北京：中信出版社，2014.

[8] 彼得·德鲁克，约瑟夫·马恰列洛. 德鲁克日志 [M]. 蒋旭峰，王珊珊，译. 上海：上海译文出版社，2014：110.

[9] 郑其绪，马抗美，罗洪铁. 微观人才学通论 [M]. 北京：党建读物出版社，2013.

[10] 叶忠海，钟祖荣，沈国权. 新编人才学通论 [M]. 党建读物出版社，2013.

[11] 李群如，郭勇. 大学生创业实践指导 [M]. 武汉：武汉理工大学出版社，2012.

[12] 奚洁人. 科学发展观百科辞典：[M]. 上海：上海辞书出版社，2007.

[13] 中华人民共和国教育部高等教育司. 创业教育在中国：试点与实践 [M]. 北京：高等教育出版社，2006.

[14] 厉以宁. 厉以宁九十年代文选 [M]. 北京：北京大学出版社，1998：146－147.

[15] 彭钢. 创业教育学 [M]. 南京：江苏教育出版社，1995.

[16] 张楠楠，柴若冰，张倩. 创业教育：高校创新型人才培养生态系统构建 [J]. 绥化学院学报，2019，39（11）：116-118.

[17] 王球琳，王鑫，魏巍. 创新创业教育与高校创新型人才培养体系的融合研究 [J]. 黑龙江科学，2019，10（3）：36-37.

[18] 徐九春，詹书汇. 高校创新创业教育途径浅析 [J]. 包头职业技术学院学报，2019，20（3）：35-38.

[19] 余文冲. 德国经验对我国应用型高校创新创业教育的启示 [J]. 农家参谋，2019（6）：214.

[20] 于柏杨，王宇昊，王梓龙，李鹏，朱仕明. 大学生创新创业教育体系的构建 [J]. 素质拓展，2019（10）.

[21] 黎青青，王珍珍. 创新创业教育综述：内涵、模式、问题与解决路径 [J]. 创新与创业教育，2019，10（1）：14-18.

[22] 贾林祥. 心理育人的内涵、机制与实施路径 [J]. 陕西行政学院学报，2019（3）.

[23] 齐铁力，白凌，孙秀伟. 大学生创新创业教育现状探析 [J]. 科技视界，2018（9）：152-153.

[24] 杨宜青. 新时代实施创新驱动发展战略的路径探索 [J]. 桂海论丛，2018，34（3）：58-62.

[25] 顾岱泉，宫文迪，王萍. 创新驱动战略背景下高校创新创业教育路径的研究 [J]. 改革与开放，2018（13）：126-128.

[26] 周辉. 大学生培养中思政教育与双创教育问题研究 [J]. 科教文汇（下旬刊），2018（11）：1-3.

[27] 欧庭宇. 德国高等院校创业教育模式探析 [J]. 广东技术师范学院学报，2018，39（1）：44-48.

[28] 刘琼，滕艳秋. 德国大学生创业教育发展经验探索 [J]. 中国成人教育，2018（22）：121-123.

[29] 路宏. 浅谈大学英语课堂趣味性的提高 [J]. 文存阅刊，2018（17）.

[30] 王海娥. 试析新工科背景下创新创业体系的构建——以湖南交通工程学院为例 [J]. 人才资源开发，2017（18）.

[31] 杨志增. 高校科普教育视阈下的大学生创新创业人才培养体系建设 [J]. 科教文汇（下旬刊），2017（8）：26-27.

[32] 李佳民. 基于大学生创新创业能力培养的人才培养体系构建 [J]. 中国商论, 2017 (16): 187-188.

[33] 雍莉莉. 经济新常态下大学生创新创业人才培养体系的构建 [J]. 教育与职业, 2017 (11): 71-74.

[34] 钟强. 思想政治教育与创新创业教育关系论 [J]. 学校党建与思想教育, 2017 (11).

[35] 中共中央, 国务院. 国家创新驱动发展战略纲要 [J]. 中华人民共和国国务院公报, 2016 (15): 5-14.

[36] 习近平. 为建设世界科技强国而奋斗——在全国科技创新大会、两院院士大会、中国科协第九次全国代表大会上的讲话 [J]. 国际地震动态, 2016 (6).

[37] 王占仁. 中国创业教育的演进历程与发展趋势研究 [J]. 上海: 华东师范大学学报: 教育科学版, 2016 (2): 30-38.

[38] 王占仁, 刘海斌, 李中原. 众创空间在高校创新创业教育中的作用研究 [J]. 北京: 思想理论教育, 2016 (2): 90.

[39] 张力玮. 法国创业教育发展历程和政策举措 [J]. 世界教育信息, 2016, 29 (9): 50-54.

[40] 刘宏达, 许亨洪. 我国高校实践育人共同体建设的内涵、问题及对策研究 [J]. 华中师范大学学报 (人文社会科学版), 2016 (5).

[41] 戴维奇. 美国高校社会创业教育发展轨迹与经验 [J]. 北京: 比较教育研究, 2016 (7): 36.

[42] 邵用新, 倪芝青. 关于众创空间的理论研究及思考 [J]. 南京: 江苏科技信息 2016 (6): 4.

[43] 付志勇. 面向创客教育的众创空间与生态建构 [J]. 北京: 现代教育技术, 2015 (5): 18-20.

[44] 朴钟鹤. 韩国高校创业教育发展与创新——以五所"创业研究生院"为例 [J]. 比较教育研究, 2015, (5): 63-67.

[45] 李秀芬, 张平. 美国、欧洲和日本高校创业教育经验与启示 [J]. 兰州教育学院学报, 2014, 30 (8): 68-70.

[46] 杨道建, 赵喜仓, 陈文娟, 朱永跃. 大学生创业培养环境、创业品质和创业能力关系的实证研究 [J]. 科技管理研究, 2014, 34 (20): 129-136.

[47] 沈红芳, 冯驰. 菲律宾经济: 没有发展的增长 [J]. 亚太经济, 2014 (3): 72-76.

[48] 杨宁, 王凡, 冯兆坤等. 大学生创新活动体系建设 [J]. 实验室研究与探索, 2013, 32 (2): 106-108.

[49] 曾明彬. 创新领军人才须具备领导力 [J]. 成才之路, 2013 (10): 9.

[50] 张文娟. 创新驱动是转型升级的必然选择——专访科技部中国科学技术发展战略研究院副院长王元 [J]. 中国农村科技, 2012 (12): 28-29.

[51] 邱永明. 人才自主开发的理论依据和战略意义 [J]. 北京: 第一资源, 2012 (10).

[52] KICKUL J., JANSSEN-SELVADURAI C., GRIFFITHS M D. A blended value framework for educating the next cADRE of social entrepreneurs [J]. Academy of Management Learning & Education, 2012, 11 (3): 479-493.

[53] 吕超, 邵雪伟. 养成高素质高技能人才的创新创业综合实践 [J]. 实验室研究与探索, 2012, 31 (8): 75-79.

[54] 周合兵, 罗一帆. 构建创新教育大平台 培养创新型人才 [J]. 实验室研究与探索, 2012, 31 (8): 297-300.

[55] 韩照祥, 朱惠娟, 李强. 探索多元化实践育人模式培育创新创业人才 [J]. 实验室研究与探索, 2011, 30 (1): 82-84, 85.

[56] 谢德英, 陈弟虎, 邓少芝, 等. 创新人才培养实践教学平台的构建 [J]. 实验室研究与探索, 2011, 30 (3): 222-224, 255.

[57] 彭勤革, 朱锡芳, 房汝建. 浅谈地方本科高校创新创业教育体系的构建 [J]. 淮海工学院学报 (社会科学版 教育论坛), 2011, 9 (14): 22-24.

[58] 梁拴荣, 贾宏燕. 创新型人才概念内涵新探 [J]. 生产力研究, 2011 (10): 23-26.

[59] 刘海涛, 贾万刚. "中国创业教育二十年"引论 [J]. 安徽理工大学学报 (社会科学版), 2011, 13 (04): 79-82.

[60] 刘巧芝. 浙江大学生创新素质的综合评价与分析 [J], 北京: 中国青年研究, 2011 (4).

[61] 丁辉. 浅析创新型人才的含义与特征 [J]. 当代教育论坛 (管理研究), 2010 (5): 89-90.

[62] 刘敏. 法国创业教育研究及启示 [J]. 比较教育研究, 2010, 32 (10): 72-75.

[63] 谢丽丽. 日本高校创业教育模式及其启示 [J]. 学校党建与思想教育, 2010 (29): 94-96.

[64] 曹剑辉，周合兵，罗一帆. 大学生创新创业教育模式 [J]. 实验室研究与探索，2010，29（8）：195-198.

[65] 胡慧英，申红芳，廖西元，等. 农业科研机构科技创新能力的影响因素分析 [J]. 科研管理，2010，31（3）：78-88.

[66] 刘宝存. 确立创新创业教育理念 培养创新精神和实践能力 [J]. 中国高等教育，2010（12）：12-15.

[67] 王革，曹胜利，刘乔斐. 深化高等教育改革大力推动创新创业教育的发展 [J]. 中国高教研究，2009（6）：54-56.

[68] 张旺君，周合兵. 师范院校校外实践教学基地建设 [J]. 实验室研究与探索，2009，28（3）：131-14.

[69] 刘帆，王立军，魏军. 美国高校创业教育的目标、模式及其趋势 [J]. 中国青年政治学院学报，2008（4）.

[70] 李霆鸣. 新加坡创业教育的成功经验及其启示 [J]. 科技信息（科学教研），2008（3）：121-122.

[71] 高晓杰，曹胜利. 创新创业教育——培养新时代事业的开拓者——中国高等教育学会创新创业教育研讨会综述 [J]. 中国高教研究，2007（7）：91-93.

[72] 孙波，杨欣虎. 大学生创新素质培养的评价体系研究 [J]，北京：中国青年研究，2007（1）：25.

[73] TRACEY, P, PHILLIPS N. The distinctive challenge of educating social entrepreneurs: a postscript and rejoin-der to the special issue on entrepreneurship education [J]. Academy of Management Learning & Education, 2007, 6 (2): 264-271.

[74] LUKE P, JASON C. Enterpreneurship education a systematic review of the evidence [J]. International Small Business Jour, 2007 (25): 479-510.

[75] 邓汉慧，刘帆，赵纹纹. 美国创业教育的兴起发展与挑战 [J]. 中国青年研究，2007（9）：10-15.

[76] 季学军. 美国高校创业教育的动因及特点 [J]. 科学时报，2007（11）.

[77] 李红霞，李立明，李勇军. 实践教学中创新创业教育体系构建 [J]. 实验室研究与探索，2007，26（10）：127-129.

[78] 施小明. 大学生创新能力培养体系与机制研究 [J]. 中国校外教育（理论），2007（10）：14-15.

[79] 范志毅. 高校创业教育现状及发展思路 [J]. 商业时代, 2006 (35): 7-9.

[80] 杨震. 论新时期大学生科技创新能力的培养 [J]. 学校党建与思想教育, 2006 (8): 44-45.

[81] 杨茂森. 创新型人才的六大特征 [J]. 中国人才, 2006 (13): 8.

[82] 刘峰, 张炳力, 王其东. 基于车辆工程专业的大学生科技创新能力培养模式研究 [J]. 华东经济管理, 2006, 20 (10): 149-151.

[83] 瞿慧根. 论创业教育的思想政治教育价值 [J]. 高等工程教育研究, 2006 (4).

[84] 王章豹, 徐枞巍, 李姚矿, 等. 高校科研排行性评价与科技创新能力评价指标设计 [J]. 合肥工业大学学报（社会科学版）, 2005, 19 (1): 1-8.

[85] 曹巍, 宋冰, 王晓琳. 国内外高校创业教育状况述评 [J]. 煤炭高等教育, 2004 (4): 57-59.

[86] 柴径. 以点带面推进创业教育——《创业教育》试点工作座谈会综述 [J]. 北京: 中国高等教育, 2002 (10): 38-39.

[87] 洪波, 杨岳. 拓展创新素质培养的空间—学生第二课堂创新素质培养的认识与实践 [J], 清华大学学报（哲学社会科学版）, 2001 (1): 26.

[88] 蔡克勇. 加强创业教育——21世纪的一个重要课题 [J]. 清华大学教育研究, 2000 (1): 20-25.

[89] 毛家瑞, 彭钢. "创业教育的理论与实验"课题研究报告 [J]. 教育研究, 1996 (5).

[90] 毛家瑞, 彭钢, 陈敬朴. 创业教育的目标、课程及评价 [J]. 教育评论, 1992 (1): 27-31.

[91] 胡晓风, 姚文忠, 金成林. 创业教育简论 [J]. 四川师范大学学报（社会科学版）, 1989 (4): 3-10.

[92] 常飒飒. 基于核心素养发展的欧盟创业教育研究 [D]. 长春: 东北师范大学, 2019.

[93] 李如. 英国高校创业教育研究 [D]. 桂林: 广西师范大学, 2019.

[94] 钟岑. 中英高等院校创业教育比较研究 [D]. 桂林: 广西师范大学, 2018.

[95] 曹诣晋姊. 新时代大学生创新创业教育存在的问题及对策研究 [D]. 西安: 西安科技大学, 2019.

[96] 李涵. 法国高校创业教育研究 [D]. 杭州：浙江大学，2018.

[97] 杨义. 中芬高校创业教育课程设置研究 [D]. 温州：温州大学，2018.

[98] 邱仙艺. 思想政治教育视角下大学生创新创业教育研究 [D]. 漳州：闽南师范大学，2018.

[99] 宋妍. 高校创新创业教育与思想政治教育关系研究 [D]. 长春：东北师范大学，2017.

[100] 于璐. 英国大学创业教育课程研究 [D]. 大连：辽宁师范大学，2015.

[101] 张乐记. 印尼大学生创业政策问题研究 [D]. 桂林：广西师范大学经济管理学院，2013.

[102] 童晓玲. 研究型大学创新创业教育体系研究 [D]. 武汉：武汉理工大学，2012.

[103] 伍刚. 企业家创新精神与企业成长 [D]. 武汉：华中科技大学，2012.

[104] 孙浩哲. 基于人力资源开发视角的大学生创新素质培养模式研究 [D]. 北京：首都师范大学，2011.

[105] 金丽. 英国高校创业教育探究 [D]. 长春：东北师范大学，2009.

[106] 周颂. 文化视野下的美国高校创业教育研究 [D]. 哈尔滨：黑龙江大学，2008.

[107] 刘芬. 高校创业教育课程设置实证研究 [D]. 广州：暨南大学，2008.

[108] 教育部. 高校思想政治工作质量提升工程实施纲要 [Z]. 2019.

[109] 教育部. 教育部关于推动高校形成就业与招生计划人才培养联动机制的指导意见 [Z]. 2017.

[110] 国务院. 关于加强和改进新形势下高校思想政治工作的意见 [Z]. 2017.

[111] 教育部. 普通高等学校学生管理规定 [Z]. 2016.

[112] 教育部等. 关于进一步加强高校实践育人工作的若干意见 [Z]. 2015

[113] 国务院办公厅. 关于深化高等学校创新创业教育改革的实施意见 [Z]. 2015.

[114] 国务院办公厅. 关于做好2014年全国普通高等学校毕业生就业创

业工作的通知［Z］.2014.

［115］教育部.教育部关于全面提高高等教育质量的若干意见［Z］.教高［2012］4号.

［116］教育部,等.关于进一步加强高校实践育人工作的若干意见［Z］.2012.

［117］教育部.教育部关于实施卓越工程师教育培养计划的若干意见［Z］.2011.

［118］教育部.教育部关于大力推进创新创业教育和大学生自主创业工作的意见［Z］.2010.

［119］教育部.教育部关于大力推进高等学校创新创业教育和大学生自主创业工作的意见［Z］.2010.

［120］教育部.教育部关于大力推进高等学校创新创业教育和大学生自主创业工作的意见［Z］.2010.

［121］学习军团.［EB/OL］.（2019-09-29）［2019-11-16］.http://baijiahao.baidu.com/s?id=1645984198804421587&wfr=spider&for=pc.

［122］第六届全国大学生工程训练综合能力竞赛命题［DB/OL］.（2019-06-01）［2019-11-16］.https://www.haihongyuan.com/read/p39m46502ns90242m8956nrp0975s46526q3m743.html.

［123］第四届中国"互联网+"大学生创新创业大赛总决赛冠军揭晓.［EB/OL］.（2018-11-14）［2019-11-16］.http://www.moe.gov.cn/jyb_xwfb/xw_zt/moe_357/jyzt_2018n/2018_zt21/18zt21_mtbd/201810/t20181015_351471.html.

［124］彭飞.人民日报评论员观察:用高水平"双创"助力高质量发展［EB/OL］.（2018-10-19）［2019-11-16］.http://opinion.people.com.cn/big5/n1/2018/1019/c1003-30349955.html.

［125］叶明全,陈付龙."互联网+"时代大学生的创新创业［EB/OL］.（2018-07-27）［2019-11-16］.https://mp.weixin.qq.com/s/b6nMRL2KQuhYLvOYSV9YWg.

［126］北京共青团大学中专工作部."青年服务国家"2018年首都大中专学生暑期社会实践正式启动［EB/OL］.（2018-7-16）［2019-11-16］.http://www.bjyouth.gov.cn/gzdt/808600.shtml.

［127］文化育人的独特价值［EB/OL］.（2017-01-19）［2019-11-16］.http://epaper.gmw.cn/gmrb/html/2017-01/19/nw.D110000gmrb_2017011

9_2-14. htm? div = -1.

［128］京经职院. 关于开展"青年服务国家"2017年大学生暑期社会实践工作的通知［EB/OL］.（2017-06-15）［2019-11-16］. http://tw. biem. edu. cn/info/1015/1322. htm.

［129］许琰. 高校思想政治工作要把握好六个着力点［EB/OL］.（2017-03-08）［2019-11-16］. http://www. cssn. cn/dzyx/dzyx_llsj/201703/t20170308_3444144_1. shtml.

［130］刘尚君. 青年服务国家2016年首都大中专学生暑期社会实践出征仪式在京举行［EB/OL］.（2016-07-11）［2019-11-16］. http://news. youth. cn/gn/201607/t20160711_8265195. htm.

［131］挑战杯［EB/OL］.（2011-11-30）［2019-11-16］. https://wenku. baidu. com/view/8f03fbc7d5b bfd0a795673cc. html.